内部控制会计制度设计
——理论·实务·案例

Design for Internal Control Accounting System
Theory·Practice·Case

张文贤 孙 琳／主编

立信会计出版社

图书在版编目(CIP)数据

内部控制会计制度设计:理论·实务·案例/张文贤,孙琳主编. —上海:立信会计出版社,2004.5(2007.6重印)

ISBN 978-7-5429-1251-0

Ⅰ.内… Ⅱ.①张… ②孙… Ⅲ.企业—内部审计—会计制度—案例 Ⅳ.F239.45

中国版本图书馆 CIP 数据核字(2004)第 036214 号

内部控制会计制度设计——理论·实务·案例

出版发行	立信会计出版社
地　　址	上海市中山西路 2230 号　邮政编码　200235
电　　话	(021)64411389　传　　真　(021)64411325
网　　址	www.lixinaph.com　E-mail　lxaph@sh163.net
网上书店	www.shlx.net　Tel：(021)64411071
经　　销	各地新华书店
印　　刷	常熟市梅李印刷有限公司
开　　本	787 毫米×960 毫米　1/16
印　　张	15.75　插　　页　2
字　　数	317 千字
版　　次	2004 年 5 月第 1 版
印　　次	2010 年 11 月第 5 次
印　　数	12 001—15 100
书　　号	ISBN 978-7-5429-1251-0/F
定　　价	24.00 元

如有印订差错　请与本社联系调换

祸 起 萧 墙

（代 前 言）

中国有句成语,叫做"祸起萧墙"。意思是指,最可怕的祸害发生在内部。话说春秋时,大夫季康子执掌了鲁国大权。他担心鲁的附庸国颛臾会帮助鲁哀公来收回自己的权力,就先发制人,率军攻伐颛臾。孔子的弟子冉有、季路听到这消息后,马上跑来告诉孔子。孔子说:"季康子担忧的并不是颛臾,而在'萧墙之内'(鲁国内部)。"这就是"祸起萧墙"的出典。

有史以来,现实生活中的许多事件不幸被孔老夫子言中:1995年2月26日,声名显赫、发展稳健、信誉良好、历史悠久、拥有59亿英镑总资产,创建于1763年的世界首家"商业银行"——英国巴林银行宣告破产,起因是一名26岁的期货交易员尼克·李森利用被人忽视的"错误账号""88888"制造假账和假造花旗银行有5 000万英镑存款的手法,最终导致巴林银行损失高达86 000万英镑(2月中旬,巴林银行全部的股份资金只有47 000万英镑)。就是这位尼克·李森,在监狱里还写了一本书,书名为《我如何弄垮巴林银行》,到底是"自传"还是"自白",难以辨别。反正从书名上看,还有点洋洋得意、幸灾乐祸的味道。

2001年12月2日,一个居世界500强第七,2000年营业规模超千亿美元的能源巨人——美国安然能源公司,几乎在一夜之间轰然倒塌。

与此相联系,创立于1913年,总部设在芝加哥的全球五大会计事务所之一,赫赫有名的安达信(Andersen),它代理着美国2 300家上市公司的审计业务,在全球84个国家设有390个分公司,拥有4 700名合伙人,2 000家合作伙伴,专业人员达8.5万人,2001年财政年度收入为93.4亿美元。像这样一个表面上看似坚不可摧的庞然大物,居然也由于内部控制不严,犯了"低级错误"而全军覆没。

千里长堤,溃于蚁穴;万丈高楼,毁于蛀虫。

每当看到新闻媒体报道有人贪污几百万、几千万甚至几亿、几十亿的消息时,我时常在想,这个单位有会计吗?有会计制度吗?有内部控制吗?贪污分子怎么可以肆无忌惮地随心所欲?白花花的金钱是怎么从银箱里、从国库里流出来的?甚至流到了海外、国外?

这一切都发人深思!

由此想到制度设计。奥地利经济学家哈耶克认为,制度设计关键在于对人的假设。

从"好人"的假设出发,必然设计出坏制度,导出坏结果;从"坏人"的假设出发,则能设计出好制度,得出好结果。所以,经济学必须把人假设为"经济人",把人都看做是追求利益的,甚至是自私人。要有好的企业和员工,必须有好的制度。历来说"疑人不用,用人不疑",这种观点有一定的道理,但是,现在发现,也可以采取"疑人要用,用人要疑"的态度。对有疑问或者有争议的人,不妨用其所长,也许会有好的结果。在用人过程中,即使对"靠得住,信得过"的人,也要有制度约束,要有牵制,要有控制,不能放任自流。惟其如此,才能防止"祸起萧墙"。

现在看来,加强内部控制是会计的重要功能。或者说我们以前总认为,会计就是确认、计量、记录、报告,这是会计的功能,但是,会计的本质究竟是什么?我认为就在于控制。中国古代会计的起源就在于控制官员的廉政。所以,会计的灵魂在于内部控制。

20 世纪 90 年代美国提出了内部控制整体框架思想,并逐步将各界对内部控制的认识统一了起来。

尤其是专门研究内部控制问题的委员会 COSO(Committee of Sponsoring Organizations of the Tready Commission)在 1992 年提出了《内部控制——整体框架》报告,对内部控制提出了新的定义,即:"内部控制是受企业董事会、管理当局和其他职员的影响,旨在取得:① 经营效果和效率;② 财务报告的可靠性;③ 遵循适当的法规等目标而提供合理保证的一种过程。"

为此 1996 年美国注册会计师协会发布了第 78 号《审计准则公告》,对第 55 号《审计准则公告》作了修订,除重申了上述内部控制定义外,将内部控制结构改为内部控制成分(internal control components),即控制环境、风险评估、控制活动、信息与沟通和监控。

2002 年 9 月 18 日,中国人民银行总行发布了《商业银行内部控制指引》可以说与 COSO 报告异曲同工。

本书是继《会计制度设计案例》之后的又一本新书,比较系统地介绍了宝钢集团企业开发总公司、上海展望集团有限公司、上海进道集装箱有限公司、上海东芝电梯有限公司和飞利浦光磁电子(上海)有限公司在内部控制会计制度方面的成功经验。这也是我和孙琳博士带领学生到企业调查研究的集体结晶。在此,感谢我们的学生,更感谢许多企业领导和有关部门给予的热情支持。书中如有错误或不足之处,诚望读者批评指正。

张文贤

2004 年 5 月
于复旦大学
上海博导企业效率研究所

目 录

第一篇 会计控制理论

第一章 会计与控制 3
一、控制是会计系统最基本的功能 3
二、会计是一个控制系统 3
三、会计信息与会计控制 4

第二章 内部控制 5
一、内部控制的含义 5
二、内部控制的作用 16
三、内部控制制度的控制原理 18
四、内部控制的局限性 20
五、内部控制与外部控制相结合 21

第二篇 会计控制实务

第三章 内部控制的类型与流程 25
一、内部控制的类型 25
二、内部控制的流程 29

第四章 具体会计事项内部控制 34
一、会计处理内部控制 34
二、现金的内部控制 36
三、银行存款的内部控制 37
四、存货的内部控制 39
五、产品成本的内部控制 40
六、对外投资的内部控制 42

七、固定资产的内部控制 43

第五章　会计电算化与内部控制 45
　　一、会计电算化对内部控制的影响 45
　　二、会计电算化条件下内部控制面临的问题 46
　　三、会计电算化条件下的内部控制 46

第三篇　会计控制案例

第六章　宝钢集团企业开发总公司 51
　　一、公司简介 51
　　二、公司会计制度概况 51
　　三、货币资金的内部控制 55
　　四、采购业务的内部控制 61
　　五、生产制造业务的内部控制 66
　　六、销货业务的内部控制 76
　　七、存货业务的内部控制 80
　　八、固定资产与无形资产的内部控制 85
　　九、税收与费用的内部控制 87

第七章　上海展望集团有限公司 88
　　一、公司简介 88
　　二、采购业务的内部控制 90
　　三、存货的内部控制 92
　　四、成本费用的内部控制 94
　　五、销售业务的内部控制 98
　　六、改进建议 102

第八章　上海进道集装箱有限公司 107
　　一、公司简介 107
　　二、外币业务的内部控制 110
　　三、存货的内部控制 115
　　四、生产成本的内部控制 117
　　五、成本核算内部控制制度设计 118

六、税务业务的内部控制 ··· 122

第九章 上海东芝电梯有限公司 ································ 124
一、公司简介 ··· 124
二、主要会计政策 ·· 125
三、货币资金内部控制制度 ····································· 125
四、采购与付款内部控制制度 ·································· 129
五、生产和仓储内部控制制度 ·································· 134
六、成本核算与内部控制制度 ·································· 141
七、销售与收款内部控制制度 ·································· 147
八、人事与工薪内部控制制度 ·································· 154
九、固定资产及无形资产内部控制制度 ······················ 156
十、筹资业务内部控制制度 ····································· 164

第十章 飞利浦光磁电子(上海)有限公司 ····················· 182
一、公司简介 ··· 182
二、评估标准 ··· 185
三、销售环节 ··· 186
四、采购环节 ··· 194
五、生产与开发 ·· 200
六、库存 ··· 204
七、财会/报告 ·· 205
八、财务/现金管理 ·· 208
九、人事/工资 ·· 210
十、自动化 ·· 212
十一、出口控制 ·· 221

附录 ·· 227
一、《商业银行内部控制指引》 ································· 227
二、巴林银行的倒闭 ··· 241

第一篇

会计控制理论

第一篇

合计法律制度

第一章 会计与控制

一、控制是会计系统最基本的功能

会计实际上是一个过程,这个过程由记录、计算、分析和预测等各个不断发展和丰富的环节构成。随着社会经济的发展,会计的范围不断扩大,会计方法也日趋复杂,但其根本的功用却始终如一,那就是——控制。会计的记录过程是一个控制的过程,因为:

(1) 会计的记录过程是基本经济业务的处理过程,这一过程要求不断剔除各种可能的错误、舞弊及不经济因素,具有直接的控制意义。

(2) 利用记录资料可以对业务过程及时进行各种修正,也可以通过对资料进一步深入地分析研究,更好地控制未来的行动,这样就构成了标准的反馈控制。

所以,从记录过程的分析来看,会计是一个包含了实时控制和反馈控制的双重控制过程。会计的计算、分析及预测,一方面是为了对已经发生的事务进行较好的评价和总结;另一方面是为了能够较好地把握未来,两者的根本目的都是为了更好地进行对未来事项的控制,争取较好的未来效益。

现实中的会计,实际上处处都表现出控制的特征,只是一直未能引起人们足够的重视而已。现代管理会计应该说最能够代表会计对未来进行分析和预测的特征,虽然一般认为它更具有信息系统为管理服务的功用,但实际上,它所体现的更多的是控制功能。了解管理会计的人都知道,管理会计的内容其实由两大部分构成:即控制和规划。规划实际上是对未来的控制,因此可以说,管理会计的全部内容和方法都是属于控制的范畴或出自控制的需要。会计的一切努力,都是为了控制的目的。从远古时代原始的记录计量行为,到如今的现代化成本会计、管理会计莫不如此。马克思认为:"过程越是按社会的规模进行,越是失去纯粹个人的性质,作为对过程的控制和观念总结的簿记就越是必要。"①

二、会计是一个控制系统

会计的基本功能为控制,因而,会计是一个控制系统。会计控制系统包括:

---

① 《马克思恩格斯全集》第24卷,人民出版社1972年版,第152页。

1. 对业务和过程的实时控制——实时控制子系统

实时控制子系统的内容包括：

(1) 合规性控制：包括日常业务处理中的审批、审核等；

(2) 效益性控制：包括从体制到具体业务内容的责任会计、全面经济核算、存货控制、预算控制、标准成本控制等。

这类控制有如下特点：有明确的控制标准；针对控制标准进行比较、评判，及时剔除不合法、不经济的行为因素，及时修正；具有广泛的规范。

2. 对未来事务和行为的反馈控制——反馈控制子系统

反馈控制子系统是面向未来的控制，以基本会计信息及分析、预测信息为中介，通过一系列的信息分析与处理来规范和控制未来的决策与行为。

反馈控制包括内部反馈控制和外部反馈控制两部分。内部反馈控制是针对企业未来效益的控制；外部反馈控制则是包括股东、投资者、债权人、管理机关等多方面参与的涉及单位及社会未来效益的控制。

三、会计信息与会计控制

基于上述观点，可以对会计控制作如下描述：

(1) 会计是一个包含实时控制和反馈控制的双重控制系统。

(2) 会计可以通过特定的组织方式（集中核算、分散核算、责任会计、全面经济核算等等）在具体业务的发生和处理过程中，进行以合规性和效益性为目的的实时控制。

(3) 当会计通过基本核算形成基本会计记录资料后，可以通过对基本资料的多种分析和对未来可能情况的预测，形成可以满足多方面需要的信息，通过信息的使用，作用于未来事项的行为，形成对未来效益的反馈控制。传统理论将会计看作是一个信息系统，实际上只看到了会计提供信息的表象而忽略了提供信息的目的在于控制这一基本事实。明确了会计控制的实质则可看到：提供信息只是会计系统的一个基本环节，而非会计系统的全部。信息是一种手段，是达成控制目标的工具，提供信息只是实现会计控制的一个基本环节。

第二章 内部控制

一、内部控制的含义

西方学术界在对内部会计控制和管理控制进行研究时,逐步发现这两者是不可分割、相互联系的,因此在20世纪80年代提出了内部控制结构的概念。

1. 美国:内部控制概念的演变

内部牵制

内部控制的最初形式是内部牵制。在美国著名审计学家蒙哥马利1912年所著的《审计——理论与实践》一书中已明确地表述过这一思想。内部牵制以账目间的互相核对为主要内容,并实施岗位分离,这在早期被认为是确保所有账目正确无误的一种理想控制方法。

内部控制概念的形成

1917年AICPA下属审计程序委员会(CAP)在发布的《审计准则暂行公告》(TSAS)"现场工作准则"的第二条中指出:"要适当研究和评价现行的内部控制,以决定其可依赖和作为制定审计测试程序的依据的程度。"这是第一次以审计准则的形式确定了内部控制为基础的审计程序。

1949年,CAP在发布的《内部控制——一种协调制度要素及其对管理当局和独立注册会计师的重要性》中规定:内部控制包括组织机构的设计和企业内部采取的所有相互协调的方法和措施,旨在保护企业资产,检查会计数据的正确性和可靠性,提高经营效率,促进贯彻规定的管理政策。这里所称的内部控制并不直接以会计与财务部门有关的功能为限。这是首次关于内部控制的权威定义。

内部控制制度

1958年CAP第29号《审计程序公告》(SAS No.29)明确指出:"内部控制从广义上包括下列既有会计特征又有管理特征的控制……"它将会计控制定义为包括组织的计划及所有与保护资产安全和会计记录可靠性有关的方法和程序,但是却未对定义中的"保护资产安全"和"会计记录可靠性"明确界定范围。

1972年,审计准则委员会(ASB)第1号《审计准则公告》(SAS No.1),重新阐述了内部管理控制和内部会计控制的定义:"内部管理控制包括(但不限于)组织规划以及与管理当局进行经济业务授权的决策过程有关的程序和记录。这种授权是与完成该组织目标的职责直接有关的一种管理职能,也是建立经济业务的内部会计控制的起点。内部会计控制包括(但不限于)组织规划以及保护财产安全和财务报表可靠性有关的程序和记录,因此它应能合理保证:

(1) 按管理当局的一般的或特定的授权进行活动;

(2) 经济业务的记录必须做到:编制财务报表要遵循公认会计原则或适用于这些报表的其他标准,保持资产会计责任的记录;

(3) 只有经管理当局授权才能接近资产;

(4) 账面载明的资产要和实存资产在合理的间隔进行核对,对发生的任何差异采取适当的措施。

这是对内部管理控制和会计控制的明确分类和定义,为企业进行内部控制提供了指导。

内部控制结构

1988年第55号《审计准则公告》(SAS No.55)改变了用内部控制的目标来定义内部控制的方法,采取了按照内部控制组成成分的方法来定义。这个公告不再区别会计控制和管理控制,而是站在审计人员对财务报表审计的立场上定义内部控制,提出了内部控制结构(internal control structure)的概念——"企业内部控制结构包括为提供取得企业特定目标的合理保证而建立的各种政策和程序"。

内部控制结构具体内容包括控制环境、会计制度和控制程序三部分。

控制环境(control environment):是指对建立、加强或削弱特定政策和程序效率发生影响的各种因素。它主要涉及:

(1) 管理当局的思想和经营作风;

(2) 企业组织结构、董事会及其所属委员会,特别是审计委员会发挥的职能;

(3) 确定职权和责任的方法;

(4) 管理当局监控和检查工作时所用的控制方法,包括经营计划、预算、预测、利润计划、责任计划、内部审计;

(5) 人事工作方针及其执行;

(6) 影响本企业业务的各种外部关系。

会计制度(accounting system):规定了各项经济业务的认定、分析、归类、登记和编报的方法,明确各项资产和负债的经营管理责任。会计制度应包括的内容有:

(1) 认定和记录一切合法的经济业务;

(2) 对各项经济业务进行按时和适当的分类,作为编制财务报表的依据;

(3) 将各项经济业务按适当的货币价值计价,以便列入财务报表;

(4) 确定经济业务发生的日期,以便分会计期间进行记录;

(5) 在财务报表中恰当表述经济业务以及有关的揭示内容。

控制程序(control procedure)：指管理当局所制定的方针和程序，用以保证达到一定的目的。它包括以下内容：

(1) 经济业务和经济活动的批准权；

(2) 明确每个人员的职责分工，防止有关人员对正常业务进行图谋和隐匿各种错误和弊端；

(3) 凭证和账单的设置和使用，应保证业务和活动得到正确的记载；

(4) 财产及其记录的接触使用，要有保护措施；

(5) 对已登记的业务及其计价要进行复核。

该公告自 1990 年 1 月起取代 SAS No.1。

内部控制整体框架

20 世纪 90 年代美国提出了内部控制整体框架思想，并逐步将各界对内部控制的认识统一了起来。

尤其是专门研究内部控制问题的委员会 COSO(Committee of Sponsoring Organizations of the Treadly Commission)在 1992 年提出了《内部控制——整体框架》报告，对内部控制提出了新的定义，即："内部控制是受企业董事会、管理当局和其他职员的影响，旨在取得：① 经营效果和效率；② 财务报告的可靠性；③ 遵循适当的法规等目标而提供合理保证的一种过程。"

为此，1996 年美国注册会计师协会发布了第 78 号《审计准则公告》，对第 55 号《审计准则公告》作了修订，除重申了上述内部控制定义外，将内部控制结构改为内部控制成分(internal control components)。

内部控制成分有五个方面内容，它们分别是控制环境、风险评估、控制活动、信息与沟通和监控。其中：

控制环境(control environment)：构成一个组织的氛围，影响到组织内部人员控制的自觉性，是内部控制其他组成部分的基础。它包括：

(1) 员工的诚实和职业道德；

(2) 员工的胜任能力；

(3) 董事会及审计委员会的参与；

(4) 管理哲学和经营作风；

(5) 组织结构；

(6) 权利和责任的安排；

(7) 人力资源政策及执行。

风险评估(risk assessment)：是组织为取得其目标而确认和分析相关风险，以构成进行风险管理的基础。组织风险可能来自于以下方面：

(1) 经营环境的变化；
(2) 聘用新的员工；
(3) 采用新的或改良信息系统；
(4) 迅猛的发展速度；
(5) 新技术的应用；
(6) 新的行业、产品或经营活动的开发；
(7) 企业改组；
(8) 海外经营；
(9) 新会计方法的采用等。

控制活动(control activities)：是对所确认的风险采取必要措施，以保证组织目标实现的政策和程序。一般来说，与审计有关的控制活动主要有：
(1) 业绩评价；
(2) 信息处理控制；
(3) 实物控制；
(4) 职务分离。

信息与沟通(information and communication)：是指与财务报告目标相关的信息系统的方法和记录。它主要有：
(1) 确认、记录所有有效的经济业务；
(2) 顺时详细记录经济业务，以便适当归类，提供会计报告；
(3) 采用恰当的货币价值计量经济业务；
(4) 确定经济业务发生时期，并保证在合理会计期间记录经济业务；
(5) 在财务报表中恰当揭示经济业务。

监控(monitoring)：是评价内部控制实施质量的过程，即对内部控制设计、运行及修正活动的评价。它包括日常的管理监控活动，也包括内部审计的监控和与组织外部团体进行信息交流的监控。

美国内部控制理论的最新发展

内部控制理论的最新发展主要体现在 COSO 的一系列报告上。COSO 报告详细归集了对内部控制理论研究弥足珍贵的背景资料，为我们展示了内部控制的历史发展轨迹。COSO 报告指出，最早认识到企业组织内实施控制的需要，当属政府、宗教组织和商业企业。为了满足指导和监督行动的需要，控制就建立了起来，以努力确保企业目标的实现。随着时间的推移，越来越多的团体认识到内控对企业成功的重要性。特别是近年来，关于内部控制的性质、目的以及实现有效内部控制的方式等理论问题的探讨，更是取得了长足的进展。同以往的内部控制理论及研究成果相比，COSO 报告提出了许多新的、有价值的观点，主要体现在：

(1) 明确对内部控制的"责任"。在世界内部控制发展史上,COSO 报告第一次明确阐述了内部控制的制定与实施的责任问题。该报告认为,不仅仅是管理人员、内部审计活动参与者,组织中的每一个人都对内部控制负有责任。确立这种组织思想有利于将企业的所有员工团结起来,使其主动地维护及改善企业的内部控制,而不是与管理阶层相互对立,被动地执行内部控制。

(2) 强调内部控制应该与企业的经营管理过程相结合。COSO 报告认为,经营过程是指通过规划、执行及监督等基本的管理过程对企业加以管理。这个过程由组织的某一个单位或部门进行,或由若干个单位或(及)部门共同进行。内部控制是企业经营过程的一部分,与经营活动结合在一起,而不是凌驾于企业的基本活动之上。它使经营达到预期的效果,并监督企业经营过程的持续进行。

不过,内部控制只是管理的一种工具,并不能取代管理。

(3) 强调内部控制是一个"动态的过程"。内部控制是对企业整个经营活动进行监督与控制的过程,企业的经营活动永不停止,企业的内部控制过程也因此不会停止。企业内部控制不是一项制度或一个机械的规定,企业经营管理环境的变化必须要求企业内部控制越来越趋于完善,内部控制是一个发现问题、解决问题、发现新问题、解决新问题的循环往复的过程。

(4) 强调"人"的重要性。COSO 报告特别强调,内部控制受企业的董事会、管理阶层及其他员工的影响,通过企业内的人所作的行为及所说的话而完成。只有人才可能制定企业的目标,并设置控制机制;反过来,内部控制影响着人的行动。

(5) 强调"软控制"的作用。相对于以前的内部控制研究成果而言,COSO 报告更加强调"软控制"的作用。软控制主要是指那些属于精神层面的事物,如高级管理阶层的管理风格、管理哲学、企业文化、内部控制意识等。

(6) 强调风险意识。现代社会是一个充满剧烈竞争的社会,每一个企业都面临着成功的挑战和失败的风险,对风险的管理是现代企业的主旋律之一。风险影响着每个企业生存和发展的能力,也影响其在产业中的竞争力及在市场上的声誉和形象。

COSO 报告指出,所有的企业,不论其规模、结构、性质或产业是什么,其组织的不同层级都会遭遇风险,管理阶层需密切注意各层级的风险,并采取必要的管理措施。

(7) 糅合了管理与控制的界限。在 COSO 报告中,控制已不再是管理的一部分,管理和控制的职能与界限已经模糊。

(8) 强调内部控制的分类和目标。COSO 报告单独对内部控制的目标进行了解析和阐释。目标的设定是管理过程的一个重要部分。虽然它不是内部控制的组成要素,但却是内部控制的先决条件,也是促成内部控制的要件。制定目标的过程不是控制活动,但其对内部控制的意义重大,直接影响到内部控制是否有存在的必要。

COSO 报告将内部控制目标分为三类:与营运有关的目标、与财务报告有关的目标以及与法令的遵循性有关的目标等。这样的分类高度概括了企业控制目标,有利于不同的人从不同的角度关注企业内部控制的不同方面。

(9) 明确指出内部控制只能做到"合理"保证。COSO 报告认为:不论设计及执行会多么完善,内部控制都只能为管理阶层及董事会提供达到企业目标的合理保证。而目标达成的可能性,受到内部控制之先天条件的限制。

(10) 成本效益原则。COSO 报告明确指出,内部控制要建立在成本与效益原则的基础上。内部控制并不是要消除任何滥用职权的可能性,而是要创造一种为防范滥用职权而投入的成本与滥用职权的累计数额之比呈合理状态(即经济原则)的机制。

COSO 报告不仅为内部控制给出了一个通用定义,阐述了内部控制的各个组成部分,客观地指出了内部控制的局限性,而且明确了不同人员在内部控制中的角色和责任。另外,它还以附录的形式介绍了研究背景和内部控制定义的不同视角。

同时 COSO 报告承认,内部控制并不是"包治百病的灵药(panacea)"。即使设计和运行得再好,内部控制基于其固有的限制,也只能提供给董事会和管理人员以合理保证达成企业目标。内部控制只能提供合理保证而非绝对保证,这与没有一个系统总能如愿以偿的事实同样不容置疑。即便在合理保证这一层面上,内部控制的运作水平也视目标而异。例如,就营业的效率和效果目标而言,内部控制可以帮助确保管理人员注意到所取得的进展或进展的不足情况,但它对目标本身的实现甚至连合理保证都提供不了。

COSO 报告将内部控制的限制因素归纳为以下几点:

(1) 职员在与内部控制有关的决策中进行判断可能有错误。职员必须在有限的时间内,利用手头的信息,顶住业务行为的压力进行决策判断,出错的可能性是存在的。

(2) 职员可能出现差错或错误。职员可能会由于粗心大意、心神烦乱或疲劳而误解指令或出现判断失误。另外,临时替换休假或生病职员的新手和系统变化后未经培训的职员也可能出错。

(3) 管理人员逾越内部控制是可能的。管理人员可能会为了个人利益,或粉饰财务状况和合法合规性,而逾越规定的政策或程序。

(4) 集体合谋和进行掩盖可能导致控制失败。集体合谋和进行掩盖的有关人员通常有机会改变财务数据或其他管理信息,但又不一定能为内部控制所发现。

(5) 资源通常是有限的,需考虑建立内部控制的相关成本。过多的控制花费昂贵且影响效率,但过少的控制又要使企业饱受风险的侵扰。在有限资源的限制下,就必须进行内部控制成本效益的权衡和决策。

COSO 报告还指出,企业外部团体通过与企业采取对应行动对企业目标的实现有所贡献,而其提供的信息也是企业的内部控制活动所需要的。其中:① 外部审计师对企业财务报告标的实现所起的作用是其他外部团体所无法比拟的。② 立法机构和监管组织通过对建立内部控制进行强制要求或对特定企业进行检查,使企业有压力建立内部控制系统以满足最低的法律法规要求,并为企业提供内部控制系统需用的信息以及内部控制系统改进方面的建议和指引。③ 与企业进行交易的消费者和供货方,还有财务分析师、债券评级机构和新闻媒体,也是企业开展控制活动所需信息的重要来源。但以上外部团体并不需直接对企业内部控制系统的有效性负责,也不是企业内部控制系统的一部分。

内部控制理论的发展轨迹,反映了内部控制内涵的丰富和外延的扩大。COSO报告发布后,得到了国际社会和各种职业团体的广泛承认。在COSO报告基础上,美国内部审计师协会下属的研究基金于1991年发布并于1994年修订了《系统可审计性与控制》(Systems Audibility and Control);加拿大特许会计师协会(CICA)的控制指导(Criteria of Control,简称COCO)委员会于1995年发表《控制指导》文件,并于1997年发布《评价控制的指导(草稿)》;1996年美国注册会计师协会发布《审计准则公告第78号》(SAS No.78),全面接受COSO报告的内容,并从1997年1月起取代1988年发布的《审计准则公告第55号》(SAS No.55);美国的"信息系统审计与控制基金"于1996年发表了《信息及相关技术的控制目标》(Control Objectives for Information and Related Technology);①巴塞尔委员会1998年9月发布了《银行组织内部控制系统框架》。

巴塞尔银行监管委员会在《银行组织内部控制系统框架》中提出了银行内部控制评价的13条原则,虽然名义上是评价原则,但在实质上还是参照了COSO整体框架,规定了内部控制的内容和运行规则。

原则一:董事会应当有责任批准和定时审核银行的全部商业策略和重要的政策;了解银行经营中的主要风险,为这些风险设定可以接受的水平,确保高级管理层采取必要的措施来识别、计量、监督和控制这些风险;批准组织结构,确保高级管理层对内部控制系统的有效性进行适时监督。董事会对确保充分、有效的内部控制系统的建立和维持负最终责任。

原则二:高级管理层应当有责任执行董事会批准的战略和政策;制定措施,识别、计量、监督和控制银行业务所引发的风险;维持一个能够清晰分配责任、权力和报告关系的组织结构;确保委托责任的有效完成;设定适当的内部控制措施;监督内部控制系统的充分性和有效性。

原则三:董事会和高级管理层有责任倡导高水平的伦理道德和正直、诚实的标准,在组织内部建立一种文化,强调并向所有层次员工展示内部控制的重要性。银行系统里的所有员工需要了解他们自己在内部控制程序中的作用,并全力投入其中。

原则四:一个有效的内部控制系统要识别和持续地评估那些能够对实现银行的目标产生反面影响的重大风险。这种评估应当涵盖银行和整个银行组织所面对的所有风险

---

① 徐政旦、谢荣、朱荣恩、唐清亮主编:《审计研究前沿》,上海财经大学出版社2002年版,第141~145页。

（如信用风险、国家和转移风险、市场风险、利率风险、流动性风险、经营风险、法律风险和声誉风险）。需要对内部控制作出修订以适当地致力于任何新的或以前没有控制到的风险。

原则五：控制活动应当是银行日常活动的一个组成部分。一个有效的内部控制系统要求建立一个适当的控制结构，在企业的每一层次定义出控制活动。这些控制措施包括：高水平的复核；对不同部门或部分的适当的活动控制；实物控制；检查是否遵守了披露限制以及没有遵守的后续措施；批准和授权制度；确认和协调制度。

原则六：有效的内部控制系统要求建立适当的职责分离，没有给员工分配相冲突的职责。应当识别存在潜在利益冲突的领域，使之最小化，并进行谨慎的、独立的监督。

原则七：一个有效的内部控制系统不但需要与决策有关的事项和环境的外部市场信息，也需要充分的全面的内部财务、经营和遵循情况的数据。信息应当可靠、及时、可以取得，并且以一致的形式提供。

原则八：一个有效的内部控制系统要求银行所有的重要活动具有可靠的信息系统。这些系统包括那些拥有和使用电子形式数据的系统，必须是安全的，进行了独立的监控，并且得到了充分的应对意外事故安排的支持。

原则九：一个有效的内部控制系统需要有效的沟通渠道，以确保所有的员工充分地理解和遵守影响他们职责和义务的政策与程序，其他相关信息也要同时传达到适当的人员。

原则十：应当在持续的基础上监控银行内部控制的整体有效性。重大风险的监控不仅是业务政策和内部审计的定期评价，也是银行日常活动的一个组成部分。

原则十一：内部控制系统应当有一个有效的、全面的内部审计，它应当由能够独立操作、经过适当培训和有能力胜任的员工执行。内部审计职能部门，作为内部控制系统监控的组成部分，应当直接向董事会或它的审计委员会和高级管理层报告。

原则十二：内部控制缺陷，无论是被业务政策、内部审计发现，还是被其他控制员工发现，应当及时地向适当的管理层报告，并迅速采取措施处理。重大的内部控制缺陷应当向高级管理层和董事会报告。

原则十三：监管者应当要求所有的银行，无论其规模大小，建立一个与其性质、复杂程度和借贷活动固有的风险相一致的内部控制系统，并且对银行环境和条件的变化作出反应。如果监管者确认某一银行的内部控制系统对其特定的风险状况来说是不充分或无效的，他们应当采取适当的行动。

因此，没有不花钱的内部控制，也不存在完美无缺的内部控制。

2. 我国内部控制概念的演变

20世纪80年代中期，娄尔行教授在主编的《审计学概论》中认为："所谓内部控制制度，就是各级管理部门，为了保护本单位财产的安全完整，确保会计及其数据的正确可靠，保证国家财经纪律和本单位所订方针、政策的贯彻执行，利用单位内部因分工而产生的相互制约、相互联系的关系,形成一系列具有控制职能的方法、措施、程序,并予以规范化、系统化,使之组成一个严密的控制机制。"

王德升、阎金锷教授在其《审计学基础》中认为:"内部控制制度是一个单位为了保护其资产的完整性,保证会计资料的正确性和可靠性,提高经营效率以及促进贯彻规定的经营方针而在单位内部采取的一系列相互联系、相互制约的制度、方法和手续。"

张以宽教授在其《审计学基础》中指出,内部控制应当是企业内部各种形式管理控制的总称。结合我国企业情况,一般应当包括下列各项制度的部分或全部内容,即:① 责任控制;② 内部牵制;③ 内部审计。

程能润教授在其《审计学原理》中认为:"内部控制是指企业在处理业务和管理活动中,为了保护财产安全,保证会计数据的正确,提高经营效率和确保既定经营方针与目标的实现,而采取的一系列具有控制功能的组织、程序、手续、方法的总称。"

从上述观点可以看出,在我国关于内部控制制度概念,大体上可分为两类:即管理控制论和职责分工论。

持管理控制论观点的人认为,内部控制是企业内部循环制度的一个重要组成部分,它产生于管理和生产经营的需要。现代企业管理的计划、组织、协调、控制、调节五项职能可划分为计划和控制两大类。计划是根据经营方针制定经营目标,为达到某种预定目标的一种决策行动。其理论根据是,要使企业的生产和经营达到理想效果,必须使企业的每个组织都有秩序、有效率地进行工作。但是计划中制定的目标,只是预先的设想,在执行过程中,难免会发生误差,使工作受到影响。还有一些人认为,责任事故和违反法纪的行为也会造成经济损失。为此,就需要有一系列控制手段,来检查和纠正偏离计划的行为。把计划和执行的情况进行比较,找出差错和原因,查明经济责任,以便采取措施,进行调整和修正,保证计划的圆满实现。在企业管理中,督促和指挥人们按照计划目标和制度纪律的要求进行工作就是一种控制行为。因此,各种管理制度都有控制作用,而内部控制制度就是各种控制手段的总称。管理控制论把计划和控制视为现代化企业管理相辅相成的两大支柱,并认为一切管理办法都是一种控制。由于这种控制是在企业内部进行的,所以就称之为内部控制制度。

另一种职责分工论认为,内部控制制度源于职责分工。其基本论据就是内部控制产生于企业。在生产经营活动中,企业领导、职能科室和各部门以及各级工作人员在处理经济业务时,有着相互联系、相互制约的职责分工关系。持这种观点的人大都认为,内部控制是在传统的内部牵制制度基础上发展起来的一种内容比较广泛的管理制度。也就是说,内部控制原有部分是内部牵制和内部审计,根据现代化企业管理的发展,还应包括其他管理内容。只有这样,才能搞好企业的经营活动,维护其资产完整,尽可能地确保其会计记录的真实性和正确性。

综上所述,持前一种观点的人认为内部控制是现代企业管理的一个重要组成部分,它产生于管理经济的需要,它不能与内部牵制相提并论。内部审计也是内部控制制度发展后的相应产物。持后一种观点的人则着眼于职责分工,而忽视了现代生产和经营的需要,但是,它把内部牵制和内部审计作为内部控制的一个基本组成部分,继承了历史的科学成果。我们认为,上述两种观点是可以统一的,而且也是应当统一的。也就是说,内部控制产生的基础,应当是管理生产和经营的需要,它侧重于职责分工,也包括了人与物的关系,因而仅仅把内部控制说成是一种职责分工制度,是有一定局限性的。

2001年初,财政部会计司专门成立了内部控制研究工作小组,着手研究制定与我国经济发展相适应的内部控制制度体系,并于2001年6月发布了《内部会计控制规范——基本规范(试行)》和《内部会计控制规范——货币资金(试行)》,要求各单位应当建立并组织实施适合本单位业务特点和管理要求的内部会计控制制度。2001年1月31日,中国证监会发布了《证券公司内部控制指引》。

针对商业银行内部控制的研究始于1996年。1996年,中国人民银行专门成立了一个金融机构内部控制问题调研小组,在全国范围内组织人力对2 000多个金融机构的内部控制状况进行了摸底调查,在此基础上借鉴国际上的一些做法和经验,于1997年5月发布了《加强金融机构内部控制的指导原则》(以下简称《原则》),同年12月发布《关于进一步完善和加强金融机构内部控制建设的若干意见》。

但随着金融体制改革的进一步深入和中国加入WTO带来的冲击,我国商业银行内部控制面临越来越多的挑战,《原则》的不适应性也逐步表现出来。为此,2002年9月7日,中国人民银行发布了《商业银行内部控制指引》(以下简称《指引》)以取代《原则》,《指引》的发布标志着我国银行业内部控制的研究进入了一个崭新的阶段。

《指引》共分10章141条。第一章"总则",阐述《指引》制定的目的、依据,内部控制的定义、目标和基本原则。第二章"内部控制的基本要求",从内部控制的五个构成要素出发阐述了建立商业银行内部控制制度的基本要求,指出商业银行应当建立涵盖各项业务的、全系统的风险管理系统,开发和运用风险量化评估的方法和模型,对信用风险、市场风险、流动性风险、操作风险等各类风险进行持续地监控。第三章"授信业务的内部控制",阐述了授信业务的控制要点和风险责任,指出商业银行应当实行统一授信管理,健全客户信用风险识别与监测体系,完善授信决策与审批机制,防止对单一客户、关联企业客户和集团客户风险的高度集中,防止违反信贷原则发放关系人贷款和人情贷款,防止信贷资金违规投向高风险领域和用于违法活动。第四章"资金业务的内部控制",阐述了资金业务的内部控制要点和风险责任,指出商业银行应对资金业务对象和产品实行统一授信,实行严格的前后台职责分离,建立中台风险监控和管理制度,防止资金交易员从事越权交易,防止欺诈行为,防止因违规操作和风险识别不足导致的重大损失。第五章"存款及柜台业务的内部控制",阐述存款及柜台业务的控制要点和控制方法,指出商业银行应对基层营业网点、要害部位和重点岗位实施有效监控,严格执行账户管理、会计核算制度和各项操作规程,防止内部操作风险和违规经营行为,防止内部挪用、贪污以及洗钱、金融诈骗、套汇、骗汇等非法活动,确保商业银行和客户资金的安全。第六章"中间业务的内部控制",阐述中间业务的控制要点和控制方法,指出商业银行开展中间业务应当取得有关主管部门核准的机构资质、人员从业资格和内部的业务授权,建立并落实相关的规章制度和操作规程,按委托人指令办理业务,防范或有负债风险。第七章"会计的内部控制",阐述会计业务的控制重点和信息披露要求,指出商业银行应实行会计工作的统一管理,严格执行会计制度和会计操作规程,运用计算机技术实施会计内部控制,确保会计信息的真实、完整和合法,严禁设置账外账,严禁乱用会计科目,严禁编制和报送虚假会计信息。第八章"计算机系统的内部控制",从计算机系统的设计、运行、维护等方面明确了计算机系统内部控制的重点,指出商业银行应严格划分计算机信息系统开发部门、管理部门与应用部门的职责,建立和健全计算机信息系统风险防范的制度,确保计算机信息系统设备、数据、系统运行和系统环境的安全。第九章"内部控制的监督与纠正",明确了内部控制建设、执行和监督、评价部门的职责。第十章"附则",明确了《指引》的适用范围和施行时间。

与1997年颁布实施的《加强金融机构内部控制的指导原则》相比,《指引》的特点主要体现在以下几个方面:

一是《指引》更加具体,针对性更强。《原则》针对所有金融机构,包括政策性银行、商业银行、城乡信用社以及保险、证券、财务公司、融资租赁公司等非银行金融机构,由于对象的经营特点不同,对内部控制的要求不同,因此《原则》只能是粗线条和框架性的。而《指引》的对象是商业银行和城乡信用社,针对性强,所以许多意见都具有很强的指导性和操作性。

二是《指引》丰富了《原则》的内容。《原则》仅涉及了商业银行贷款、资金、会计、计算机系统等方面内部控制的要求,而《指引》对原有内容进行了补充、深化并增加了其他授信业务、存款及柜台业务及中间业务的内部控制等方面的内容。

三是《指引》更多地吸收和借鉴了现代商业银行内部控制的理念。《原则》颁布时,巴塞尔委员会尚未正式发布(1998年9月)其关于商业银行内部控制方面的权威文件——《内部控制系统评估框架》(Framework for the Evaluation of Internal Control Systems,以下简称《框架》),而《指引》诞生于《框架》颁布4年后且内部控制在国内越来越受到重视之时,因此《指引》对国际现代商业银行内部控制理念的理解更加成熟和深入,这一点在内部控制定义、内控目标、构成要素以及内部控制风险责任的界定等方面得到了充分体现。

四是《指引》发展了内部控制理论。《指引》将"确保风险管理体系的有效性"单独作为内部控制的一个目标,突破了《框架》和堪称内部控制理论经典的COSO报告三大内部控制目标的定式,突出了银行业的高风险性和防止银行风险的重要性。

2001年中国政府加入WTO组织时庄严承诺:根据WTO有关协议,我国将在5年内逐步取消对外资银行业务、人民币业务、营业许可方面的限制。中国银行业将面临实力雄厚、业务范围广泛、管理先进的跨国银行的竞争。银行安全关系金融安全，金融安全关系国家安全。因此，加强商业银行内部控制研究，建立健全适合中国国情的商业银行内部控制系统，对防范和化解银行业风险，提高我国银行业的国际竞争力，促进我国银行业健康、快速发展，无疑具有深远而重大的意义。

由此可见，我国审计准则和国际审计准则有关内部控制的定义以及内部控制的构成要素的规定是趋于一致的。但与美国相比，我国对内部控制的理解仍然停留在内部控制结构的阶段。在我国还有很多人认为，内部控制即是内部监督。实务界许多人士以为，内部控制就是一堆堆的手册、文件和制度；也有一些企业认为，内部控制就是内部成本控制、内部资产安全性控制等；有的企业则对内部控制还没有概念，巨人集团的衰败、沈阳飞龙集团的"失踪"、郑州亚细亚关门、广国投倒闭等都说明了这一点。

二、内部控制的作用

（1）保证职工恪尽职守，保证业务活动按适当的授权进行，提高企业的经营效率。

从静态看，内部控制明确划分了各职能部门和人员的职责范围，有利于建立并实行岗位责任制和各项管理制度以及报告制度，做到各尽其职，互相制约，克服并清除舞弊，忠于职守，提高效率。

从动态看，内部控制所规定的相互联系、相互协调、相互制约的关系，使每一部门具有要求其他部门必须有效地执行任务的动机。如生产部门可追踪仓库及时发料，而仓库则追踪按期进货，要求采购部门工作迅速，从而使各部门经营效率提高。

（2）保证会计记录和数据资料的正确性、真实性，从而保证会计信息的质量。即使会计信息达到真实性、相关性、及时性等质量特征要求，最终为决策提供可靠的依据，提高决策质量。

正确无误和完整无缺的会计记录及其他业务资料是正确了解过去、严密控制现在、科学预测未来、进行决策的依据，这无论对宏观经济或微观经济都是十分重要的。保证会计数据的正确性是内部控制最初的、也是首要的作用。这是由于在经济业务过程中采取了程序控制，手续控制和凭证编号、复核、核对等措施，使经济业务和会计处理得以相互联系、相互制约，做到内部相互监督，从而防止错误发生，即使发生了错误，也易于自动检验和自动纠正，保证了会计记录的正确和完整。

（3）保护企业财产的安全和完整，防止资产被盗用、浪费和无效率地使用。建立内部控制采取严格的控制措施，特别是不相容业务的分工，使授权人与执行人，执行人与记账人，保管、出纳与会计人员，记总账和记明细账得以分开，形成一种内部相互牵制的关系，同时实行限制接近财产和内部定期盘点核对制度，从而使财产的收、付、存、用得到严密的控制,做到有效地制止浪费,防止各种贪污舞弊行为,确保财产物资的安全与完整。

(4) 保证企业各项政策以及党和国家各项政策、法令、法律的贯彻和执行。贯彻党和国家的各项方针政策,遵守财经法令、法律和各项规章制度,是单位领导及其所属各职能部门的主要任务之一。

内部控制规定了处理各种业务所必须遵守的各种凭证和传递手续,将单位内部各职能部门执行国家财经管理和规章制度的情况及时反映给领导,通过授权批准程序使单位领导得以控制和指挥本单位的一切业务活动。企业必须遵纪守法,防止和纠正各种违法和违纪行为,端正经营方向,维护社会主义市场经济秩序,维护社会主义法律的尊严。

(5) 为开展审计工作创造条件。内部控制系统的健全和有效程度是注册会计师确定审计范围、重点和所用方法的重要依据。现代审计愈来愈重视对内部控制制度的检查和评价。内部控制制度的强弱,直接影响着审计的范围、时间、方法、程序和费用等。内部控制制度比较好的单位,资料的可信度高,审计人员就不必进行全面详细的检查,而把主要精力放在如何提高企业经济效益,挖掘企业的潜力上;如果内部控制制度不健全或未被遵守,就不但要进行全面详细的检查,浪费许多时间、费用,而且还无法将主要精力集中在评价、建议上,所以说内部控制制度直接影响着审计的质量和效果,良好的内部控制制度能为审计人员提供有利的条件。

(6) 内部控制是在控制地位、控制利益和控制目标不对等、不一致,甚至相互对立和矛盾的两个控制主体之间架起一座彼此信任的桥梁,它是现代企业制度建立和发展的保障。

首先,对企业所有者来说,他最关心的是其投入资本的安全性和收益性,即实现资本保值、增值目标,而这一目标的实现必须由有效的内部控制尤其是会计控制作为保证。内部控制的重要目标之一是保证会计信息的质量。真实的会计信息是所有者控制经营者的基本依据,所有者通过会计信息可以及时了解企业长远发展的影响因素,从而对经营者进行必要的干预。此外,内部控制能促使企业经营效益最大化目标的实现,而这正是所有者控制企业、控制经营者的目的,并与其实现企业价值最大化的根本目标相一致。由此可见,内部控制是保障所有者利益的关键,如果没有有效的内部控制作为现代企业制度的支撑,那么维护现代企业所有者利益就会成为一句空话,现代企业制度的建立和实施就会成为泡影。

其次,对于经营者而言,内部控制是其履行委托经营责任、实现企业价值最大化目标的重要保证。现代企业的特征之一是经营者和所有者在经济上的联系表现为一种契约关系,"财产所有者对经营管理者在契约中规定的责任,称之为受托经济责任","受托经济责任是一种报告说明责任,是责任承担人向有关方面报告说明其行为过程与结果的责任"。可见,受托经营者有义务按照所有者控制企业的要求提供有关会计信息,这是经营者履行经营责任之必需。当然,向所有者提供会计信息仅仅是履行受托经济责任的一种形式,其内涵必须以真实的经营获利作为保证,只有经营者切实实现了经营效益最大化的目标,才算履行了受托经济责任,而经营者利用会计信息对资金流、物流甚至作业链进行的控制,也就是企业经济效益最大化经营目标的实现过程。因此,没有内部控制,经营者既无法实现经营目标,当然也就谈不上履行受托经济责任了。

再者,内部控制能够协调所有者和经营者之间的利益冲突,使控制双方建立起相互信任的关系,从而保证现代企业制度的顺利实施。企业的所有者和经营者处于不对等的控制地位,有不同的控制目标,尤其在信息需求和利用方面存在"不对称性"和"外部性",借助于内部控制,能够起到约束双方行为,并对未来进行合理运筹的作用。这样不但能规范经营者行为,而且能促使所有者采取一种"约束+激励"的科学控制方式,以调动经营者管好企业、赚取利润的积极性,从而实现现代企业平衡、稳定发展的目的。

三、内部控制制度的控制原理

内部控制制度的控制原理主要是控制论在内部控制的具体体现。

控制论认为,一切有生命和无生命的系统都是反馈系统,具有反馈控制的原理。控制系统都是通过各种反馈来达到控制目的的。内部控制制度所研究的组织同样是一个信息系统,通过信息的变换和反馈,辅之以专门的施控方法,达到控制的目的。

所谓控制就是施控主体对受控客体的一种能动作用,这种作用使得受控客体为施控主体的目标所驱动,以最终达到施控主体的预定目标。

施控主体主要指组织的管理当局(含各级责任中心),内部控制的受控客体是组织内部的各个构成元素及其彼此间的耦合关系。

如果我们把内部控制中施控主体对受控客体的作用以 X' 表示,则内部控制系统示意图可抽象为如图 2-1 所示。

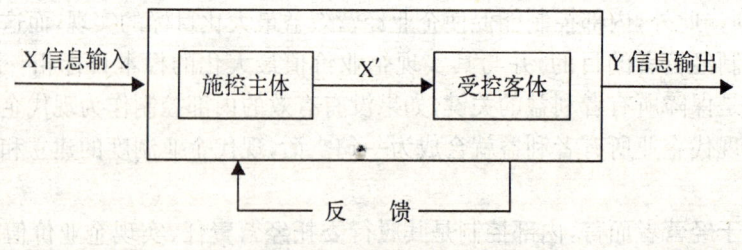

图 2-1 内部控制系统

内部控制的方法需从控制论中吸取营养。在控制论中,按控制的过程形式分为四种控制方式:① 程序控制:指在已知系统的状态变量和控制变量的前提下,预先确定出控制变量的时间序列,保证系统状态的时间序列沿着既定的步骤运行的一种控制方式。②

跟踪控制：指不直接根据输出的变化调节输入，而是通过一个跟踪变量来调节输入以改变被控系统状态的一种控制方式。③ 自适应控制：指发生在没有明确先行量的情况下，以系统前期或即刻已达状态的输出变量来主动改变控制系统中的控制变量，以保证系统达到期望的最优状态的一种控制方式。这种控制方式的一个重要内容是学习过程，这个过程是按系统自身运行过程中的经验来得出实施何种程序才能使系统达到预定的最优工作状态。④ 最佳控制，又称极值控制：指控制系统的控制标准是由某一函数最大值或最小值来决定的一种控制方式。

内部控制制度吸收控制论的合理内核，其基本控制方式有：

1. **制定业务流程（程序控制）**

任何组织不论规模大小，都具有一套如何主办、记载、汇集、交易事项的规定方法，这种程序应用书面说明以手续说明书或活页流程图的方式印制，并随手续的变动而修改。

2. **设计良好的表格和单据制度（跟踪控制）**

记载所有部门的作业，必须具有设计良好的表格和单据制度。例如，赊销发生时如何通知会计处？一般的通知是利用销售员在销货时所填写的销货单。如果没有这种文件，实质上就无从记载或控制业务部门的作业。内部所填制的单据也可用以控制资产自甲部转移至乙部的责任。这类文件的副本提供凭证传递的轨迹，一旦资产在部门间移动发生任何短缺时，凭证就是追究责任的焦点。这里必须指出两点：其一，内部单据如由利害相对立的两部门共同参与编制，可靠性将大为提高。例如，生产部向存储部领取原材料，生产通知单上需经两部门经办者分别签章。一方面，后者具有"查明通知单上数量并未少列"的动机，否则就要负担货品短少的责任；另一方面，生产部亦具有查明"记入制造成本的原材料并未多列"的企图。其二，所有文件应按顺序编号，这不仅有利于利用编号控制所发文件的号码和统计汇总，也便于控制遗漏凭证和日后查阅。

3. **随动控制（自适应控制）**

随动控制就是根据一个因素的变化来控制另一因素的变化。通常我们把前一因素称为控制先行量。例如，工业生产的直接材料费是随着产品产量的增减变动而呈正比例变化的，根据这一关系，我们可以依据产量计划来制定直接材料费计划，在执行过程中根据产品生产产量控制直接材料费，以达到随动控制的目的。

4. **模型控制（最佳控制）**

寻求内部控制制度的最佳状态，就是建立控制制度模型。一般地说，内部控制制度越是严密，就越有控制力，但制度的设计与运行需要花费众多的制度成本或控制成本，如果这些成本高于制度所产生的收益，则显然是不合算的。依据重要性原则，重要的制度就应设计得严密些，非重要的制度可设计得松弛一些。因此，借助于控制论的基本原理，可以建立内部控制模型，对受控客体施行最佳控制。具体的模型见本章后附录一。

四、内部控制的局限性

就像任何一项管理制度一样，内部控制并不是万能的，不是完美无缺的。无论在实践中，还是在理论上，内部控制都存在一些局限性。在实际工作中，即使内部控制制度十分健全，但往往还是不能保证会计资料的绝对正确和资金财产的绝对安全。内部控制制度的局限性主要表现在以下几方面：

(1) 内部控制制度是建立在不相容业务分工的基础之上的，这里隐含一个前提条件：职工之间不会发生同谋勾结的现象，如果有两个或两个以上的职工串通勾结，或发生集体作弊情况时，内部控制制度就会失去效用。审计人员对这种可能性应给予高度重视，特别在评价现金、资产控制时要特别注意。

(2) 主管人员的法律、政治意识及业务素质。主管人员，特别是企业的最高管理者，如果没有较高的法律意识和较好的政治素质与职业道德，就可能蓄意滥用职权，违法乱纪，从而使内部控制制度失去作用。

(3) 行使控制人员的素质。内部控制制度的效果与行使控制人员的素质密切相关，如果人员安排不当，不完全按质量要求完成工作，那么内部控制也会失去效用。

(4) 经济的不断发展。经济在不断地发展，管理也在不断地改进，今天有效的控制制度明天不一定会有效，这是由于科学技术的日新月异所产生的结果。如果内部控制制度的发展与科学技术的发展不能同步，那么内部控制制度也会失去效用。内部控制可能因经营环境、业务性质的改变而削弱或失效。内部控制是针对特定的经营环境、业务性质而设计的，内部控制的改变往往滞后于经营环境和业务性质的变化。当经营环境和业务性质发生重大变化后，旧的内部控制可能不再适用，相关的内部控制要么被削弱，要么已失效。

(5) 内部控制制度的设置受到客观条件的制约。设置内部控制制度要受到成本效益原则的约束。例如，不能为200元的物资专门配备保管人员而花费更大的工资费用。又例如，在大中型企业的整个生产和管理环节分工较细，有利于设置健全的内部控制制度，而在那些中小型企事业单位，由于不可能进行明细的、细致的分工，所以也就很难建立、健全内部控制制度。

(6) 即使是设计完整的内部控制，也可能因执行人员的粗心大意、精力分散、判断失误以及对指令的误解而失效。内部控制无论怎样设计，最终还得靠人去执行，而执行中人难免会犯错误。

(7) 内部控制可能会因执行人员滥用职权或屈从于外部压力而失效。如高级人员可能置内部控制规章于不顾，将自己的行为凌驾于内部控制之上。

(8) 内部控制一般仅对常规业务活动而设计，对于特殊的、非常规的业务活动可能不适用。

五、内部控制与外部控制相结合

对于以上这些局限性,管理者可以借助于除了健全的内部控制制度之外的其他措施,以此来保护企业免受舞弊的损失。

(1) 聘请注册会计师从事定期的审计。注册会计师不仅可以评价企业的内部控制的强弱、评估控制风险,而且可以帮助企业找出内部控制的薄弱环节,提出改进的意见。

(2) 投保适当金额的职工忠诚保证保险(fidelity bonds)。忠诚保证保险是保险的一种形式,保险公司对被保证职工因从事偷窃或贪污行为而致使企业所发生的损失,担负一定限度的赔偿责任。大多数美国公司对经管现金或其他流动性资产的职工均要求投保忠诚保证保险。

通过以上这些措施,虽然能够减少企业内舞弊所造成的一些损失,但是内部控制的其他问题却还是存在的。这就要求管理者在具体实施内部控制时特别关注这些可能出现的问题,防患于未然。

附:

设:$y_1 = f_1(x)$ 为制度成本曲线,$y_2 = f_2(x)$ 为制度收益曲线,则内部控制制度净收益:

$$\pi(x) = f_2(x) - f_1(x)$$

若以 x 轴表示内部控制制度的严密程度,则制度成本曲线应随制度严密程度的提高而加速上升,制度收益曲线上升速度随制度严密程度的提高而趋于减缓。用平面坐标系表示如下:

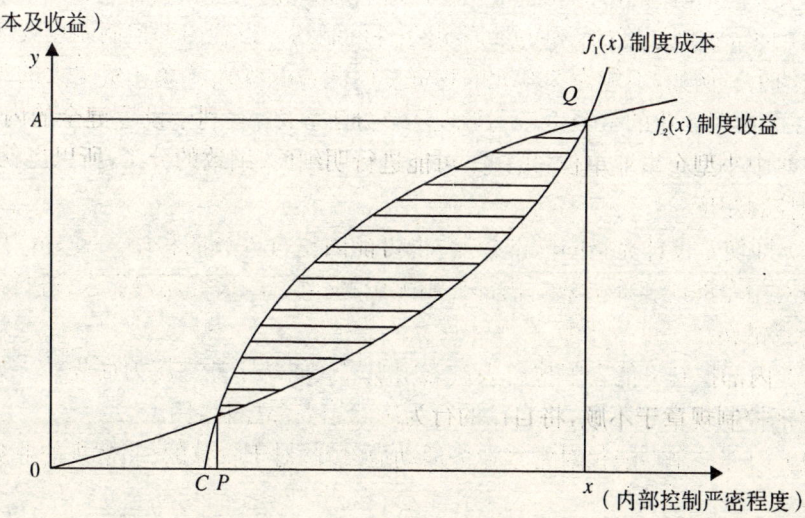

上图中，内部控制制度严密程度以百分数表示，由于十全十美的控制制度是没有的，所以，横轴 x 的最大极限是 100%。

该图表明：

(1) 制度成本线经过原点，只要有内部控制制度，不论其严密程度高低，必然有制度成本发生。并且制度成本线随着内部控制制度的严密性提高而递增。从理论上说，随着制度日趋完美，制度成本无限增加，最终趋于无穷大。因此，在实践中没有必要为建立十分完美的内部控制制度而无限追加制度成本。

(2) 制度收益线 y_2 的始点在 x 轴 C 处，这是因为即使有了内部控制制度，如果未达到一定的严密程度（C 点），也不会产生制度收益。当制度严密性达到一定程度时才有制度收益，不过，在两线交点 P 之前，制度成本大于制度收益，需要继续完善内部控制制度，于是，制度收益逐渐增加运行于制度成本线的上方。但制度收益随着制度严密程度达到一定程度时（A 点），其增势减缓，便符合边际效用递减规律。

(3) 由于制度的边际效用递减而制度成本无限增加，y_1 与 y_2 又终于在 Q 点相交，接着两线又趋于永久而渐远的分离。在 Q 点以后，内部控制制度的边际效用值为非正数。

通过以上的描述，我们的目的是为了寻求内部控制制度的最佳状态，建立控制制度模型。

第二篇

会计控制实务

第三章 内部控制的类型与流程

控制活动是确保管理阶层的指令得以实现的政策和程序,旨在帮助企业保证已针对其"使企业目标不能达成的风险"采取了必要行动。控制活动出现在整个企业内的各个阶层与各种职能部门,包括诸如核准、授权、验证、调节、复核营业绩效、保障资产安全以及职务分工等多种活动。一般而言,控制活动包括两个因素:政策和程序。政策规定应该做什么,程序则使政策产生效果,政策是程序的基础。政策可能书面规定,也可能只是一个口头的指令而已,但无论政策是否做成书面,都应该前后一贯地、彻底地加以执行。同时程序也不应该只是机械地、被动地予以执行。

控制活动是针对关键控制点而制定的,因此,企业在制定控制活动时关键就是要寻找关键控制点。企业一般根据其经营活动的五大循环即采购循环、销售循环、付款循环、收款循环和理财循环等分别设计其控制活动。例如,企业的采购循环就应注意订购单、采购单等的授权与审批,要注意对采购的单价、质量、数量等的审核等。

一、内部控制的类型

1. 组织规划控制

组织规划是对企业组织机构设置、职务分工的合理性和有效性所进行的控制。企业组织机构有两个层面:一是法人的治理结构问题,涉及董事会、监事会、经理的设置及相关关系;二是管理部门设置及其关系。

对财务管理来说,就是如何确定财务管理的广度和深度,由此产生集权管理和分级管理的组织模式。职务分工主要解决不相容职务分离。所谓不相容职务分离是指那些由一个人承担,既可能发生错误和弊端又可掩盖其错误和弊端的职务。企业内部主要不相容职务有:授权批准职务、业务经办职务、财产保管职务、会计记录职务和审核监督职务。这五种职务之间应实行如下分离:① 授权批准职务与执行业务相分离;② 业务经办职务与审核监督职务相分离;③ 业务经办职务与会计记录相分离;④ 财产保管职务与会计记录相分离;⑤ 业务经办职务与财产保管职务相分离。

2. 授权批准控制

授权批准是指企业在处理经济业务时,必须经过授权批准以便进行控制,授权批准按其形式可分为一般授权和特殊授权。

所谓一般授权是指对办理常规业务时权力、条件和责任的规定,一般授权时效较长;而特殊授权是对办理例外业务时权力、条件和责任的规定,一般时效性较短。

不论采用哪一种授权批准方式,企业必须建立授权批准体系,包括:

(1) 授权批准的范围,通常企业的所有经营活动都应纳入其范围。

(2) 授权批准的层次,应根据经济活动的重要性和金额大小确定不同的授权批准层次,从而保证各管理层有权亦有责。

(3) 授权批准的责任,应当明确被授权者在履行权力时应对哪些方面负责,应避免授权责任不清,一旦出现问题又难辞其咎的情况发生。

(4) 授权批准的程序,应规定每一类经济业务审批程序,以便按程序办理审批,以避免越级审批、违规审批的情况发生。

3. 文件记录控制

健全、正确的文件记录既是组织规划控制、授权批准控制的手段,又是企业保持工作效率、贯彻企业经营管理方针的基础。

文件记录控制内容主要有:

(1) 建立企业组织机构职能图和授权审批权限一览表。

(2) 建立全员岗位说明书。企业对于每个工作岗位都应有相应的书面描述,其内容包括:岗位内容、岗位职责、岗位上下关系和岗位任职条件等。

(3) 业务程序手册。企业的业务流程应让相关人员知晓,使每个员工都知道本人在处理业务时所处的地位。前后道作业环节,业务程序手册的编制可采用流程图的方式。流程图既是企业管理的有效工具,也是评价内部控制的重要手段。

(4) 统一会计政策。尽管国家制定了统一的会计制度,但其中某些会计政策是选项,因此,从企业内部管理要求出发,必须统一执行所确定的会计政策,以便统一核算、汇总分析和考核,企业会计政策可以专门文件的方式予以颁布。

(5) 凭证编号。企业对业务处理的凭证应编制相应的号码,凡有条件的均应事前编号,凭证编号便于业务查询,也可避免业务记录的重复和遗漏,并在一定程度上可防范舞弊的发生。

(6) 统一会计科目。在实行国家统一一级科目的基础上,企业应根据经营管理需要,统一设定明细科目,特别是集团性公司更有必要统一下级公司的会计明细科目,以便统一口径,统一核算,有效分析。

4. 全面预算控制

全面预算是企业财务管理的重要组成部分,它是为达到企业既定目标编制的经营、资本、财务等年度收支总体计划。

全面预算控制应抓好以下环节:

(1) 预算体系的建立,包括预算项目、标准和程序。
(2) 预算的编制和审定。
(3) 预算指标的下达及相关责任人或部门的落实。
(4) 预算执行的授权。
(5) 预算执行过程的监控。
(6) 预算差异的分析与调整。
(7) 预算业绩的考核。

全面预算是一项集体性工作,需要企业内各部门人员的相互合作,为此,有条件的企业应设立预算委员会,组织领导企业全面预算工作。

5. 实物保护控制

内部控制各种方式都具有保护资产安全的作用,这里所述的实物保护是指对实物资产的直接保护,主要内容有:

(1) 限制接近。限制接近主要指严格限制无关人员对实物资产的直接接触,只有经过授权批准的人员才能够接触资产。限制接近的对象包括限制接近现金、其他易变现资产、存货。

(2) 定期盘点。建立对资产定期盘点制度,并保证盘点时资产的安全性,通常可采用先盘点实物,再核对账册来防止盘盈资产流失的可能性,对盘点中出现的差异应进行调查,对盘亏资产应分析原因、查明责任、完善相关制度。

(3) 记录保护。应对企业各种文件资料(尤其是资产、财务、会计等资料)妥善保管,避免记录受损、被盗、被毁的可能。对某些重要资料应留有后备记录,以便在遭受意外损失或毁坏时重新恢复,这在当前计算机处理条件下尤为重要。

(4) 财产保险。通过对资产投保(如火灾险、盗窃险或一切险)增加实物受损后的补偿机会,从而保护实物的安全。

(5) 财产记录监控。对企业要建立资产个体档案,资产增减变动应及时全面予以记录。加强财产所有权证的管理。应改革现有低值易耗品等核销模式、减少备查簿的形式,使其价值纳入财务报表体系内,从而保证账实的一致性。

6. 职工素质控制

内部控制的成效关键在于职工素质的高低程度。职工素质控制的目的在于保证职工忠诚、正直、勤奋、有效的工作能力,从而保证其他内部控制有效实施。职工素质控制包括:

(1) 建立严格招聘程序,保证应聘人员符合招聘要求。
(2) 指定员工工作规范,用以引导考核员工行为。
(3) 定期对员工进行培训,帮助其提高业务素质,更好完成规定的任务。
(4) 加强可奖惩力度,应定期对职工业绩进行考核,奖惩分明。
(5) 对重要岗位员工(如销售、采购、出纳)应建立职业信用保险机制,如签订信用承诺书、保荐人推荐或办理商业信用保险。

(6) 工作岗位轮换，可以定期或不定期进行工作岗位轮换，通过轮换及时发现存在的错弊情况，甚至可抑制不法分子的不良动机。

7. 风险防范控制

企业在市场经济环境中，不可避免地会遇到各种风险，因此为防范和规避风险，企业应建立风险评估机制。

企业常有的风险评估内容有：

(1) 筹资风险评估。如企业财务结构的确定、筹资结构的安排、筹资币种金额及期限的指定、筹资成本的估算和筹资的偿还计划都应事先评估、事中监督、事后考核。

(2) 投资风险评估。企业对各种债权投资和股权投资都要作可行性研究，并根据项目和金额大小确定审批权限，对投资过程中可能出现负面影响的因素应制定应对预案。

(3) 信用风险评估。这里所说的信用风险，特指企业应收账款回收过程中遭受损失的可能性。企业应制定客户信用评估指标体系，确定信用授予标准，规定客户信用审批程序，进行信用实施中的实时跟踪。信用活动规模大的企业，可建立独立信用部门，管理信用活动，控制信用风险。

(4) 合同风险评估。所谓合同风险是指在合同签订和履行过程中，发生法律纠纷导致企业被诉、败诉的可能性。为防范合同风险，企业应建立合同起草、审批、签订、履行监督和违约时采取应对措施的控制程序，必要时可聘请律师参与。

风险防范控制是企业一项基础性和经常性的工作，企业必要时可设置风险评估部门或岗位，专门负责有关风险的识别、规避和控制。

8. 内部报告控制

为满足企业内部管理的时效性和针对性，企业应当建立内部管理报告体系。内部报告体系的建立应体现：部门（人）经营责任，符合"例外"管理要求，报告形式和内容简明易懂，并要统筹规划，避免重复。内部报告要根据管理层次设计报告频率和内容详简，通常的高层管理者报告间隔时间长，内容从重、从简；反之，报告间隔短，内容从全、从详。

常用的内部报告有：

(1) 资金分析报告，包括资金日报、借款还款进度表、贷款担保抵押表、银行账户及印鉴管理表、资金调度表等。

(2) 经营分析报告。

(3) 费用分析报告。

(4) 资产分析报告。

(5) 投资分析报告。

(6) 财务分析报告等。

9. 电算化控制

随着电子信息技术的发展,企业利用计算机从事经营管理方式的手段越来越普遍,尤其是会计电算化和电子商务的发展对信息的安全性提出了更严格的要求。为此,加强电算化的控制势在必行。

电算化控制内容有:

(1) 一般控制。它主要是对电算系统构成(人、硬件、软件)及环境实施的控制。常用的方法有:系统组织和管理控制、系统开发和维护控制、文件资料控制、系统设备、数据、程序、网络安全的控制;

(2) 应用控制。这是对电算化处理活动进行的控制。常用的方法有:输入控制、处理控制、输出控制。

10. 内部审计控制

内部审计是内部控制的一种特殊形式,它是一个企业内部经济活动和管理制度是否合规、合理和有效的独立评价机构,在某种意义上讲是对其他内部控制的再控制。

内部审计内容十分广泛,按其目的可分为财务审计、经营审计和管理审计。内部审计在企业应保持相对独立性,应独立于其他经营管理部门,最好受董事会或下属的审计委员会直接领导。

二、内部控制的流程

根据内部控制理论框架,单位内部控制可由三部分组成:
- 组织机构,包括法人治理结构、管理部门设置和岗位分工
- 人员管理,包括聘用、考核和奖惩
- 业务程序,包括业务循环、处理程序、控制要点等

由于内部控制许多方式是体现在业务层面上的,从业务程序入手有利于加速企业内部控制整体标准,因此,当前重点是强调企业业务程序的内部控制。内部控制的流程可以分为构造业务循环模型、分析常见弊端、提出内部控制要点、设计内部控制文本。

1. 构造业务循环模型

业务循环是业务周而复始的过程。不同类型的企业业务循环的构造也不一样,因此在构造企业业务循环时要根据企业业务规律的特点。以业务循环分类可有多种模型,常见的有:

收入及应收款循环

支出及应付款(含工资)循环

生产(含生产、存货、固定资产)循环

财务(含现金收入、支出)循环

销售和应收款循环
购货与应付款(含固定资产)循环
生产循环(含存货、工资)
筹资与投资(含权益)循环
货币资金
现金
筹资循环
采购循环
工资循环
存货、生产循环
销售循环
销售及收款循环
采购及支出(含固定资产)循环
生产(含成本、存货)循环
工资循环
筹资循环
销售收入和应收款循环
支出和应付款(含材料采购、固定资产采购、工资)循环
存货和固定资产循环、筹资和投资循环
货币资金业务

在设计业务循环模型时应遵循以下要求：
(1) 反映经营活动全貌，符合企业经营特点；
(2) 以价值运动为主线，以资金流为中心；
(3) 满足审计方法的使用。

为此，构造以现金为中心，以价值运动为主线来设计业务循环模型的方法，其构造如图 3-1 所示。

在对企业业务循环模型构造的基础上，应对其中每一个业务循环再进行作业构造。例如，销售业务作业构造如图 3-2 所示。

2. 分析常见弊端

在业务循环模型构造的基础上分析该业务在运行中可能出现的错误和弊端，这个过程的实质是风险评估。业务循环风险来自记录错误、违反会计政策、欺诈和侵吞、非法交易、资产流失等因素。判断业务常见弊端可通过总结归纳企业历史上该业务曾发生过的错弊教训，也可采用"合理怀疑"，即假设不予控制可能造成损失的机会和可能出现的问题进行主观推测。

第三章 内部控制的类型与流程

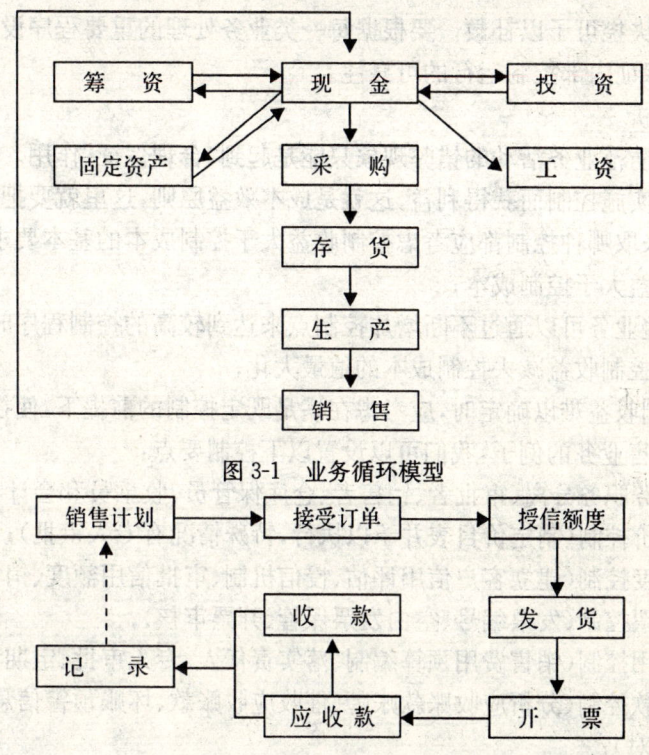

图 3-1 业务循环模型

图 3-2 销售业务作业构造

例如,销售业务常见错弊有:
(1) 虚计销售收入、调节利润;
(2) 销售成本结转不实,调节利润;
(3) 结算方式选用不当,造成坏账;
(4) 销售费用支出失控,成本增大;
(5) 销售凭证保管不严,造成产品流失风险。

3. 提出内部控制要点

针对常见弊端设置相关内部控制要点,内部控制要点的设置要考虑以下因素:

<u>关键控制点</u>

所谓关键控制点是指在一个业务处理过程中起着重要作用的那些控制环节,如果没有这些控制环节,业务处理过程很可能出现错误和弊端,达不到既定目标。设置关键控制点要针对错弊及时发现和纠正,如为保证会计记录的正确性,明细账和总账之间的核对是关键点;为保证银行存款金额正确性,由非出纳员核对银行对账单和存款余额就是关键控制点。

<u>补偿性控制</u>

所谓补偿性控制是指能替代前道控制作用的控制,通常设置补偿性控制的目的是如

果前道控制一旦失控可予以补救。要根据每一类业务处理的重要程序设置数目不等的补偿性控制点,以保证内部控制运行的可靠性。

成本效益分析

内部控制对防范业务活动的错弊现象只能是起到"合理保证"作用。合理保证就是指控制成本不能因实施控制而获得利益,这就是成本效益原则,这里就要把握以下情况:

第一,无论采取哪种控制都应考虑控制收益大于控制成本的基本要求,所有设置控制点应达到控制收益大于控制成本;

第二,当有些业务可以通过不断增加控制点来达到较高的控制程序时,就应考虑采用多少控制点能使控制收益减去控制成本的值最大化;

第三,当控制收益难以确定时,应考虑在满足既定控制的前提下,使控制成本最小化。

结合上述销售业务的例子,我们可以设置以下控制要点:

(1) 销售业务职务分离(审批者、销售者、仓库保管员、收款员和会计相分离);

(2) 销售定价控制(制定价目表并予以执行,特殊情况有专人审批);

(3) 授信额度控制(建立客户信用评估、授信机制、审批信用额度、销售合同);

(4) 销售发票控制(发票编号、空白发票保管、开票审核);

(5) 销售费用控制(销售费用预算编制、落实责任人、专人审批、定期考核);

(6) 应收账款控制(分析应收账款账龄、催收应收账款、坏账预警信息反馈、销售应收和实收的定期核对);

(7) 退货控制(退货审批、退货原因分析、有关责任者追究、货物验收)。

4. 设计内部控制文本

内部控制文本是指导落实内部控制实施的文件,这些文件采用何种格式呢?从企业管理水平可采用单独格式和混合格式。

(1) 单独格式就是将企业内部控制要点按业务领域单独列示,具体又有两种格式,如图3-3所示。

格式1: 　　　　　　　　　格式2:

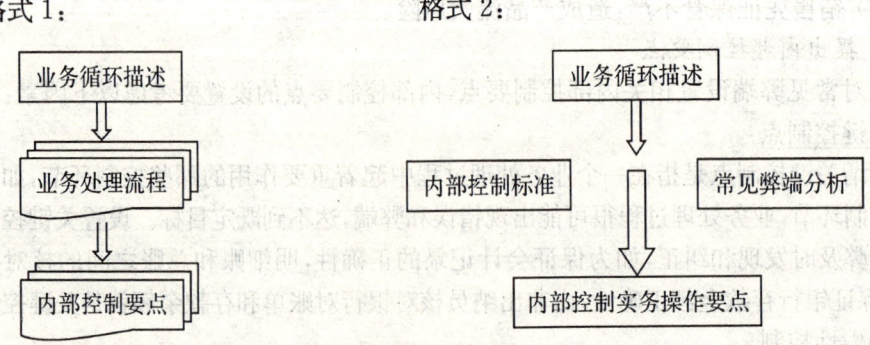

图3-3 内部控制文本单独格式

(2)混合格式就是将内部控制与管理制度结合起来,如与会计制度结合起来,其基本格式如图3-4所示。

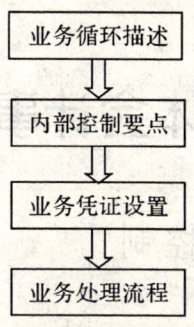

图3-4 内部控制文本混合格式

笔者认为,混合式文本是将内部控制融合在业务管理制度中,使业务管理制度既有业务程序又有控制程序,便于企业有关人员和部门熟悉和掌握。独立式文本是将业务管理制度中内部控制要求分离,单独列示,便于企业管理者、内审人员和外审人员了解及评价。显然独立式的内控文本内容,适合用来指导企业内部控制的建设;而企业可根据自身条件,一般中小企业、基层企业可采用混合式文本,而大型企业、企业集团可采用独立式文本。

第四章 具体会计事项内部控制

一、会计处理内部控制

1. 会计处理控制点和控制措施

(1) 审批。经办人员认真填制原始凭证内容,并签章;部门负责人审核后签章批准。

(2) 审核。会计主管及分管人员审核原始凭证反映的经济业务是否合理合法,记账凭证的填制是否符合规定要求,手续是否完备;审查会计报表的内容是否真实,编制是否合规。会计主管或分管人员在审核无误的凭证上签字或盖章。以保证经济业务及其会计核算真实正确、合理合法。

(3) 结算。出纳员审核收款凭证、付款凭证及其所附原始凭证后,办理结算;对于属于各级领导人批准权限范围内的业务,还要审查是否具有负责人核准的签字;出纳员在凭证上加盖"收讫"或"付讫"戳记和个人图章。出纳人员不仅根据收款和付款业务的原始凭证收付款,而且必须根据会计主管人员或指定人员审核批准的收款凭证和付款凭证收付款项。

(4) 复核。稽核员审核记账凭证是否符合原始凭证,记账凭证是否同原始凭证内容相符,记账科目和金额是否正确,检查科目汇总表、汇总记账凭证等与总记账凭证科目汇编是否正确,累积各记账凭证金额是否同总记账凭证相符;检查记账凭证和总记账凭证是否有会计主管、记账、复核、出纳和填制人员的签章。

(5) 记账。出纳员根据收付款凭证登记现金日记账、银行存款日记账;会计员根据收款凭证和转账凭证登记有关明细分类账;总账会计根据总账记账凭证登记总分类账;各记账人员在记账凭证上签字盖章,以保证经济业务有据可查,间接起到保护财产物资安全和成本费用的真实作用。

(6) 核对。稽查员或其他非记账人员核对各种账簿的记录是否同记账凭证相符;核对日记账、明细账和总分类账的记录是否相符。具体包括:① 总分类账各账户月末借方余额合计数是否同贷方余额合计数相符;② 各种明细分类账和现金、银行存款日记账的余额是否同总分类账中各有关账户的余额相符;③ 会计部门有关财产物资明细账余额是否同财产物资保管部门或使用部门的明细账余额相符。

第四章 具体会计事项内部控制

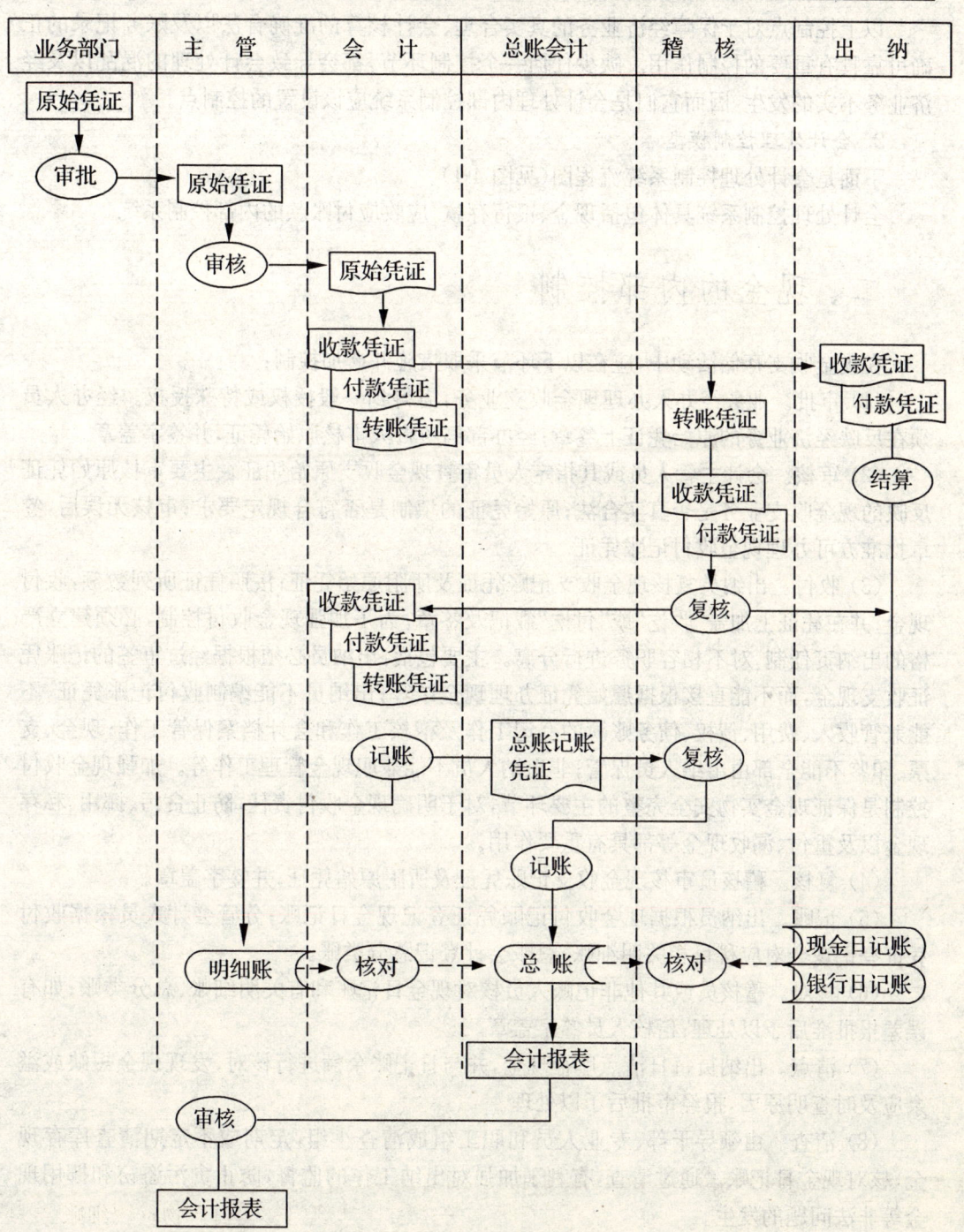

图 4-1 会计处理控制系统流程图

以上控制点对于保障经济业务的真实合理、会计核算的准确合法以及账务记录的正确可靠具有重要的控制作用。缺少任何一个控制环节，都会导致会计处理的混乱以及经济业务不实的发生，因而它们是会计处理内部控制系统应该设置的控制点。

2. 会计处理控制模型

下面是会计处理控制系统流程图（见图4-1）。

会计处理控制系统具体包括现金、银行存款、应收应付账款的内部控制系统。

二、现金的内部控制

在现金收支存储活动中，应在以下环节采取措施并严加控制：

(1) 审批。业务经办人办理现金收支业务，需得到一般授权或特殊授权。经办人员须在反映经济业务的原始凭证上签章；经办部门负责人审核原始凭证，并签字盖章。

(2) 审核。会计主管人员或其指定人员审查现金收支原始凭证。主要审核原始凭证反映的现金收支业务是否真实合法；原始凭证的填制是否符合规定要求；审核无误后，签章批准方可办理现金收付记账凭证。

(3) 收付。出纳员复核现金收支记账凭证及所附原始凭证；按照凭证所列数额，收付现金；并在凭证上加盖"收讫"或"付讫"戳记及签章；为了加强现金收付控制，必须建立严格的出纳责任制，对不相容职务进行分离。主要包括：出纳员必须根据经过审签的记账凭证收支现金，而不能直接根据原始凭证办理现金结算；出纳员不能编制收付记账凭证，不能兼管收入、费用、债权、债务账簿的登记工作及稽核工作和会计档案保管工作；现金、支票、印鉴不能全部由出纳人员保管；非出纳人员不能兼职现金管理工作等。加强现金收付控制是保证现金实物安全完整的主要环节，对于明确现金收付责任，防止贪污、挪用、私存现金以及重付、漏收现金等都具有重要作用。

(4) 复核。稽核员审核现金收支记账凭证及所附原始凭证，并签字盖章。

(5) 记账。出纳员根据现金收付记账凭证登记现金日记账；分管会计人员根据收付凭证登记现金对应科目相关明细账；总账会计登记总分类账。

(6) 核对。稽核员或其他非记账人员核对现金日记账和有关明细账、总分类账；如有误差报批准后予以处理；稽核人员签字盖章。

(7) 清点。出纳员每日清点库存现金，并与日记账余额进行核对，发现现金短缺或溢余应及时查明原因，报经审批后予以处理。

(8) 清查。由领导干部、专业人员和职工组成清查小组，定期或不定期清查库存现金，核对现金日记账。通过清查，有利于加强对出纳工作的监督，防止贪污盗窃和挪用现金等非法问题的发生。

在现金内部控制系统各控制点中，审批、核对和清查最为重要。

三、银行存款的内部控制

1. 银行存款业务控制点

根据银行存款管理要求,在该系统中应确定如下控制环节和控制措施:

(1)审批。业务部门批准的业务人员办理有关银行存款事项或经办有关业务,须核实原始凭证内容并签章;超出业务部门权限规定的银行存款收支业务须报上级主管部门审批并签字盖章。审批银行存款收支业务,可以保证业务办理的正确性和合法性,加强经办人员的责任感,避免违纪违规情况发生。

(2)审核。会计主管人员或指定人员审核原始凭证和结算凭证,签章同意办理银行存款结算。审核原始凭证,可以检查经济业务是否合理合法,保证银行存款结算正确有效;审核结算凭证,可以检查银行存款结算是否正确,保证存款安全和核算正确。

(3)结算。出纳人员根据审签的凭证,或按照授权办理银行存款收付业务;出纳员办理结算前,复核原始凭证及有关合同文本;按不同的结算方式填制结算凭证或取得结算凭证。结算凭证应加盖财务专用章和出纳员私章;财务专用章、签发支票印鉴和财务负责人印鉴应由主管会计和出纳人员分别保管。转账支票和结算凭证必须按编号顺序连续使用;作废的转账支票应加盖"作废"戳记;收付款项后应在凭证上加盖"收讫"和"付讫"戳记;非出纳人员不得经营银行存款业务。

(4)复核。稽核人员审核银行存款收付记账凭证是否附有原始凭证及结算凭证,结算金额是否一致,记账科目是否正确,有关人员是否签章等,审核无误后签字盖章。复核记账凭证,可以发现银行存款收付错误和记账凭证编制差错,保证银行存款核算正确。

(5)记账。出纳员根据银行存款收付记账凭证登记银行存款日记账;会计人员根据收付凭证登记相关明细账;总账会计登记总分类账银行存款科目;各记账人员在记账凭证上签章。登记银行存款账,可以保证银行存款收支业务的可查性,防止或发现结算弊端,及时提供可靠的银行存款核算信息。

2. 结算业务内部控制

结算业务是指企业在生产经营过程中,因商品的购销、劳务发生等原因而引起的货币结算行为。它包括应收款项和应付款项两部分。

<u>应收款项内部控制</u>

应收款项是由过去的交易活动所引起的,在未来时期收取一定现金、货物或享受服务的权利,即债权。它是企业流动资产的重要组成部分,具有较强的流动性和变现能力。应收款项包括应收账款、应收票据和其他应收款等。

为保证应收账款得到控制,在应收账款业务流程中应建立如下控制点,并采取相应的

控制措施:

(1) 合同。为避免不必要的经济纠纷,在交易之前,必须订立详细的购销合同。销售合同一经签订,购销双方对此项交易承担相应的法律责任和经济责任,购销双方必须严格执行。

(2) 资信调查。为保证应收账款能够及时收回,企业的信用部门必须调查评定购货方的信用状况,或向信用咨询机构查询购货方的信用状况,以确定货款的结算方式。

(3) 核准。赊销商品必须经企业负责人或授权核准的人员核准才能签订销货合同。

(4) 清理。应收账款应及时清理收回,以维护企业合法权益。会计人员应加强对应收账款的日常管理,定期整理应收账款,编制应收账款账龄分析表,对到期的应收账款及时收回,对未能按期收回的应收款项应查明原因,及时向会计部门负责人和企业负责人报告,并采取有力的措施加紧催收。对长期未能收回的应收款项,应区别不同情况进行不同的处理:购货单位破产或应收账款无望收回的,经批准,应作为坏账处理;购货单位目前无偿债能力,但在一定时期后仍有可能分期偿付的应收账款,应通过协商订立还款计划,陆续分批清理;对故意拖欠不还的应收账款,应根据合同规定的条款处理,必要时可诉诸法律,通过法律形式解决。

(5) 对账。企业的应收账款应定期或不定期地同对方进行核对,至少要每年核对一次。通过核对,可以发现应收账款是否同对方账面数一致。

在上述各控制点中,"核准"和"清理"两个控制点为关键控制点。

应付款项的内部控制

应付款项是企业在一定时期内应付而未付的款项,包括应付票据、应付账款、其他应付款等。应付款项是构成企业经营所需资金的一项来源,并且这项来源与其他来源相比,一般不需要支付任何代价或支付较少的代价,但并不是企业占用这方面的资金越多越好,企业应加强对应付账款的控制,使之保持在一个合理的限度下,以保持企业良好的财务信誉。

应付账款内部控制的主要控制点和控制措施如下:

(1) 合同。在交易之前应签订详细的购销合同,并根据购销合同履行相应的条款并承担相应的法律责任和经济责任。

(2) 审核。应付账款的发生或清理应经会计部门责任人的审核才可处理。

(3) 对账。企业为保证账面记录的准确性,应定期或不定期地核对有关记录。这种对账包括两方面:一方面是企业自身账簿记录的核对工作;另一方面与收款方对账,看是否一致,防止错记、漏记或弄虚作假,防止贪污挪用问题的发生。

在以上控制点中,"审核"控制点是关键控制点。

应付票据和应付账款均是因赊购商品而发生的,所以,其业务流程和内部控制基本相同,其他应付款与企业的主营业务没有直接联系,其发生具有很大的随意性,所以其控制可以参照应付账款的控制来进行。

四、存货的内部控制

存货是指企业在生产经营过程中为销售或者生产而储存的各种资产,是企业流动资产的重要组成部分,其金额通常占流动资产的绝大部分。存货积压会引起企业资金周转困难,存货不足又会影响企业的正常生产经营活动。加强对存货业务的管理,对于合理和节约地使用流动资产,加快流动资产周转,减少储备资金占用,避免存货的损失和丢失,提高企业经济效益,有着重要的意义。

1. **材料采购业务内部控制系统**

根据材料采购业务量大、发生频繁的特点,企业应建立以托收凭证、发票和入库单为主要载体的内部控制系统,在系统中设置如下几个控制点,并采用相应的控制措施:

(1) 审批。供应部门在确定材料需要量、储备定额以及消耗定额基础上提出材料物资供应计划和材料采购计划,临时急需的材料还需提出临时性的采购申请。批准后,即表明已授权供应部门在采购计划或采购申请的范围内组织材料采购。

(2) 签约。供应部门采购人员根据批准的材料采购计划或采购申请,与供货单位签订材料供货合同,确定材料的品种、规格、价格、到货日期以及结算方式等,以确保购进的材料能符合生产需要,保证正常供应;同时,也有助于加强材料采购的计划控制,降低采购成本和费用。

(3) 登记。供货单位按合同规定期限发出材料后,应通过银行间托收承付结算凭证、运单、发票等凭证划转给供货单位财务部门。财务部门收到托收凭证后,应立即进行检查,确定是否与本企业有关,然后按顺序进行编号,并登记在托收承付凭证登记簿上备查。通过这项控制环节,可以保证所有托收承付结算业务都能得到及时处理,以保证采购业务会计核算的完整性。

(4) 承付。财务部门将托收承付凭证和有关单据转到供应部门后,供应部门有关人员应根据订货合同,逐一检查托收凭证及有关单据中所列的材料品种、规格、型号、数量、价格及金额等项内容是否与合同相符。检查无误后,签署承付意见,以供财务部门进行结算。以保证材料采购有效性、合理性。

(5) 验收。材料到达后,保管人员应对所到材料按照数量、种类及验收标准验收合格后,及时入库。

(6) 审核。会计人员和保管人员审核原始凭证反映经济业务是否合理,合法,手续是否完备。

(7) 记账。会计人员和保管人员分别将材料采购业务根据原始单据填制记账凭证登记入账。

2. 材料存储业务内部控制系统

为保证控制目标的实现,企业应建立以限制接近为基本控制措施、以材料收发凭证和材料盘点表为线索的内部控制系统,在该系统中设置若干控制点,并采取相应的控制措施:

(1) 收发。保管人员对采购的材料验收合格后,应及时入库;根据经批准的领料凭证核发材料,在领料凭证上签字,并登记有关明细记录,这是保证材料入库业务有效性和库存材料实物安全的先决条件。

(2) 稽核。财会部门材料稽核员(核算员)除定期到仓库审核并签收材料收发凭证外,还要利用材料收发凭证与材料明细记录相核对,以核实所登记明细记录的收发存数量是否正确,检查库存材料的收发保管情况和核算手续的执行情况;采取抽样检查方法,检查部分材料实际库存与明细记录的数量是否相符合。

(3) 清查。财务部门会同仓储部门定期组织对库存材料进行实地盘点,点清数量或测定实存数量,检查库存材料质量,并编制材料盘点表;利用材料明细记录与盘点数进行核对,确定账实是否相符;对于账实不符的材料,查明原因,分清责任,提出处理意见,同时对超储积压和呆滞材料及时处理。

(4) 审批。经办人员认真填制原始凭证内容,检查库存材料数量、质量。对账实不符的材料,查明原因,对提出的处理意见根据责任各方的过失进行批示。

(5) 调整。对库存材料账实不符的审批结果,调整相关账户。

(6) 核对。对材料存储类账户记录进行账证相符、账实相符的核对,以确保生产物资的安全。

3. 材料领用业务内部控制

(1) 审批。在材料领用时,经办人员填制"材料领用单",部门负责人审核后盖章批准。

(2) 核发。保管人员根据批准后的"材料领用单"核发材料。

(3) 稽核。材料领用的部门及所领用材料的数量、种类应当一一核准。

(4) 审核。材料领用的发生应由部门负责人审核才能收发。

(5) 记账。对材料领用业务根据原始凭证,应及时准确登记入账。

五、产品成本的内部控制

1. 生产费用内部控制

企业的生产过程中所发生的生产费用,绝大部分以不同的形式转移到企业产品成本中。生产费用的多少,不仅关系到企业的盈利水平和再生产资金的合理补偿,也关系到国家的财政收支。企业必须加强各项生产费用发生的控制,以尽可能少的生产耗费,生产社会所需产品。生产费用发生的控制不仅仅局限于生产环节,而应在企业所有生产经营活动中对各项费用开支严加控制。

企业生产费用的发生十分频繁,业务量大,涉及部门多,控制标准也不一致。为了保证控制目标得以实现,企业必须建立以定额控制为基础的、以完整的各种原始记录为媒体的、以归口分级管理制度为核心的内部控制系统,以对生产费用开支的全部过程实施有效的控制。这一系统一般应设置如下几个控制点,并采取相应的控制措施:

(1) 定额。定额是企业生产过程中用料、用工、用钱的标准。企业技术部门、财务部门和劳动工资部门应分别会同各有关部门在总结定额执行情况的基础上,制定材料消耗定额、费用限额以及劳动工时定额。制定先进合理的定额,是保证生产费用开支合理性的一项控制措施,是生产费用内部控制系统事前控制的一个重要环节。

(2) 计划。计划部门根据生产计划和各项费用定额,会同财务部门和生产职能部门编制生产费用预算和产品成本计划,从总体上确定各费用开支的标准。费用预算与成本计划批准以后,还应把计划指标进行分解,化为具体指标分别下达各有关车间和职能部门。通过制定和下达计划,一方面,赋予了各个车间部门开支各项生产费用的权利;另一方面,也限定了其发生费用的范围,这是保证生产费用开支有效性和合理性的控制环节。

(3) 审批。各车间和职能部门需要开支的各项费用,在由专人填制有关凭证后,经车间或部门负责人进行审查后批准。车间或部门负责人主要审查费用开支是否为生产经营活动所必需,是否超过限额或预算等内容。超出限额或预算的费用开支应报上一级主管人员批准,这是保证成本计划得以贯彻执行,防止损失浪费的控制环节,也是保证费用开支有效性的关键环节。

(4) 签发。根据车间负责人审查批准后,签发相关费用。

(5) 审核。生产费用的发生应根据实际发生数和部门负责人的批准才能入账。

(6) 记账。对生产费用账户应根据实际发生的各种费用,分别根据费用类别和原始凭证及时入账。

2. 产品成本核算内部控制

产品成本核算实质是生产费用的汇集、分配和成本计算的过程。通过这一过程,应把生产经营活动中发生的各项生产费用,按其用途,正确地分配到不同的成本计算对象中,从而使各项费用开支能够得到合理的补偿。根据产品成本核算业务的特点及其管理要求,在产品成本核算中应设置如下几项控制点,并采取相应的控制措施:

(1) 归集。财务部门核算人员根据审核后的领料凭证、工资结算单以及其他有关费用的原始凭证,按照费用的用途归类,划分应计入产品成本的费用以及不应计入产品成本而归由其他特定开支的费用,并按成本项编制各项费用汇总表和分配表。通过归集,正确区分各项生产费用开支渠道,可以保证产品成本核算符合国家有关成本开支范围的规定,并保证产品成本核算的真实完整。

（2）清查。财务部门会同生产部门定期清查盘点在产品，核实在产品数量，确定在产品完工程度，对盘盈盘亏及报废的在产品及时处理，并编制在产品盘存表。通过在产品盘查，一方面，可以为核算完工产品提供依据，保证产品成本的正确性和真实性；另一方面，也可以保证在产品台账记录与实际数量相一致，保护在产品的实物安全。

（3）分配。财务部门成本核算员根据各项生产费用汇总表和分配表，以及在产品盘存表，把已发生的应归入产品成本的产品成本费用在本期和其他期间进行分配，计算出完工产品的总成本和单位成本，并编制产品成本计算单。采用适当分配方式分配生产费用，是保证产品成本核算正确可靠的重要环节。

（4）复核。计算出产品成本之后，财务部门主管人员应对产品成本核算过程进行复核，主要检查核算方法是否适当、分配方式和分配比率是否合理、核算程序是否合规、计算结果是否正确，还应将已计算出的产品成本与计划成本或上期实际成本相对比，检查是否有较大差异。无误后，在产品成本计算单上签章，以保证成本核算的正确性。

（5）结转。结转产品成本应该及时，这是分析考核生产资金占用成本计划完成情况的基础，也是正确核算产品成本的控制环节。

（6）审签。财物主管核对成本报表资料，做到账表相符，表表相符。审核成本报表既是保证成本报表真实准确的控制环节，也是保证成本报表有效性的控制环节。

六、对外投资的内部控制

1. 短期投资内部控制

短期投资是指能够随时变现、持有时间不超过 1 年的有价证券以及不超过 1 年的其他投资。短期投资的目的在于充分利用企业暂时多余资金创造可观的收益。

短期投资的控制内容

企业为保证控制目标的实现，在投资内部应包括如下内容：

（1）明确的职责分工。在投资过程中，合理的职责分工应该是对证券的授权买卖、证券的保管和证券的会计记录这三项工作分别由不同的人员来负责。这种分工可以减少投资交易中的错误和弊端。

（2）健全的保管制度。对证券的保管通常有两种方式可以选择：一种方式是将证券委托给独立的代理人保管，如证券公司、银行或信托公司，这种保管方式安全程度高，而且由于保管与记录的工作完全分离，可大大降低舞弊的可能性。另一种方式是由企业自行保管。在这种方式下，必须建立严格的制约制度。

（3）详细的账簿记录。企业对自己的所有投资项目均应建立完整的明细记录。

（4）严格的记名登记制度。所有证券投资必须以企业名义标明或登记（除非不记名证券),而且不能记在经办职员名下,这是如数持有、记录所拥有证券的前提,以防止冒领转移或未授权利用证券获取投资收益的舞弊行为。

(5) 建立定期盘点制度。为保证账实相符,对有价证券应定期进行实地盘点。

短期投资的控制点和控制措施

上述控制内容,其控制点归纳如下:

(1) 投资分析。为使企业投资后不致影响企业的长期能力,投资前必须进行周密的投资分析,并将分析结果形成书面文件,即投资分析报告,在报告中应列明投资的资金来源、投资意向及投资后对企业收益的影响,这是保证投资活动科学、合理的关键。

(2) 审批。财会部门在对投资环境分析后,应将投资分析报告报经企业负责人审批,经批准后,财会部门负责人才能组织进行有价证券的买卖。

(3) 复核。在投资交易成立后,财会部门负责人应审核有关的交易手续是否完善,有价证券的买进与售出是否均以企业名义进行,经审核无误后,通知出纳收款或付款。

(4) 保管。企业购入债券后,建立严格的保管制度是保证有价证券安全完整的重要措施。

(5) 对账。为保证有价证券的安全完整,会计人员定期或不定期地核对总账与明细账、明细账与有价证券登记簿的内容是否相符。

2. 长期投资内部控制

长期投资是指不准备随时变现、持有时间在1年以上的投资。长期投资目的是出于经营方面的需要,即为满足特定用途积累资金、控制其他企业等方面的需要。长期投资控制系统应包括以下控制点和控制措施:

(1) 可行性研究。为确保长期投资的科学性与可行性,财会部门应根据企业管理当局提出的项目,广泛收集资料,进行充分论证,并根据论证结果,编写可行性研究报告。

(2) 投资决策。由于长期投资大多涉及企业未来的经营发展方向和经营战略,因此,任何长期投资活动都必须在企业管理当局决策后方能实施。

(3) 复核。财会部门负责人应复核反映投资活动的各有关凭证,以检查手续是否合法、完善。

(4) 保管。企业应设立专人负责保管有价证券,并建立联合控制制度。

(5) 对账。为保证证券投资记录的准确性和账实相符,会计人员应定期或不定期地核对投资总账与明细账、明细账与证券保管人员登记的有价证券登记簿是否一致。

七、固定资产的内部控制

固定资产内部控制包括固定资产购入内部控制、固定资产退出内部控制、固定资产折旧内部控制。

1. 固定资产购入内部控制

固定资产购入主要控制点有：

(1) 审批。固定资产的购入，须经需要固定资产的部门申请，部门负责人审核，经主管领导批准方可购入。

(2) 签约。由物资采购部门根据固定资产所需部门提出的要求购置固定资产，并签订购置合约。

(3) 验收。可以保证固定资产购置计划的贯彻执行，以及所购固定资产的实物安全完整。

(4) 审核。这是保证固定资产采购业务有效性、合理性的最后一项控制环节，对以上控制环节中所发生的问题能够起到补偿控制的作用。

(5) 移交。严格执行移交手续，是明确固定资产保管责任、保证固定资产实物安全的控制环节，也是正确计算固定资产折旧的前提条件。

(6) 记账。这是保证固定资产购置业务会计记录完整、真实、准确的一项控制环节。

(7) 核对。通过核对，不仅可以保持固定资产账账、账卡相一致，保证会计记录的正确性，还可以及时发现固定资产使用保管中存在的问题，保证固定资产安全完整。

2. 固定资产退出内部控制

固定资产退出业务控制点有：

(1) 鉴定。对退出固定资产进行鉴定，是保证固定资产退出业务合理性的一项控制环节。

(2) 审批。这是保证固定资产退出业务合法性和有效性的环节。

(3) 审核。对固定资产退出的有关凭证和文件的审核，有助于保证固定资产退出业务的合法性以及相应会计处理的真实完整。

(4) 注销。及时准确地注销退出固定资产，是保证固定资产账物一致的一项措施，也是正确计提折旧的前提。

3. 固定资产折旧内部控制

固定资产折旧内部控制点主要有：

(1) 审批。审批固定资产折旧率是保证固定资产折旧业务有效性、合法性的控制环节。

(2) 计算。正确计算固定资产折旧额，是保证固定资产及时足额计提折旧的前提。

(3) 审核。经过审核，可以有效地保证固定资产折旧的有效性以及折旧计算的准确性，是固定资产折旧业务系统的关键控制环节。

(4) 提取。这是保证固定资产折旧会计核算真实完整的控制环节。

(5) 记账。根据固定资产折旧率计算出固定资产折旧额，并登记入账。

第五章　会计电算化与内部控制

随着科学技术的发展,电子计算机数据处理技术在会计领域已得到了广泛应用,使会计进入了一个向生产技术、经营管理领域的深度和广度渗透的新领域。会计基本上从单纯的记账、算账、报账中解脱出来,转向经营管理,但它也给电算化会计内部控制的设置带来了新的问题。

一、会计电算化对内部控制的影响

在手工操作下,有岗位责任制和各种内部牵制制度,保证了手工核算下会计信息的正确性,企业资产的完整和安全。计算机的引入使得内部控制制度的形式、内容、重点都发生了一定的变化。

1. 内部控制形式的变化

由于电子计算机具有高速、稳定的特点,有很强的逻辑判断和逻辑分析能力,使内部控制形式主要发生两方面变化:

(1) 原手工下的一些内部控制措施在电算化后没有了存在的必要性,如编制科目汇总表、凭证汇总表等试算平衡的检查。总账、明细账的核对,由于计算机不会在整理过程中出现某些失误,就没有了核对的必要。

(2) 原手工下的一些内部控制措施在电算化后转移到计算机内了,如凭证的借贷平衡校验,余额、发生额的平衡检查,各核算与系统之间的数据核对,报表数据的勾稽关系检查等。

由此,电算化后的内部控制分为以组织控制措施为主的一般控制和以计算机控制程序为主的系统控制,而组织控制是系统控制的基础和保障。

2. 内部控制制度内容的变化

计算机技术的引入,给会计工作增加了新的工作内容,同时也增加了新的控制措施。例如,计算机硬件及软件分析、编程,维护人员与计算机操作人员的内部牵制,计算机机内及磁盘内会计信息的安全保护;计算机病毒防治;计算机操作管理、系统管理员、系统维护人员等新的岗位责任等等。

3. 内部控制的重点发生了变化

会计电算化后内部控制的重点将放在原始数据输入计算机的控制、会计信息的输出控制、人机交互处理的控制、计算机系统之间连接的控制等几方面。

二、会计电算化条件下内部控制面临的问题

1. 不相容职能分离，职责分工原则的重要性下降

传统手工会计处理系统的内部控制是建立在不相容职能分离及相应职责分工的基础上。采用电算化后，由于功能和知识高度集中，导致职责的集中，原手工操作下不宜合并的岗位，采用电算化后可以合并，会计人员大大减少，致使这些原则的重要程度下降。某些会计人员可能既从事数据的输入、处理，又负责数据的输出、报送，他们可能在数据来源的相互关系、数据如何处理、分配及输出的使用等方面具有详细的知识，也熟知内部控制的缺陷，这就有可能使他们在未经批准的情况下，直接对使用中的程序和数据库进行修改和操作处理，加大了出现错误与弊端的风险。

2. 输入依据和输出结果不严密

采用电算化后，程序与数据存储在一起，数据的输入与输出形式和手工会计系统也大不相同。数据的输入可能缺乏充分可靠的记录，未经确认没有附件的数据亦可能被输入系统内。在输出方面，有些业务或处理结果可能不被打印出来，只有依靠电子计算机才能阅读存储在磁性媒体中的数据。而如果存取改动数据的命令和程序并集中在同一装置内，没有适当的控制，未经批准擅自存取或改动数据就很有可能。

3. 数据库安全性不稳定

我国的会计电算化软件通常是以数据库管理系统为基础经过二次开发完成的，一些重要的会计数据及资料均以数据库文件的形式存放。虽然目前运用了一些会计控制措施，如实行人员分工授权制、口令密码保护制以及为控制输入正确而实行的各种校验检测等，但这些软件对其系统中存在的各类数据文件却未采取相应的保护措施，只要稍具备一些数据库知识的人完全可绕开会计软件的各类控制措施，通过数据库管理系统，直接读写这些数据库文件，甚至对文件中的数据直接进行增删修改等操作。这样会计数据的真实性和可靠性也就无法得到保证。

三、会计电算化条件下的内部控制

由于会计电算化的实施，其结果的正确性在很大程度上依赖内部控制，因此，管理者应充分重视企业的内部控制。与会计电算化相应的内部控制可分为程序控制和制度控制两类。

1. 程序控制的形式

程序控制是指靠计算机程序对会计核算进行内部控制,以实现系统的自我保护,这种自我保护的内部控制往往比通过各种管理制度实现的控制更为有效。程序控制由输入控制、数据处理过程控制、输出控制、系统初始化控制、系统安全控制组成。

(1) 会计数据输入控制。输入控制的设计目的是为了保证输入的数据确已经过审批手续,并且能够正确而完整地输入计算机。输入控制由以下三部分组成:

a. 经济业务在由计算机处理之前经过适当的批准,即适当授权和审批。电算化会计人员作为数据处理部,没有权力审批经济业务,所以处理数据凭证都应有该项业务审批人员签字,应对使用计算机的数据输入人员加以控制,如采用程序密码或运行口令,只有通过授权的人员才能接触使用计算机,口令密码不得告诉未授权者。

b. 设置责任控制。会计信息系统通过登记日记文件,以防止经济业务被遗漏、添加、重复或不正当地更改,并对不正确的经济业务进行删除或更正。

c. 经济业务准确地转变为机器可读的形式记录在数据文件中。

(2) 数据处理过程控制。会计数据正确输入后,数据将要由程序进行具体地加工处理,遵循输入、复核、更改、汇总、分类、登账、对账、转账、结账等流程进行。这一控制过程是为了确保计算机运行时发现、纠正和报告某些有错误的输入,从而保证数据处理的可靠性和正确性。数据处理控制主要有处理的流程控制、数据修改控制、数据备份和恢复控制、结账控制等。由于不同子系统所处理的业务不同,所以处理过程中的控制内容和方法也不尽相同。因此,财务软件应根据各子系统建立相应的数据处理控制机制。

(3) 会计数据输出控制。会计信息的输出包括查询、打印和软盘输出等形式。内容涉及各种明细账、日记账、会计报表、总账等。输出控制最重要的目标是保证各种输出结果的正确性、真实性、完整性、保证输出的接触人员仅限于经过授权的人员。这就要求对电脑打印的资料严格控制,并建立输出资料控制制度,由指定人员负责分发、保管并登记输出资料的使用者,分发日期,打印份数等。同时对发生的差错进行记录,仔细检查,分析形成错误的原因是由于偶然性过错还是人为差错,并采取相应的避免措施或改进措施。

(4) 系统初始化控制。会计软件必须有控制系统初始化的功能。因为初始化包括设置系统参数、设置会计科目、建立各种账簿文件、录入各种余额数据等,因此在系统运行前应进行初始化控制。

(5) 系统安全的控制。对用户和计算机设备授权是目前比较普遍使用的系统安全保护措施,也是较为简便易行而又有效的方法。采用这种方法的目的,主要是对用户、设备、文件分别授予不同级别的特权,以防止未经授权的人员有意进入或无意误入系统。因此,系统必须具有授权登记,检查用户身份和核对操作权限的机制。

此外,软件还应用以下控制措施来保护数据的安全。一是数据文件整体的保护,即数据文件不能用一般的方法打开并作修改。数据存储最好与处理相隔离;二是将数据加密存储,当然会计数据很多,只能对其中的重要数据加密;三是建立存取与操作的日志;四是设置丢失数据的恢复、重建功能；五是定期对数据进行双备份。

2. 制度控制的形式

制度控制一般是以管理制度的形式实行的，即由主管部门制定一系列规章制度强制或监督会计部门执行，从而保证会计核算软件正常和安全运行，免遭外界干扰破坏，向企业提供准确无误的会计信息。制度控制的形式包括以下几点：

（1）会计电算化组织控制。会计核算软件投入正式使用时，必须对原始结构作相应的调整，并对各类人员指定岗位责任制，以帮助各个系统顺利运行，完成预定目标。会计电算化后，会计岗位将重新划分，其岗位包括电算主管、软件操作、审核记账、电算维护、电算审查与数据分析等。

由于会计电算化实施，会计人员与开发人员联系非常密切，因此需要用组织控制进行职权分离。如规定系统开发人员不得兼任系统操作人员和管理人员；规定未经授权的职员不得接触计算机设备、程序和有关文件；规定程序员不得参与操作；操作员不得接触参与程序设计；不得更改软件和打开数据库修改数据；不得随意更改计算机内所配置的系统参数及所安装的软件，不得在计算机上做任何与会计核算业务无关的工作。需严格分清程序员、操作员、管理员的职责，加强各级代码、口令的管理，并注意定期修改口令。

（2）系统操作环境的管理和控制。系统操作环境包括系统操作过程以及系统的维护。操作过程控制主要是通过制定一套完整而严格的操作规程来实现，操作规程应明确职责、操作程序和注意事项，并形成一套电算化系统文件。如规定系统开关的步骤；规定交接班手续和登记运行日志；规定数据备份的时间及存放地点；规定机器的使用规范；规定软盘专用以防病毒感染途径等。系统维护包括对硬件、软件和数据的维护，对硬件的管理除按固定资产注册登记、专人保管外，还应制定设备的使用、检查和维护制度，规定机房的温度、湿度、电压等环境条件，以及规定防火、防盗等措施；对会计核算软件的管理和控制，主要在防止对软件的非法修改和删除。

（3）系统档案资料的管理与控制。这是指档案资料运行过程中产生的各种凭证、账簿和报表、各种磁介质的数据资料的开发和维护。如系统分析说明书、系统设计说明书、用户操作说明书、测试报告等。档案资料应有专人保管，并指定备份、归档、借阅制度，以及防磁、防火、防潮和防尘措施。

综上所述，内部控制制度在整个会计电算化过程中起着极其重要的作用，因此必须加以重视，以保证会计数据的安全、完整和准确。

第三篇

会计控制案例

第三篇

金排芝林業公司

第六章　宝钢集团企业开发总公司

一、公司简介

宝钢集团企业开发总公司是上海宝钢集团公司的全资子公司。公司实行独立核算，自主经营，自负盈亏，自我发展，是具有独立法人资格的经济实体。主要承担宝钢的生活后勤保障、生产协力、宝钢产品深加工、宝钢副产品及废弃物综合利用、备品备件、机械电器设备和车辆的维修以及宾馆酒店、仓储运输、工业服装、绿化环卫、印刷等业务。主要产品有：磁性材料、建筑材料、金属制品、耐火材料、包装材料、综合利用品等。

1. 公司经营状况

公司于1986年宣告成立。在15年的建设和发展过程中，公司通过不断转换经营机制、调整产业结构、提高规模效益，经济实力逐渐增强。与此同时，公司始终贯彻"改革、发展、稳定"的方针，依托宝钢、服务宝钢、发挥优势、深化改革、强化管理。通过高质量的服务，不断提高市场占有率，进而服务社会、拓展国内市场，积蓄自身实力，进军国际市场，经济规模和经营水平有了很大的提高。截至2000年年底，总公司已拥有总资产40亿元，净资产达到18亿元。当年实现销售收入45亿元，实现利税总额1.9亿元。

2. 公司组织结构

公司组织结构如图6-1所示。

二、公司会计制度概况

1. 会计机构的设置

会计机构是组织和实施会计工作的组织。在一个企业中，会计机构是否健全、各职能部门岗位之间的运行是否协调，将对会计工作质量产生直接的影响。因此，建立适合本企业情况的会计机构是改进会计工作、提高会计信息质量的首要环节。设计一个高质量的会计机构，应该遵循以下几个原则：

(1) 与企业的规模相适应。
(2) 与企业内部的管理、经营部门相协调。
(3) 机构内部总体效率最高。

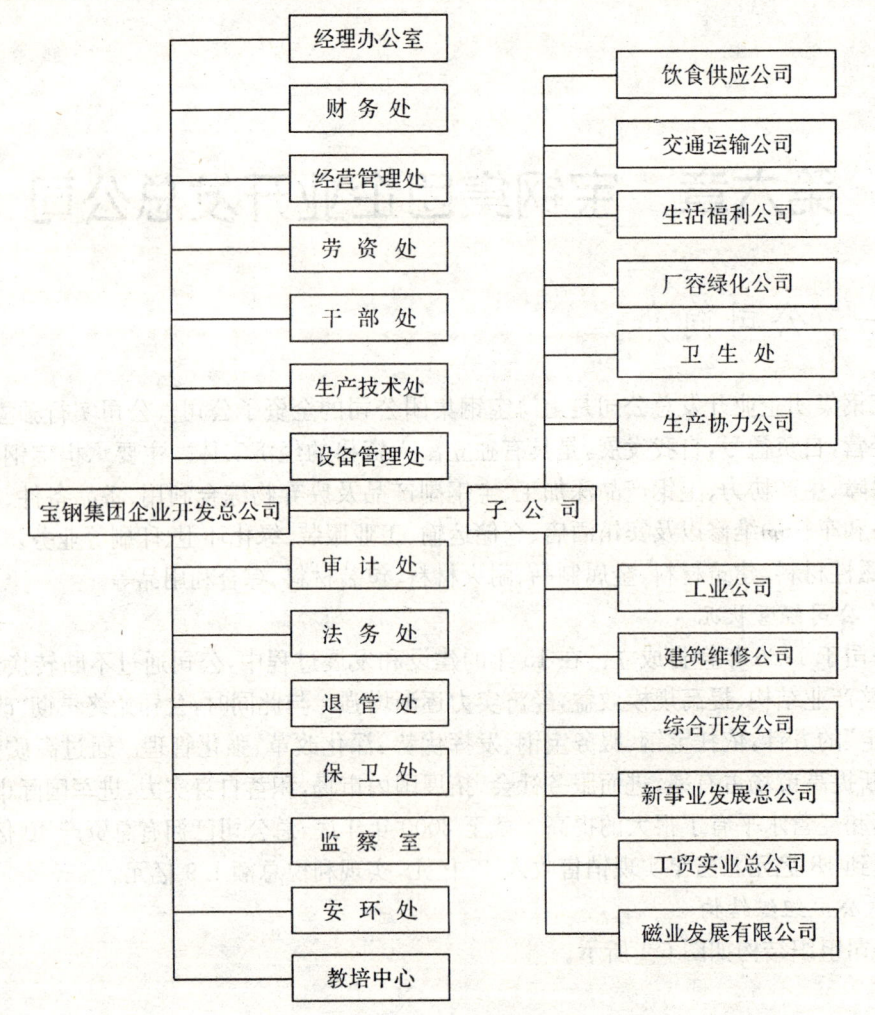

图 6-1 公司组织结构图

(4) 机构内部各岗位职责明确。

我国《会计法》规定：各单位应当根据会计业务的需要，设置会计机构，或者在有关机构中设置会计人员并指定会计主管人员；不具备设置条件的，应当委托经批准设立从事会计代理记账业务的中介机构代理记账。

经了解，被调查企业设有专门的会计机构来处理企业会计业务，且能与企业规模相适应，各岗位职责明确，具体将在下文中予以说明。

关于财务机构的设置，目前我国大多数企业采用会计与财务机构合并设置。会计是以货币计量为特点，主要是以价值形式反映会计信息，会计的职能是对资金运动及其成果进行反映和控制。财务部门的职责是资金的筹集、管理和使用。会计和财务有着天然的相互联系、相互制约、相互促进、共同为实现企业经营目标服务的密切关系，决定了大多数企业都采取会计与财务机构合设的办法，但在其内部组织分工上，还要加以区分，分别设置财务处、会计处或指定专门人员分别履行其职能。

被调查企业采用的就是这样的合设的方式。企业没有专门的财务管理部门或财务公司，但设有资金管理科这一部门。对内进行内部融资，对外进行投资以达到资产的保值增值目的，实质上形成了一个专门的财务管理部门，等同于其他企业的财务科。

调查问卷还显示，公司认为会计机构负责人对总经理负责。但事实上，会计机构负责人直接对总会计师或财务总监负责，存在管理责任不清的问题。

2. 会计人员

我国《会计法》规定：国有的和国有资产占控股地位或者主导地位的大、中型企业必须设置总会计师。

被调查企业作为一家国有企业，设置了总会计师，总会计师取得会计师专业技术资格，并主管一个单位或者单位内部一个重要方面的财会工作时间不少于 3 年，并未设置与总会计师职责重叠的副职。

公司会计机构负责人具备会计专业技术资格，主管一个单位或者单位内部一个重要方面的财会工作时间不少于 2 年。

公司会计机构负责人的任免必须报经上级主管单位的批准。

会计人员具备会计资格证书。

会计人员皆由单位提供培训机会，了解会计领域的最新动态，频率为 1 年两次，通常由公司聘请国家会计学院等学术机构的会计专家进行培训，以保证质量。

3. 会计岗位

设置如下岗位：

会计机构负责人或会计主管人员、出纳、财务物资核算、工资核算、成本费用核算、财务成果核算、资金核算、往来结算、总账报表、档案管理、审核报销。

其中，出纳、工资核算、档案管理和财务成果核算、总账报表、往来结算、资金核算由 2 人负责，一人多岗。

调查问卷显示，出纳人员接触银行对账单，有出现舞弊的可能，但随着电算化的提高，企业与银行的联系日益紧密，出现舞弊的可能性较低，但从制度设计的角度来说仍是一个漏洞，建议改由会计人员管理对账单。

会计人员岗位实行有计划的轮换，以 3 年为周期，对某些敏感的岗位，如资金保管、业务处置、采购人员等进行轮换。

会计机构负责人、出纳非单位领导人直系亲属，即夫妻关系、直系血亲关系、三代以内旁系血亲以及配偶亲属关系。

4. 会计交接

我国《会计法》规定：会计人员调动工作或者离职，必须与接管人员办清交接手续。

调查显示，企业会计人员在进行会计移交时，按照《会计基础规范》的要求，办理移交手续，编制移交清册，列明应当移交的各项物品；对于未了事项，写出书面材料；对于缺损的会计资料，由移交人员负责查明原因，并在移交清册中注明，在移交手续没有办清之前不得调动或者离职。在整个移交过程中，都有专人负责监交。

对于移交人员因病或者其他特殊原因不能亲自办理移交的，可以委托他人代办，但移交责任仍属于委托人。

5. 会计机构内部稽核制度

我国《会计法》规定：会计机构内部应当建立稽核制度。用于防止会计核算工作上的差错和有关人员的舞弊。

被调查企业会计机构内部没有建立内部稽核制度，但公司设立审计处进行内部审计，审计处对发现的问题报经上级领导处理。从成本—效益原则考虑，这样的设置是可以接受的，但鉴于内部稽核制度并不需要额外的人员加以实施，可以考虑提高会计机构的工作效率，从而提高企业会计信息的质量。

6. 责任会计

公司在3年前开始实行全面预算管理制度，但在责任会计的核算上实行双轨制。

所谓责任会计的双轨制核算，是指在不影响和改变企业原有财务会计核算的前提下，根据企业内部控制和责任管理的需要，在财务会计核算体系之外，构建一套独立的责任会计核算体系，进行责任收入、责任成本、责任利润等方面，甚至包括一系列非财务指标的核算。

双轨制有明显的缺点。第一，由于设置双重的核算体系，加大了日常账务处理的工作量，造成重复性劳动；第二，由于两个彼此具有相互联系的核算内容相互脱节，致使财务会计和责任会计所提供的信息之间缺少直接的联系，不利于企业管理当局将企业的整个财务状况、经营成果和各责任中心的责任考核相结合，进行综合分析。

鉴于以上缺点，双轨制核算一般只适用于实行责任会计的初期采用，随着企业管理水平的提高和会计人员在业务实践中的经验积累，应向单轨制转变。作为一家实行了3年预算管理制度的企业，应该可以进行单轨制的实施。

所谓责任会计核算的单轨制核算，是指将责任会计的核算纳入财务会计的核算体系，使责任会计核算与财务会计核算合二为一，通过设置一套账簿同时进行责任会计与财务会计的核算。

在这种核算模式下，企业必须根据对各责任中心考核的需要，增设内部核算账户，或在正常的财务会计账户下，按对各责任中心的考核内容增设二级或三级明细分类账户。在按统一的财务会计制度反映企业财务状况、经营成果的同时，也根据内部管理需要，反映各责任中心的财务状况和经营成果。比如，在"主营业务收入"账户下，按不同的收入中心或利益中心设置三级明细账户。这类账户主要还有"主营业务税金及附加"、"营业费用"、"管理费用"、"财务费用"、"本年利润"等。

7. 会计机构组织结构

会计机构组织结构如图6-2所示。

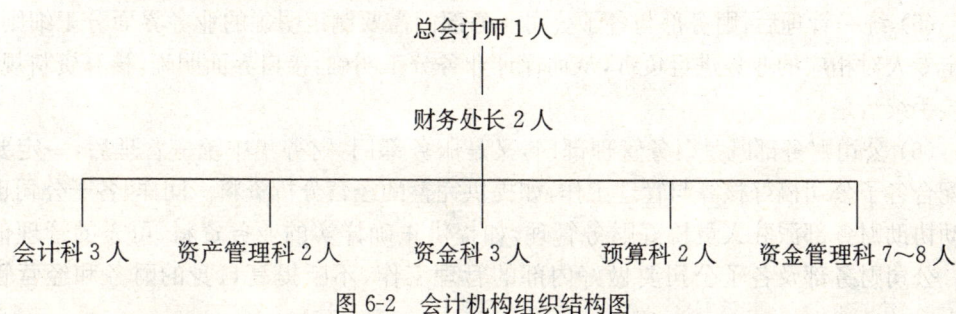

图6-2　会计机构组织结构图

各科室功能：
(1) 会计科——合并会计报表、税务管理、发票管理、文书传递、其他会计管理事项。
(2) 资产管理科——资产的保管、维护。
(3) 资金科——类似于二级公司的财务科，负责机关本部的会计核算。
(4) 预算科——全面预算的制定。
(5) 资金管理科——内部融资和对外投资以实现资产的保值增值。

三、货币资金的内部控制

1. 财务管理模式——集中统一

(1) 集中统一管理是指对联合公司投资控股的10个公司的财务管理业务实行集中管理。即：各子公司不配备财务人员，财务业务由公司财务部派驻的财务人员承担。

(2) 所有子公司的现有财务人员及有关人员划归财务部管理，并由财务部统一安排业务。

(3) 财务实行统一管理后，公司财务部指派专门财务人员对有关子公司的财务进行管理，其依据是公司现行的财务和经营管理制度及当地的有关政策。管理的主要业务内容包括：负责筹集资金、进行资金结算、统一审核对外投资、负责会计核算和编制会计报表、提供财务分析、处理税务业务、履行合同跟踪与监督等。

(4) 公司财务部门对以下几个方面实行统一管理：

a. 各公司现有的银行账户由公司财务部门管理。今后，银行账户的开设和注销由公司财务部办理。现有的空白银行票据等凭证交公司财务部保管。

b. 子公司对外采购、销售等发生的收支业务，一律使用银行票据，不得使用现金（支票起点以下的按规定办理)。关于零星借款及报销业务,各子公司人员需要零星借款时,统一在公司财务部办理借款(备用金)手续,并由财务部报销人员审核完毕后办理报销。各子公司以银行支票形式作归还备用金处理。所有报销原始凭证由负责子公司财务管理人员进行账务处理。借款及报销手续等另行制定细则。

(5) 统一管理后,财务部与各子公司业务部门需要制定明确的业务界面分工细则,并指定专人对相应的业务进行负责,从而保证业务分工明确,接口界面明晰,核算资料规范,交接手续清楚。

(6) 公司财务部既是财务管理部门,又是服务部门,财务集中统一管理后,一定要密切配合各子公司搞好核算与管理工作,如提供完整的经营分析资料。同样,各子公司也要主动协助财务部派驻人员搞好财务管理,如提供正确详实的业务资料、可靠的管理信息等。公司财务部及各子公司要做好内部的管理工作,不断提高自身的财务和经营管理水平。

a. 财务集中统一管理是根据联合公司和目前各控股子公司的管理现状提出的财务管理模式。

b. 所谓财务集中统一管理,是指对各公司的财务管理业务实行集中一贯制的财务管理体制。即各独立核算公司不设财务部门,由联合公司财务部派驻财务人员代理进行财务管理。联合公司财务部作为公司财务活动的主管部门,操作运用资金;统一审定对外投资;统一核算盈亏;统一负责缴纳税金;统一对外报送会计信息等。联合公司派驻财会人员除严格执行国家的财经政策制度外,还要执行各子公司董事会的各项规定,并对董事会负责。财务管理模式转型后会出现以下变化:

- 核算管理体制变化(分散独立——集中统一代理)
- 财务人员隶属关系变化
- 财务管理由"自管型"变为"代理型"
- 联合公司财务部的管理职能由"指导型"转变为"服务管理型"

c. 财务集中统一管理的好处:

- 有利于统一执行公司规章制度,避免"走样"
- 有利于业务协调,避免相互扯皮
- 有利于资金运作,提高资金利用率
- 有利于根据各公司所在地的特点、政策优势,保证各公司利润最大化
- 有利于公司领导对财务管理工作的统一领导
- 有利于提高财务人员工作效率和业务培养

d. 实行财务集中统一管理后需要强调的几个问题:

- 资金实行统一管理,主要为保证资金安全、完整和提高资金利用率

Ⅰ. 各公司的银行账户统一由财务部开设和注销;

Ⅱ．各公司的银行票据统一由财务部管理、操作；

Ⅲ．控制子公司现金支出，需要支取现金时，统一由财务部办理，子公司只能使用票据（汇票本票，转账支票）；

Ⅳ．各公司对外的结算业务（包括采购商品、销售、投资等）统一由财务部审理。

● 财务管理业务转型后，其业务核算与财务核算分工要明晰，业务核算资料要规范，交接手续要清楚

● 财务集中统一管理后，财务部将指派专员管理

● 财务集中统一管理后，财务部要主动配合经营部搞好核算与管理工作，同样经营部也要主动协助财务部搞好财务管理

2．货币资金会计制度

现金管理

(1) 根据国务院的《现金管理暂行条例》，结合公司实际情况，制定本办法。

(2) 本规定所指现金是企业财务部门为了支付日常零星款项而需要备用的现款。

(3) 根据银行规定，公司每天可支付的备用金数额为 2 000 元。

(4) 现金使用范围。

a. 职工工资，各种津贴。

b. 个人劳务报酬。

c. 各种劳保福利费。

d. 出差人员必须携带的差旅费。

(5) 现金支付规定。

a. 1 000 元以下的小额支出，可以从备用现金中支付。

b. 为保证现金支付，500 元以上的现金支出，财务部可开具支票，由报销人从银行提取。

c. 严禁从本公司的其他现金收入中坐支现金。

(6) 现金使用禁止性规定。

a. 不准以白条抵库。

b. 不准单位之间互相借用现金。

c. 不准谎报用途套取现金。

d. 不准保留账外公款。

e. 不准将单位收入的现金以个人名义存入储蓄。

f. 不准为其他单位或个人存入或支取现金。

g. 不准在经济活动中，只收现金拒收银行支票、本票、汇票。

(7) 财务部必须专人负责办理公司现金的收支业务。

(8) 财务部每日末库存现金不得超出 2 000 元。多余部分必须解缴银行。

(9) 财务主管应不定期地检查库存现金存量及管理制度执行情况。

<u>公款信用卡的管理规定</u>

为了加强对用公款办理的信用卡的管理,现将有关事项规定如下:

(1) 在目前情况下,一般不倡导使用公款信用卡办理结算业务,特别是办理行政性支出和消费性支出的业务。除非经特许批准,可按规定手续办理公款信用卡。

(2) 公款信用卡应指定专人负责管理,指定的持卡人不可以随意转让他人保管。

(3) 公款信用卡只能办理本公司指定业务范围内的结算事项,不允许为外单位和个人办理私事,除责令将信用卡所用钱款退出外,还要对当事人从严处分。

(4) 凡用信用卡结账的,必须持签购单和有效凭证办理财务报销手续。

(5) 财务部门应随时对信用卡持有人进行的结算业务的合法性、合理性进行审查和监督,发现问题及时汇报和处理。

<u>关于资金使用审批权限和支付的规定</u>

为了明确公司各级、各部门资金使用权限和支付的职责,保证资金使用安全,特作如下规定:

(1) 商品资金审批权限及支付。

a. 购进商品资金是指经营部在国内国外购进用于国内销售所需的采购资金。

b. 购货合同标的金额在 50 万元以下的(含 50 万元)采购资金支付,由经营部经理审批。

c. 购货合同标的在 50 万~1 000 万元的采购资金支付,由公司分管经营的副总经理审核批准。1 000 万~2 000 万元的由公司常务副总经理审核批准。大于 2 000 万元的由公司总经理批准。

d. 责任部门在办理资金支付时,必须提交领导批准文件、生效的购货合同(或协议)、借款单资料,财务部审核无误后,办理支付手续。

(2) 购置固定资产资金审批权限及支付。

a. 购置固定资产资金是指公司购入,自行建造,其他单位转入或融资租入以及在原有固定资产基础上进行改建、扩建等所需的资金。

b. 购置固定资产资金在 50 万元以下(含 50 万元)由公司常务副总经理审查批准;超过 50 万元的由公司总经理批准。

c. 责任部门在办理资金支付时,必须提交公司领导批准文件、合同,属于控购商品的还要提供控购单、借款单等资料,财务部审核无误后,办理支付手续。

(3) 对外联营企业投资资金审批权限及支付。

a. 对外联营企业投资资金是指联合公司与国内外企业联营时,以货币作为投入所需的资金。

b. 对外联营投资所需资金由公司总经理审查批准。

c. 责任部门在办理自己支付时，必须提交公司领导批准文件和投资项目立项和各种审批文本。财务部门审校无误之后，办理支付手续。

（4）公司日常办公用品和各项费用开支所需资金的审批和支付，由公司综合部依据公司有关规定办理。

购进商品资金管理办法

（1）为了加强公司购进商品资金的管理，提高资金使用的计划性和利用率，加速资金周转，特制定本办法。

（2）本办法所称购进商品资金是指本公司经营部在国内外购进用于国内销售所需支付的资金。

（3）购进商品资金，实行计划管理。购货部门应根据年度资金使用计划，编制月度购进商品资金使用计划，资金使用计划应在实际使用期前的1个月前提出。对于临时购进现货所需的资金计划，需提前两天编报。月度所需资金在50万元以下的，由财务部门平衡后列入计划，50万元以上的需经公司主管副总经理批准财务部平衡后列入计划。合同标的金额在50万元以下的采购资金的支付由经营部经理审核批准。合同标的金额在50万～1 000万元以下的采购资金的支付，由公司分管经营的副总经理审核批准；合同标的金额在1 000万～2 000万元以下的采购资金的支付，由分管经营的副总经理审核，公司总经理批准；大于2 000万元采购资金的支付，需经公司经理办公会议集体审核批准。

（4）对于因采购计划变动而造成采购资金支付日期变化或资金使用量变化时，经营部应在10天内通知财务部，对资金作妥善安排。

（5）对于不编报采购计划或不按计划对资金进行平衡，造成资金供应不足和资金浪费，要追究有关人员经济责任。

（6）实施购进商品业务时，经营部要按规定办理支付手续，具体按照公司《关于资金使用审批权限和支付的规定》文件执行。

（7）财务部根据月度资金收支计划对资金进行平衡。资金计划经公司常务副总经理批准后，按批准后的计划实施。

（8）结算方式。

a. 上海市区主要以转账支票或贷记凭证方式进行结算，尽量少用本票结算。

b. 外地主要以汇票方式结算。

（9）对于预付货款。除集团公司实行预付货款办法外，一般情况下不采取预付款制度。如遇特殊要求，可酌情处理。具体预付额度及审批权限按照本公司《关于资金使用审批权限和支付的规定》文件执行。

（10）财务部经管人员应随时对预付款账目进行清理，并通报经营部门。经营部门应及时了解对方交货情况，抓紧组织验收入库，财务部根据提供的完整资料及时进行账务处理。

（11）对长期坏账的预付款资金，经营部和财务部要配合，认真分析，追查原因，及时处理，防止损失。对于因工作推诿，清查不力，造成损失的要追查有关人员的经济责任。

（12）责任部门在办理资金支付时，必须提交领导批准的文件、生效的购货合同或协议、借款单等资料，经财务部复核无误后，办理支付手续。

（13）按审批权限的业务流程：业务员→经营部经理→公司主管副总经理→公司总经理→公司经理办公会议→财务部经理→出纳办理支付手续。

借款业务担保管理

（1）本处所指担保，是指在银行借贷业务中，需以公司名义对外提供担保，履行债务偿付义务的经济行为，包括保证、抵押、质押、留置、定金等方式。担保必须在平等、自愿、公平、诚实、信用的基础上进行。

（2）担保对象仅限上海宝钢集团企业开发总公司所属全资子公司和控股公司。公司对集团内部企业借贷业务的担保，仅限于保证方式。

（3）公司财务部是公司对外担保的职能管理部门，负责对外担保业务的提出、审查和对已提供的担保业务项目进行跟踪管理和风险控制。

（4）对外提供担保必须遵守以下规定：

a. 公司对外提供担保时，由公司财务部提出处理意见，经公司总经理批准后，才能办理正式担保手续。担保所涉及的借贷业务，必须符合国家的金融政策和公司有关规定。

b. 公司为集团内部企业的借贷业务提供担保时，不得对多个合同提供最高额度担保，原则上只能按合同逐笔提供担保。

c. 除经批准的投资项目外，公司不准为属于投资性质的借贷业务提供担保；不得为注册资金提供担保。

d. 由公司提供担保的借贷业务，公司财务部可以对借款利率、借款银行、借款期限等提出要求，被担保单位应按要求办理。

e. 公司对外担保实施后的1周内，被担保单位必须将相应的借款合同和担保合同交公司财务部备案。公司有权对被担保单位的资金使用和财产情况进行检查、监督。被担保单位到期未履行还款义务而造成公司履行担保责任的，必须履行其反担保责任。

（5）公司提供担保的主要流程。

a. 申请担保单位向公司财务部提交由其法定代表人签署的担保申请报告、还款承诺、还款计划、还款资金安排及反担保书和上年度及近期的财务报表。

b. 公司财务部对申请担保单位的相关资料及其生产经营状况和资金状况进行调查分析后，提出具体处理意见，报公司总经理审批。

c. 公司财务部根据公司领导批示，及时向申请担保单位反馈是否同意担保的意见，如同意担保,应及时办理相关的担保手续。公司所属控股子公司需要对外提供担保,由公司授权给控股子公司董事会,制定具体实施办法。

对外借款规定

(1) 根据总公司领导指示,对外借款原则上纳入集团公司计划统一管理。

(2) 借款期限。借款人可根据借入资金的性质和金融机构的规定选择借款期限。

a. 短期贷款:指贷款期限在1年内的贷款。一般指流动资金贷款。

b. 中长期贷款:指贷款期在1年以上、5年以下或5年以上的贷款。一般指建设项目贷款。

(3) 借款种类。借款人可根据借款人自身所具备的条件和金融机构规定的贷款种类,适当选择。

a. 信用贷款:指以借款人的信誉进行贷款。

b. 担保贷款:① 保证贷款,指可以选择担保人进行贷款。② 抵押贷款,指以借款人和担保人的财产做抵押的贷款。③ 质押贷款,指以借款人和担保人的动产和权力作为质押的贷款。

c. 票据贴现:指金融机构以购买借款人未到期的商业票据而发放给借款人的贷款。

(4) 借款利率的认定。根据最低筹资成本的要求,从选择筹集资金数额、贷款期、贷款种类等入手,与银行商定贷款利率。

(5) 借款程序。

a. 借款人根据经营目标提出借款计划,计划经批准后,其中需要纳入总公司贷款计划部分,还要报送总公司财务处。

b. 对于借款计划,财务部应按时提出借款申请。借款申请要体现以下内容:借款用途、理由、贷款种类、贷款期限、受理贷款的金融部门等。

c. 借款申请批准后,财务部门具体办理签订借款合同等手续。

(6) 借款合同印花税,由财务部门按有关规定计算后负责粘贴在合同正本上。

(7) 借款归还。借款人应按照借款合同要求,按时足额归还贷款本息。

(8) 资金借入后,必须按申请用途使用,不准挪作他用。

(9) 对外借款业务,必须通过金融机构办理,不准在企业之间办理借贷或者变相进行借款融资,否则将追究责任。

四、采购业务的内部控制

1. 采购业务的重要性

对于像宝钢集团企业开发总公司这样一个生产企业来说,原材料采购是生产的准备

阶段,虽然公司的采购业务主要发生于母、子公司之间,但是这一环节还是非常重要的。这是因为:

(1) 与生产和销售联系密切;
(2) 直接导致货币资金的支出或负债的增加;
(3) 业务频繁,工作量大,环节多,容易产生管理漏洞。

2. 供应科的组织结构

供应科的组织结构如图 6-3 所示。

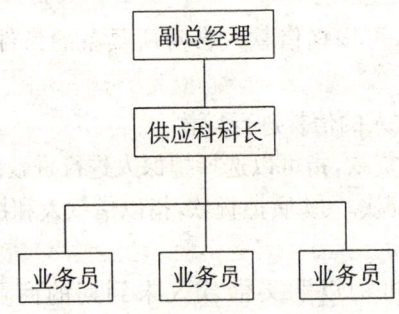

图 6-3　供应科的组织结构图

3. 采购物品

因为宝钢集团企业开发总公司旗下的子公司主要是利用宝钢钢铁产品及废弃物进行深加工,所以公司采购的原材料以母公司的钢材和废渣、废水、废气"三废"为主,但由于还涉及机械电器设备和车辆维修、宾馆酒店、仓储运输、工业服装、绿化环卫、印刷等行业,还需要任何可以想像得到的原材料,所以还要向其他企业采购原材料。不过做案例时,我们主要涉及工业生产的购货环节。

4. 相关内控规定

因为采购业务发生频繁,工作量大,运行环节多,容易出现管理漏洞,因此内部控制显得非常重要。

公司在购货内控环节设置了相关的规定,以减少生产成本,防止弊端,最终达成有效的内部控制目标。

人员分离规定:

公司做到了以下人员的职责分离:

(1) 采购人员与验收保管人员相分离;
(2) 物资采购保管使用人员与会计记录人员相分离;
(3) 采购人员与审核付款人员相分离;
(4) 审核付款人员与付款人员相分离;

(5) 记录应付账款人员与出纳人员相分离。

比价规定:要求建立完善的比价制度,建立价格信息网络体系,将责任落实到具体业务人员;对业务员采取追究制度,要求货比三家,如果价格明显偏离市场价的话,将追究业务人员的责任。

原材料采购效益预测规定:要求供应科及时了解库存情况,确立合理的库存量,降低库存成本;选择恰当的订货时间;对每一笔业务进行监控,与前期预测进行对比,提高业务人员水平。

5. 公司采购业务流程

首先由生产部门在年初大致地制定一个采购计划,然后在生产过程中根据实际需求量制定需求计划,填制"物资需求单"发送到供应科。

供应科经过审批,决定采购原材料的品种与数量,由科长签字认可,送交分管采购业务的副总经理核准,然后由供应科向母公司发出订货单,价格按市场价决定。如果是向其他公司采购,则向多家供应商发出询价单,获得报价单后比较供应货物的价格、质量、可享受折扣、付款条件、交货时间和供应商信誉等相关资料,初步确定合适的供应商并与之进行谈判,最后签订订货合同及订货单,并将订货单送交给生产、会计等相关部门。

货物到达之后,由保管部门对货物的数量和质量进行验收,验收合格之后,保管部门填写"收货单"送交给供应科和会计部门。会计部门进行核对账户记录及付款相关操作。如果发现货物的品种、规格、质量、数量、单价等与合同不符,或货款金额错误时,公司按照规定将材料折价计算入账,不把货物退回母公司。

采购业务流程如图6-4所示。

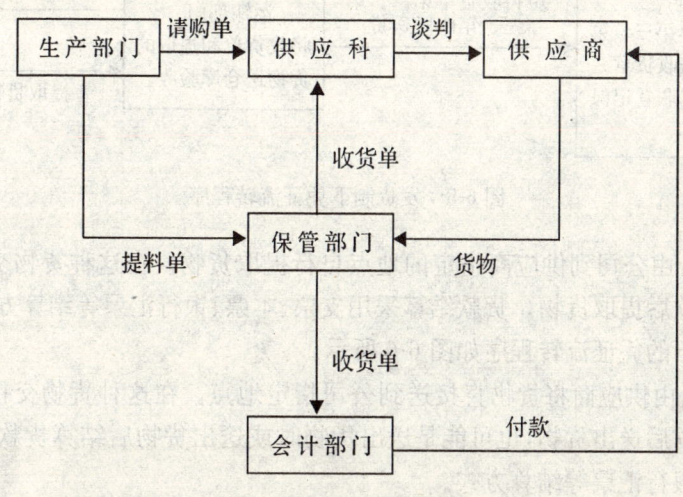

图6-4 采购业务流程图

6. 采购业务的凭证传递

(1) 货物货款结算和交接方式。宝钢集团企业开发总公司使用多种货款结算方式：一律使用支票、本票、银行汇票、委托收款、异地托收承付、汇兑；禁止使用现金。

(2) 采购业务所用凭证：收货单（四联）；提货单（四联）；验货单（四联）。

(3) 公司使用以下三种货物交接方式：

a. 发货制：由供货商按照合同规定将货物委托运输单位发送到购货单位指定的地点。货款结算采用异地托收承付、委托收款等结算方式。公司向母公司采购货物时，使用发货制。

发货制之下的凭证流转程序如图6-5所示。

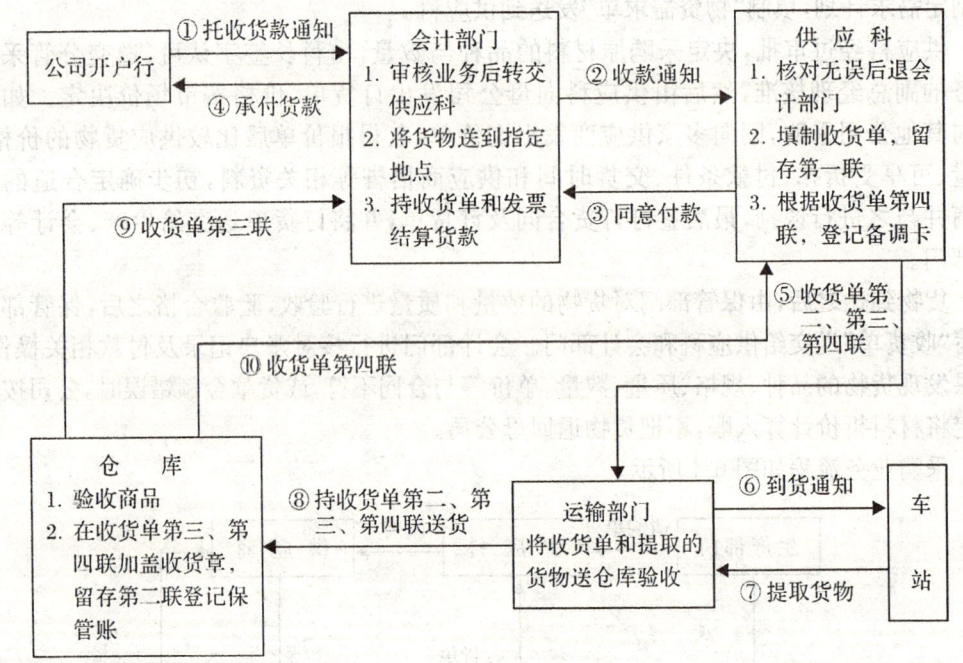

图6-5 发货制下凭证流转程序

b. 提货制：由公司到供应商指定的地点自行提取货物。在这种货物交接方式下，一般是先结算货款后提取货物。货款结算采用支票、本票、银行汇票等结算方式。

提货制之下的凭证流转程序如图6-6所示。

c. 送货制：由供应商将货物直接送到公司指定地点。在这种货物交接方式下，有可能是先结算货款后送出货物，也可能是送出货物时或送出货物后结算货款。货款结算采用支票、本票、银行汇票等结算方式。

送货制之下的凭证流转程序如图6-7所示。

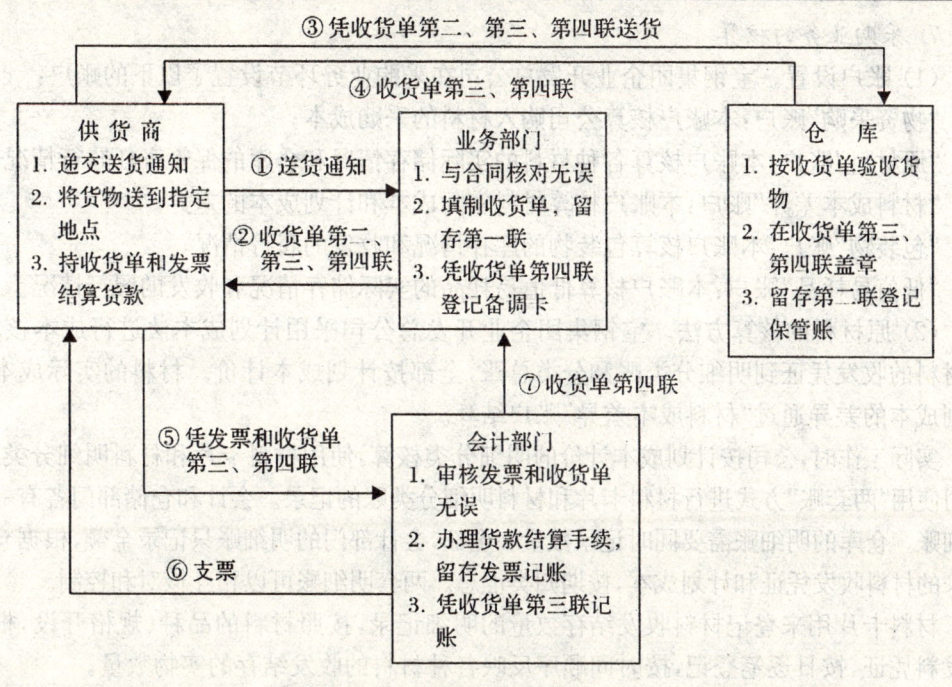

图 6-6 提货制下凭证流转程序

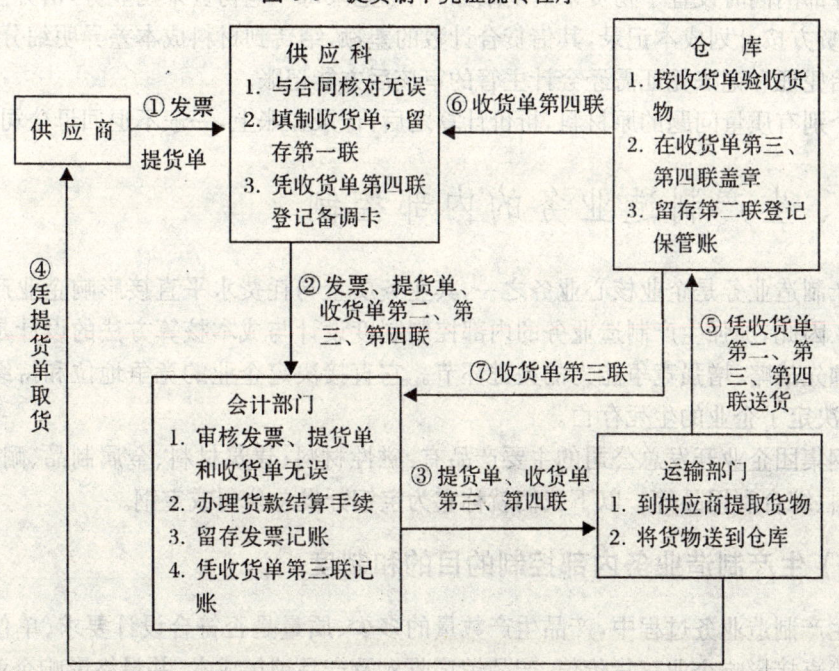

图 6-7 送货制下凭证流转程序

7. 采购业务的核算

(1) 账户设置。宝钢集团企业开发总公司在采购业务环节设置了以下的账户：

"物资采购"账户：本账户核算公司购入材料的采购成本；

"原材料"账户：本账户核算各种材料的实际储存情况和仓库的保管责任履行情况；

"材料成本差异"账户：本账户核算材料实际成本和计划成本的差异；

"包装物"账户：本账户核算包装物的库存情况和收发的履行情况；

"低值易耗品"账户：本账户核算低值易耗品的实际储存情况和收发的履行情况。

(2) 原材料的核算方法。宝钢集团企业开发总公司采用计划成本法进行成本核算，从材料的收发凭证到明细分类账和分类总账，全部按计划成本计价。材料的实际成本与计划成本的差异通过"材料成本差异"账户结算。

实际工作时，公司按计划成本计价的明细分类核算，使用材料卡片和材料明细分类账。公司使用"两套账"方式进行材料卡片和材料明细分类账的记录。会计和仓储部门各有一套明细账。仓库的明细账需要同时记录数量和金额，会计部门的明细账只记录金额，根据仓库转来的材料收发凭证和计划成本，按期归类汇总。两套明细账可以相互核对和控制。

材料卡片用来登记材料收发结存数量的明细记录，按照材料的品种、规格开设，根据收发料凭证，按日逐笔登记，按时间顺序反映各种材料的收发结存的实物数量。

会计部门同时设置了物资采购明细账，用于记录每一笔物资采购业务，借方按实际成本记录，贷方按计划成本记录，其借贷合计数的差额，结转到材料成本差异明细分类账。

原始凭证和记账凭证需经会计主管的审核后方能记账。

对个别有质量问题的原材料，折价计算之后，记录在账上，一般不退回母公司。

五、生产制造业务的内部控制

生产制造业务是企业核心业务之一，其业务质量与耗费水平直接影响企业产品质量与成本。因此，加强生产制造业务的内部控制制度设计与成本核算方法的设计是企业实施成本领先战略、增强竞争能力的关键环节。它直接决定企业的竞争地位和持续发展能力，甚至决定了企业的生死存亡。

宝钢集团企业开发总公司的主要产品有：磁性材料、建筑材料、金属制品、耐火材料、包装材料、综合利用品等。以下我们就称它为宝钢开发总公司或宝钢。

(一) 生产制造业务内部控制的目的和制度

在生产制造业务过程中，产品生产数量的多少、质量是否符合设计要求、单位产品成本高低等直接影响企业存货价值、产品销售收入及产品销售成本，并最终影响企业的市场竞争力。因此，为了生产出符合用户需要的产品，减少商品库存，降低产品生产成本，实现良好的财务状况和经营成本,企业必须建立一套行之有效的生产制造业务内部控制制度。

建立生产制造计划控制制度

1. 确定生产需要

宝钢开发总公司生产需要有以下几个因素决定:
- 销售计划
- 现有产品库存水平

销售部经理、生产部经理及其他相关人员组成决策委员会,根据销售预测、销售计划、现有产品库存及相关信息进行决策,由总经理签字批准生产。

2. 制定生产制造计划

在制定的生产制造计划中,标明产品投产数量、生产开始日期、产品完工日期、质量标准以及生产单位等内容。

企业时刻注意销售计划变动,生产计划变动适应销售计划变动。

企业还计算出产品生产所耗用的材料、工时和生产成本,从而为生产制造过程的实际成本控制提供依据。

3. 建议

宝钢可以组成专家小组对公司的生产进行成本测算、实时监控。专家小组由经验丰富的生产车间主任、采购人员、销售人员,以及对企业生产非常精通的技术专家、会计人员等组成。因为他们对企业的生产最有发言权。

有以下几个方面要注意:
- 成本预算
- 销售情况

根据销售的实际发生,销售预测变化,对生产进行调整。
- 最佳运营状态

最佳运营状态如图6-8所示。

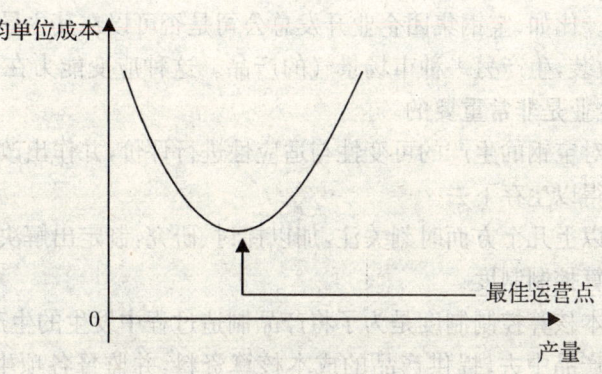

图6-8 最佳运营状态

它的实际意义不在于引导企业去寻找成本曲线,而是提醒企业,在固定资产既定的条件下,存在着一个使单位产品成本最小的生产量。在制定计划时,对计划方案要作成本测算。

提醒企业在制定生产制造计划时,不光考虑销售计划,还要考虑运营状态。当然企业也不应该只追求最佳运营状态,而不考虑销售等其他因素。

● 经营规模

经营规模如图 6-9 所示。

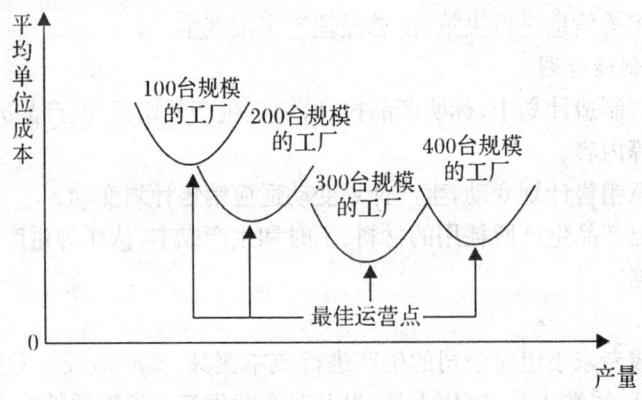

图 6-9 经营规模

企业应考虑是否有必要根据销售量、生产量及最佳运营状态调整企业规模,缩减或扩大。当企业规模扩大时,由于资源的充分利用,提高了资源的使用效率,导致成本下降;但是生产规模扩大到一定程度时,管理难度会增加,系统效率反而会下降。

● 生产能力的柔性

所谓柔性就是指能力的可变性与适应性。当市场需求大幅波动时,企业所拥有的生产能力是否具有迅速增加或减少的能力;或生产能力从加工一种产品迅速转移到生产另一种产品的能力。比如,宝钢集团企业开发总公司是否可以在其主导产品不景气时,利用现有设备,稍加改装,生产另一种市场景气的产品。这种应变能力在市场需求多样化、个性化的时代,对企业是非常重要的。

专家小组要对宝钢的生产的可变性与适应性进行评价,并作出改进意见,以确保企业在经济不景气时得以生存下去。

专家小组对以上几个方面时刻关注,加以探讨、研究,制定出解决方案。

<u>产品成本核算控制制度</u>

建立产品成本核算控制制度是为了将产品制造过程中发生的生产耗用正确及时地归集和分配到各种产品中去,提供产品的成本核算资料,并监督各项生产费用发生的合理性,严格控制不应该发生的生产耗费,降低产品成本等。

1. 成本核算的基础工作控制制度

成本核算的基础工作控制制度是成本核算控制制度的基本条件,是成本核算控制制度有效运行的重要前提。

(1) 宝钢开发总公司建立和健全了有关成本核算的原始记录制度,并建立合理的原始凭证传递流程。

宝钢材料耗费情况的原始记录主要有材料领料单、退料单、月末根据领料单和退料单汇总编制的材料费用分配表、材料盘点溢缺报告单等;人工耗费的原始凭证主要有出勤记录、产量工时记录、根据出勤记录和产量工时记录编制的工资结算表等;生产耗费的原始凭证主要有辅助生产车间生产费用按一定方法在各成本计算对象之间的分配表、基本生产车间间接费用按一定方法在各成本计算对象之间的分配表、废品损失的计算表、产成品和自制半成品的交货单等。

(2) 宝钢制定了合理的消耗定额,完善的定额管理制度。利用定额,宝钢查明生产过程中实际耗用量与定额的差异及其原因,明确相关责任,有利于实行例外管理原则,对发生重大差异的事项进行重点管理。

(3) 宝钢内部结算价格是以内部各部门、车间之间协商确定,并不是用标准成本法、成本加成法或市场价格。

内部结算价格根据市场的变化和生产技术的发展予以修订。

2. 成本责任控制制度

(1) 宝钢开发总公司在企业内设置成本费用责任中心。其作用是通过设置成本费用责任中心,明确责任中心的成本控制目标,并将成本控制目标作为考核其成本责任或管理业绩,并据以实施奖惩。

(2) 建议。企业在可控成本确定上并不十分明确。

所谓可控成本是指符合下面三个条件的成本:一是责任中心能够通过一定的方式了解将要发生的成本;二是责任中心能够对发生的成本进行计量;三是责任中心能够通过自己的行为对成本加以调节和控制。

成本的可控与不可控是相对而言的,它与责任中心所处管理层的高低、管理权限的大小以及控制范围的大小有着直接的关系。

对企业来说,所有的成本都应被看作可控成本。企业在进行成本责任控制制度设计时,一项核心工作就是要解决相对于某个责任中心而言其可控成本项目,并以此为基础确定控制目标和责任奖惩。

比如,原材料的采购价增加了,采购部门是否脱得了干系呢?这并不看原材料的涨价是否由于外部经济环境引起的,而是看这个外部经济环境变化是否在采购部门可控范围内,看采购部门对这样的变化是否应该预测到。

3. 成本核算方法控制制度

宝钢结合自己的成本管理要求和自己的生产特点,采用计划成本会计制度。重点在于控制费用的发生,也提供产品实际成本的核算资料。

(二) 成本核算制度设计

基础工作的设计

1. 制定各项消耗定额

根据产品的特点,宝钢采用技术测定法。

所谓技术测定法,是依据利用技术测定所得到的实际资料为基础,充分考虑未来可能的各种变化情况。

宝钢是几十年的老企业,在生产方面积累了相当丰富的经验。技术测定法对它来说非常合适。

技术测定法比经验估计法、类比比较法、统计分析法等更科学,更精确。

2. 宝钢健全的成本核算相关的原始记录制度

宝钢内部原始凭证传递及时,成本会计部门会同其他相关部门设计人员制定原始记录的传递程序,实际工作中还运用专门符号绘制流程图,以指导并加强内部控制。

3. 宝钢健全的成本相关的各项业务管理制度

这些业务管理制度包括:财产物资的计价方法的确定;原材料、在产品、产成品等各项财务物资的收发、领退、转移、报废和盘点制度,固定资产使用、维修、折旧制度,职工考勤制度,费用报销制度等。

生产费用归集分配方式的设计

1. 成本计算对象

宝钢属大量生产的企业,生产工艺同时采用连续加工、平行加工,由于企业对半成品并不进行成本计算,所以根据生产组织与生产工艺的特点,企业的成本计算对象为产品品种。由于对半成品不进行成本计算,成本管理上有所欠缺。

2. 成本项目

(1) 企业成本项目有两种分类:一类是经济内容(外购材料、燃料、动力、工资、福利费、折旧、利税等);二类是经济用途(直接材料、直接工资、制造费用)。

一般企业按经济用途(直接材料、直接工资、制造费用)分类。宝钢独特地使用经济内容分类方法。

经济内容分类便于核算企业各个时期各种费用的实际支出水平,可以为核定企业流动资金定额和编制材料采购资金计划提供资料,但由于它不能提供构成产品生产费用的用途等资料,因此,不便于分析各种费用的支出是否合理、节约。

(2) 建议。企业应注意以下成本项目设计的原则:

a. 成本项目的内容与采用的成本计算方法要保持一致。比如要采用完全成本法时就要包括一些期间费用。

　　b. 将尽可能多的成本项目归入直接成本内,从而减少间接费用分配造成的误差。

　　c. 重要性与适当性相结合。它一方面要求凡是在制造成本中占有较大比重的直接成本费用应以相应的成本项目单独列示;另一方面要求成本项目的多少要恰当,分类不能过粗或过细。

　　d. 控制、分析和考核构成产品成本的各项生产费用发生的合理性,在确定了成本计算对象以后,对产品生产过程中发生的各种耗费进行进一步的分类,设计出产品成本项目。

　　3. 生产费用分配方法与分配标准

　　在宝钢,生产费用分配方法与分配标准是这样的:

　　a. 材料费用,按产品产量比例分配。

　　b. 燃料费用,按产品的重量比例分配。

　　c. 动力费用,按机器工时比例分配。

　　d. 工资及职工福利费,按定额工时比例分配。

　　e. 辅助生产费用,按直接分配法比例分配。

　　4. 完工产品成本和在产品成本划分标准的设计

　　宝钢的产品成本完全分配给完工产品成本,不考虑在产品成本。

　　这样做必须满足以下两个条件之一:

　　a. 企业期末在产品数量并不多;

　　b. 期末在产品数量虽多,但前后各期比较稳定,视同其可以相互抵消。

　　建议:当上述条件不具备时,就需要计算在产品成本,用某种产品的全部成本剔出在产品成本后的余额即为完工产品产本。

　　5. 成本计算方法及核算程序的设计

　　成本计算方法分品种法、分批法、分步法。

　　品种法是以产品的品种为成本计算基本方法。它主要适用于大量大批的单步骤生产。这类企业产品生产工艺过程只有一个加工步骤,并且只能在同一地点完成,因而不需要按生产步骤计算产品成本。在大量大批多步骤生产中,如果企业或车间规模较小,或者车间是封闭式的,即从原材料投入到产品加工完成的全过程,都是在一个车间内进行的,或生产是按流水线组织的,尽管属于复杂生产,但在成本管理工作中不要求提供各步骤的成本资料时,也可以用品种法计算成本。

　　分批法是按照产品批别或订单作为成本计算对象来归集产品费用并计算产品成本的一种方法,又称订单法。这种方法一般适用于小批量单件的多步骤生产,如重型机械、船舶、精密仪器等。

　　分步法是按照产品的生产步骤和产品汇集生产费用、计算产品成本的一种方法,它适用于大量大批多步骤生产，如冶金、纺织、造纸，以及大批量生产的机械制造等。在这些企业中，其生产工艺过程是由若干个在技术上可以间断的生产步骤组成。原材料经过一个加工步骤，便生产出形状和性能不同的半成品，上一步骤的半成品，是下一步的加工对象，直到最后加工完毕。在这样的企业里，为了加强各生产步骤的成本管理，不仅要求按照产品品种计算产品成本，而且还要求按生产步骤计算半成品成本，以便考核和分析各种产品及各生产步骤半成品成本计划的完成情况，并提供基础数据资料。

宝钢根据企业的生产组织、生产形式、生产工艺和特点，采用品种法作为成本计算方法。

<u>计划成本核算方法的设计</u>

计划成本核算方法是一种将成本计算和成本控制相结合的会计管理制度，其主要任务是为企业的成本管理提供信息。在会计核算上，它最终还是要计算出完工产品的实际成本。

计划成本会计制度包括标准成本会计制度和定额成本会计制度两种具体产品成本核算会计制度。

标准成本管理制度最早产生于20世纪二三十年代的西方，是以泰罗的科学管理学为基础，在原有成本管理与成本会计制度的基础上逐步发展起来的一种成本控制制度。我国从前苏联引进定额成本会计制度，本来就是借鉴了西方的标准成本会计制度。

定额成本会计制度与标准成本会计制度的不同点主要表现在：前者虽然把定额成本引进成本核算系统，但并没有反映在复式记账的账户系统内，无论是"库存商品"账户还是"生产成本"账户，其余额仍然按产品成本核算单中算出的实际成本反映；而后者不仅把标准成本引进成本核算系统，而且把它反映在复式记账的账户系统内，从而也把成本差异的综合分析反映在账户系统之内。

近年来，许多国有企业经济效益连年滑坡，与成本失控不无关系。我国企业在原材料和劳动力方面的低成本优势正在逐步消失。有些行业，如冶金、石化、棉纺等行业的产品价格与国际市场持平，产品性能和质量又不理想，想通过提价和扩大销售量的手段增加利润已不现实。丰田的大野耐一有这样的理念：利润＝价格－成本。价格由市场决定，企业要获得利润只有靠降低成本，成本节约1分，利润就增加1分。丰田杰出的经济效益很好地证明了成本控制的重要性。

在此，我们建议宝钢采用标准成本会计制度。

以下对宝钢如何使用标准成本法及其成本差异和责任制度作一番阐释。

A. 标准成本法

标准成本法的主要内容包括：标准成本的制定、成本差异的计算、成本差异的账务处理和成本差异的分析。其中，标准成本的制定是采用标准成本法的前提和关键，据此可以达到成本事前控制的目的；成本差异计算和分析是标准成本法的重点，借此可以促成成本控制目标的实现,并据以进行经济责任的考评。

1. 标准成本核算方法

(1) 标准成本的确定。企业使用的标准成本有三种:

a. 理想标准成本。

b. 正常标准成本。

c. 现实标准成本。

理想标准成本是企业现有的生产条件所能达到的最优水平的成本。

正常标准成本是指过去较长时期的实际数据的统计平均数。

现实标准成本是根据适用期合理的耗费量、合理的耗费价格和生产能力可能利用的程度等条件制定的切合适用期实际情况的一种标准成本。这种标准成本包容了一部分理论上不应存在而现实中尚不可避免的设备故障、人工闲置等,是一种切实可行的标准成本。

宝钢应尽量采用现实标准成本,而正常标准成本一般只用来估计未来的成本变动趋势。

(2) 标准成本法核算程序。企业应设立成本差异账户,对差异进行监督、控制、确定责任。

2. 标准成本的制定和落实

标准成本由直接材料、直接人工和制造费用三大部分构成。

(1) 直接材料标准成本的制定和落实。直接材料用量标准通常应根据企业的产品设计、生产工艺状况,并结合企业的经营管理水平,考虑降低材料消耗的可能等条件制定。直接材料用量标准成本的制定由企业产品设计部门及相关管理人员负责。

直接材料标准价格应能反映目前市价及未来市场的变动情况,考虑最有利的采购条件,如经济采购批量、最经济的运输等,而且应在征询采购部门的意见后制定。

直接材料标准成本公式为:

$$直接材料标准成本 = 直接材料用量标准 \times 直接材料标准价格$$

(2) 直接人工标准成本的制定和落实。直接人工标准成本由两项标准确定:直接人工用量标准和直接人工标准价格。

直接人工标准价格的制定由企业劳动工资部门根据用工情况制定。宝钢采用计时工资,标准工资率即为单位工时标准工资率:

$$单位工时标准工资率 = 标准工资总额 \div 标准总工时$$

直接人工用量标准即工时用量标准。工时可以是直接人工生产工时,也可以是机器工时。

直接人工标准成本公式为:

$$直接人工标准成本＝工时用量标准×标准工资率$$

（3）制造费用标准成本的制定和落实。制造费用标准成本由制造费用用量标准和制造费用标准价格两个因素决定。

制造费用标准价格即标准费用分配率：

$$标准费用分配率＝标准制造费用总额÷标准总工时$$

制造费用用量标准即工时用量标准。

制造费用标准成本公式为：

$$制造费用标准成本＝工时标准×标准费用分配率$$

制造费用分为变动制造费用和固定制造费用。

（4）标准成本卡

为了便于计算和列示产品的标准成本，建议企业为每一种产品设立一张标准成本卡，按成本项目、用量标准和标准价格，计算汇总每种产品的单位标准成本。宝钢没有制定标准成本卡。

B. 标准成本差异和责任制度

采用标准成本的最大优点在于便于计算和分析成本差异，明确差异的程度，找出差异发生的原因，并决定采取纠正差异的措施，及时改进，提高效率，并能够确定差异责任的归属。根据问卷的回答情况表明，在宝钢里许多成本差异责任不清楚或责任没有落实。

1. 成本差异的种类

成本差异按成本项目分类，分为直接材料成本差异、直接人工成本差异和制造费用成本差异等。这些差异按差异发生的原因分用量差异（量差）和价格差异（价差）。成本差异种类如图6-10所示。

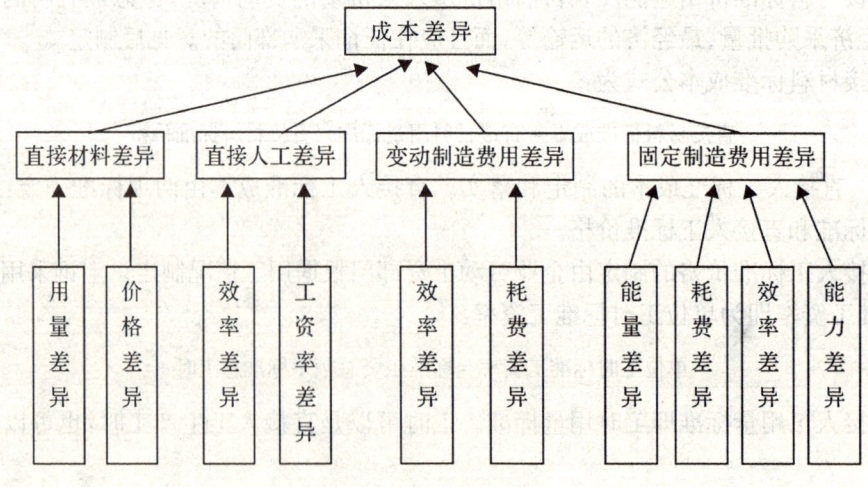

图6-10 成本差异种类

2. 成本差异的责任制度

(1) 直接材料成本差异。直接材料成本差异是指直接材料实际成本与其标准成本的差异,由直接材料用量差异和直接材料价格差异两部分组成。直接材料用量差异是指由于直接材料实际用量与其标准用量的差异而导致的直接材料成本差异;直接材料价格差异是指由于直接材料实际价格与其标准价格的差异而导致的直接材料成本差异。

材料用量差异的主要责任部门是生产部门。

材料价格差异是直接材料成本差异中不应由生产部门负责的成本差异,它与采购部门的工作情况关系更密切,主要责任部门是采购部门。

(2) 直接人工成本差异。直接人工成本差异包括直接人工效率差异和工资率差异。直接人工效率差异即直接人工用量差异,既定产量下人工用量的多少反映着效率的高低;工资率差异即直接人工的价格差异,人工的价格表现为小时工资率。

直接人工效率差异的形成是多方面的,但其主要责任部门还是生产部门。

直接人工工资率差异的形成原因也较复杂,但其主要责任部门还是劳动人事部门。

(3) 变动制造费用成本差异。变动制造费用成本差异由效率差异和耗用差异两部分组成。变动制造费用效率差异即变动制造费用的用量差异,它是因为实际耗用工时脱离标准而导致的成本差异;变动制造费用耗费差异即变动制造费用的价格差异,它是因变动制造费用或工时的实际耗费脱离标准而导致的成本差异,也称变动制造费用分配率差异。工时既可是人工工时,也可是机器工时。

变动制造费用效率差异的形成原因与直接人工效率差异的形成原因基本相同。变动制造费用耗费差异是变动制造费用开支额或工时耗费发生变动的情况下出现的成本差异,其责任往往在于发生费用的部门。

(4) 固定制造费用成本差异。固定制造费用相对固定,一般不受产量影响,因此,产量变动会对单位产品成本中的制造费用发生影响。实际产量与设计生产能力规定的产量或计划产量的差异会对产品应负担的固定制造费用产生影响。

将固定制造费用分为耗费差异和能量差异两种成本差异。耗费差异是指实际固定制造费用与计划固定制造费用之间的差异。能量差异是指由于设计或计划的生产能力利用程度的差异而导致的成本差异,也就是实际产量标准工时脱离设计或计划产量标准工时而产生的成本差异。

也可以将能量差异继续细分,分为能力差异与效率差异。采用这种分析方法能够更好地说明生产能力利用程度和生产效率高低所导致的成本差异情况,并且便于分清责任。

能力差异是指实际产量实际工时脱离计划产量标准工时而引起的生产能力利用程度差异而导致的成本差异。效率差异是指因为生产效率差异导致的实际工时脱离标准工时而产生成本差异。

制造费用耗用差异产生原因与人工效率差异产生原因相同。

能力差异的责任一般在于管理部门,而效率差异的责任则往往在于生产部门。

六、销货业务的内部控制

(一) 销货业务会计制度

1. 销货业务的内容

工商企业无论是自行生产的产品还是外购的商品,都只有通过销售业务的完成才能获得营业收入并赚取利润。而销售业务的收款水平又决定了营业收入的质量,进而决定了利润的质量。销货业务包括接受顾客订单、批准销售折扣和赊销信用、编制销货通知单、发货、记录销货、办理收款以及办理和记录售货退回、销货折让、处理坏账等业务。

2. 销货业务的特点

(1) 业务发生频繁,工作量大,运行环节多,容易产生管理漏洞。
(2) 营业收入的确认具有复杂性。
(3) 营业收入的计量具有复杂性。
(4) 销货业务直接导致货币资金或应收账款的增加。

3. 销货业务会计制度设计的目标

(1) 保证营业收入的真实性、合理性、完整性。
(2) 保证商业折扣和销售折扣的真实性和适度性。
(3) 保证销售折让和销售退回的合理处理与揭示。
(4) 保证应收账款记录的真实性和可收回性。
(5) 杜绝销售业务中可能出现的低效率和一切违法乱纪和侵吞企业利益的行为。

(二) 销货业务内部控制制度

1. 职务分离制度

销货业务包括接受顾客订单、批准销售折扣和赊销信用、编制销货通知单、发货、记录销货、办理收款以及办理和记录售货退回、销货折让、处理坏账等业务。公司在处理这些环节的人员设置上应该进行职务分离。从他们回答我们的问卷调查情况来看,我们觉得该公司在职务分离制度方面做得非常到位。主要的职务分离如下:

(1) 接受客户订单和审核客户信用的人员相分离。
(2) 填制销货通知和发出货物的人员相分离。
(3) 开具发票和审核发票的人员相分离。
(4) 办理业务和审核业务的人员相分离。
(5) 记录应收账款和货款收取、退回的人员相分离。

(6) 会计人员和销货业务人员相分离。
该公司完全实现了上述的几个部分的职位分离。

2. 订单控制制度

企业产品的销售一般是从接受客户的订单开始的,建立订单控制制度是销售业务控制的重要环节。这个环节的主要制度有以下几个方面:

(1) 根据不同的客户和销售形式设计多种订单格式,以满足企业内部各个部门协调工作、相互制约的经营管理需要。

(2) 规定订单在企业内部各环节的流转程序,并规定相应的授权批准制度。

(3) 实行订单顺序标号法,对已执行和未执行的订单分别进行管理和控制,以便随时检查订单的执行情况和每一订单的处理过程。

该公司在以上几个方面都很好地做到了。该公司建立了在不同的销售方式下,不同的凭证格式以及凭证流转程序。我们可以相信,该公司对于订单的控制制度是比较完善的和可以信任的。

3. 销售价格政策控制制度

产品的销售价格一方面直接影响着产品的销售市场,同时也影响着企业当期利润指标的实现,因此,企业必须制定一个良好的销售价格政策控制制度。在企业的调研过程中,我们可以明确地得知,该公司对于这个方面是非常严格地制定了一系列的标准,但是由于这些涉及公司的一些机密,我们无法得到具体的规范。但是,我们可以相信,该公司是有可以作为规范和标准的控制制度的。

(1) 公司制定统一的产品销售价格目录,以便销售人员有进行销售业务的基础,会计人员和公司的管理人员也有评价销售人员业绩的基础。

(2) 公司规定了灵活的商业折扣、现金折扣标准,并建立了相应的授权批准权限。这些制度有效地保证了销售活动的有效性,提高了销售的成功率。

4. 销售发票控制制度

(1) 指定专人负责发票的保管和使用。

(2) 发票使用人领用时应签字注明发票的起讫号。

(3) 发票使用人所开具的发票必须以发货通知单为准。

(4) 财会部门指定独立于使用人的专人,定期对发票和会计记录进行核对检查。

以上是发票控制制度的一些基本内容,产品发出后向客户开具销售发票既是企业销售成立的标志,也是向客户收取货款的依据。如果在向客户开出销售发票和账单缺乏有效的控制,不仅会导致舞弊行为的发生,还会使会计的营业收入记录不真实。在这个方面,从调查问卷来看,该公司充分做到了以上几个方面。

5. 收款业务控制制度

根据订单的规定期限和结算方式收取货款是销售业务的最终环节,它直接影响企业的财务状况,保证足额安全的收取款项是收款制度的根本目标。我们觉得这个环节是非常重要的,而且由于这个环节所具有的复杂性和所涉及的内部控制环节的多样性,决定了这个环节也是很容易产生管理漏洞或者舞弊现象的发生。在该公司的调研中,我们也可以发现这个环节的一些细节确实是比较容易被企业疏忽的。该公司在这个方面建立的制度比较完善,但是也存在一些小的问题,具体分析如下:

(1) 客户信用审查。该公司有明确的客户信用审查制度,收到客户订单后,首先由负责客户信用调查的部门进行客户的信用调查,确定客户的信用等级,然后才能决定是否接受订单,将信用差的客户排除在赊销范围之外。信用评定分内外进行,内部以销售部门负责,主要看是否有不良记录,外部以银行的评价为准,然后综合评定信用等级。

(2) 现金折扣政策。该公司有具体的现金折扣规定,可让销售人员作为依据。现金折扣主要按照信用审查的结果进行,比如 3A 的公司只要预付 10% 的预付款。

(3) 应收账款记录。会计记录以销售业务的原始凭证为依据,应收账款的总分类账记录和明细分类账记录严格地要求由不同的会计人员负责。

(4) 账龄分析。该公司由会计人员定期对应收账款编制账龄分析表。

(5) 对账制度。会计部门建立定期不定期的与客户对账制度。定期的对账为一个季度一次,主要是及时了解客户的财务状况,并将对客户的财务状况的了解通报给销售部门、客户信用部门。

6. 退货业务控制制度

企业发生的销货退回对于正常销售来说是少量的不经常发生的业务,但是由于其直接影响企业的信誉和销售收入、应收账款的确认,可能产生舞弊行为,因此,建立退货业务的控制制度至关重要。作为宝钢的一个子公司,该公司对这个方面是严格要求的,建立了专门的机构(质量监督管理站)来管理,主要情况如下:

(1) 设立独立于销售部门的销货争议处理机构。由采购,会计,生产,销售部门人员组成。

(2) 建立销售折让优先制度。对确认为本公司责任的,第一解决方案是给予客户销售折让。

(3) 理顺其中的凭证流转程序。

(4) 退货、索赔、销售折让、退货审查由质量监督管理站负责,授权领导批准。发生退货时,由销售部门会合质量检查站追究内部责任人,有内部惩罚制度,每项退货都要找到具体负责的人员和环节。

7. 售后服务控制制度

在激烈的市场竞争中,企业为树立信誉、扩大销路,对售出商品进行质量担保。在规定的范围内服务好客户,同时又必须把费用降到最低标准,这是售后服务控制制度的核心。作为宝钢的子公司,该公司的售后服务是非常到位的,这也是宝钢的良好作风。该公司的售后服务主要由销售部门和质量检查站负责,其中质量检查站主要负责退货的事务。在整个售后服务的环节中,有财会人员参与,以便合理地控制服务成本,达到最高效果。

(三) 销货业务凭证流转程序

1. 销货凭证——发货单、销货日报表与客户对账单

在调研中,我们没有拿到该公司实际使用的发货单和销货日报表,但是我们觉得这个应该不是很重要的问题,他们的发货单和销货日报表应该是符合一般格式,再和企业的具体情况结合而成的一种具体形式。

2. 凭证流转程序

(1) 送货制下的凭证流转程序。

送货制下凭证流转程序如图 6-11 所示。

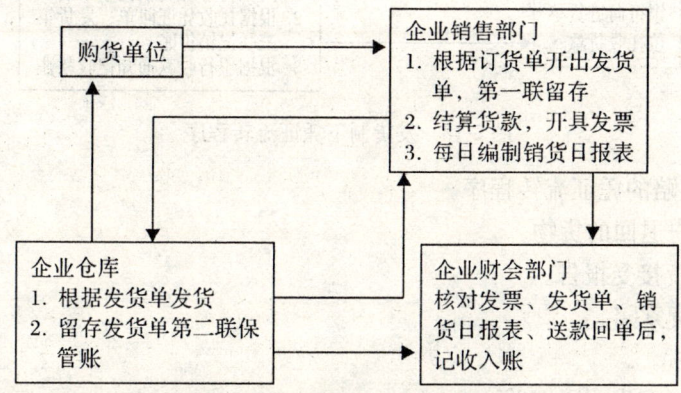

图 6-11　送货制下凭证流转程序

(2) 提货制下的凭证流转程序。

提货制下凭证流转程序如图 6-12 所示。

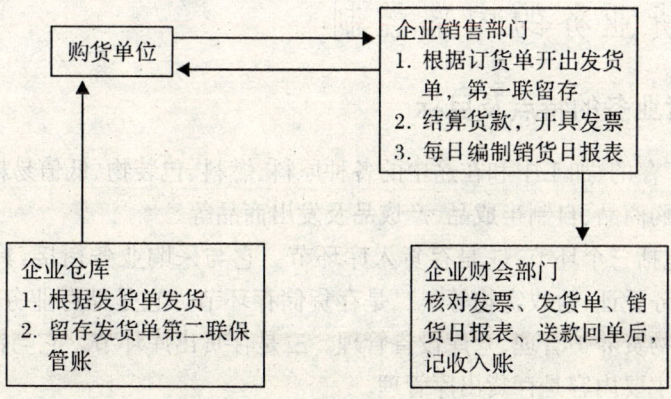

图 6-12　提货制下凭证流转程序

(3) 发货制下的凭证流转程序。

发货制下凭证流转程序如图 6-13 所示。

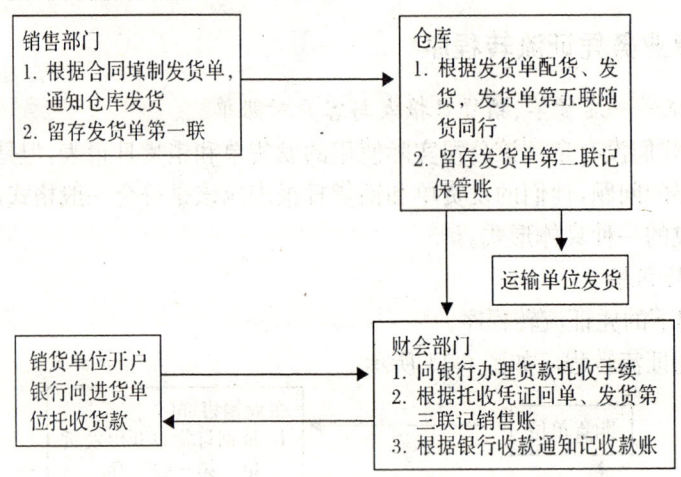

图 6-13 发货制下凭证流转程序

(4) 退货理赔的凭证流转程序。

a. 验收客户退回的货物。

b. 填制退货接受报告。

c. 调查退货索赔。

d. 核准退货。

e. 填制和邮寄贷项通知单。

f. 退货批准后及时入账。

七、存货业务的内部控制

(一) 存货业务的特点及目标

存货包括库存的、加工中和在途中的各种原料、燃料、包装物、低值易耗品、在产品、委托加工材料、外购商品、自制半成品、产成品及发出商品等。

储存业务包括三个环节：一是存货入库环节。它与采购业务衔接,具体包括物资验收、核对有关业务凭证、验收实物等。二是存货储存环节。它是储存业务最重要的环节,包括物资保管、物资养护管理、仓库设备管理。三是存货出库环节。它与销售业务和生产业务直接衔接,主要内容是存货出库管理。

储存业务占用资金数量大,直接影响产品生产或销售的顺利进行,容易发生积存时间过长变质或供求市场关系变动而导致存货损失。另外,存货的种类繁多,流动性强,进出频繁,容易产生管理疏漏,实物规模较大,自然灾害和人为原因造成的损失十分巨大。

相应地,对此业务会计制度设计具有以下特点:

(1) 目标的双向性。储存业务的设计,既要保证准确提供财务会计信息,又要满足企业内部经营管理的信息需要,是财务会计和管理会计的统一,也是财务会计和责任会计的统一。

(2) 实施的广泛性。由于存货业务涉及企业的各个部门,因而储存业务的设计关系到企业管理的各个职能部门。

(3) 计量标准的多样性。由存货自身特点决定,对存货的确定和核查不但要用货币计量提供价值信息,还要采用实物计量标准提供数量等相关信息。

(4) 与各种管理制度密切相关。存货的管理和核算与企业的经营责任、业务管理和计划管理等各项管理制度密切相关,因此储存业务的设计必须和相关的各种管理制度相协调。

针对储存业务的特点,储存业务会计制度设计的目标应为:

(1) 存货正确计价并保证账实相符,合理揭示存货方面的财务状况,提供存货的各种真实、完整的信息。

(2) 保证恰当的存货储备量,既能满足生产、销售的需要,又能减少存货的资金积压,促进企业资源优化配置。

(3) 保证存货安全和流动。

(4) 监督、落实存货的经营责任。

(5) 考核存货的经济效益,加速存货资金周转率。

(二) 存货业务的内部控制

1. 落实保管责任制度

保管责任制度包括两部分内容:授权控制和职责分离。授权控制是指对各种存货的收、发,根据其重要程度,指定有关负责人审核批准,严格把关,确保存货的安全完整和合理使用,使存货的保管责任和使用责任分离。职责分工是指存货流转过程中不同环节的职位需由不同的人员担任。我们发现,宝钢集团开发总公司在这方面做得很到位,具体体现在:

(1) 存货的保管人员责任与使用人员责任相互分离。

(2) 存货的请购、采购、验收、记账、保管、领用、发放均由不同的人员担当。

(3) 各部门职责范围明确,不存在越权行为。

(4) 收货人员独立于请购、采购、会计部门。

(5) 使用了入库单、请料单、出库单。

(6) 领料采用了分级审批制度，某一层相关管理人员只能批准一定数额以下的物料，如需领更多物料则需上一级相关管理人员批准。

由于公司是宝钢集团的子公司，原料主要来自母公司的废料，所以公司的采购方式主要为发货制，因而仓储部门是从运输部门得到收货单第二、第三、第四联，在验收货物后应把第三联交于会计部门，第四联返还采购部门。在采购这一流程中，一经购入的原料就不存在退还的可能性，所以有些细节部分值得我们注意，如收货人的工作态度，收货人可能不经检验就根据购货订单上的数量来填制收货报告单。因此，出于成本控制的考虑，我们建议递交仓库保管部门的购货订单副本的数量资料可以删去。

公司下辖 12 家子公司，其产品涉及磁性材料、建筑材料、金属制品、耐火材料、包装材料、综合利用品等等，因而其销售方式也是多样的，相应的内控制度在后面的销售业务会计制度设计将会谈到。

2. 建立严格的存货计量、记录和管理制度

(1) 存货的分类编号。公司作为宝钢的子公司，其本身也是一家集团公司，涉及的领域包括宝钢的生活后勤保障、生产协力、宝钢产品深加工、宝钢副产品及废弃物综合利用、备品备件、机械电器设备和车辆的维修以及宾馆酒店、仓储运输、工业服装、绿化环卫、印刷等业务。可想而知，存货的品种几乎包括工业和服务业的所有品种，因而其存货的分类编号显得极其重要，而公司目前主要的分类标准是批次和种类。我们觉得，对于一家如此复杂的集团公司，这种简单的分类方法显然不科学，因而我们建议，针对不同子公司采用不同的编号方法：

a. 按存货的性能、技术特征和规格标准编号。对于机械制造性质的子公司，可以采用"大类——小类——品种——规格"顺序组合编号。例如，一块 50 毫米钢板，可以编为"原料及主要材料——钢材——钢板——50 毫米"。为简化操作，可以用字母或数字表示顺序文字。

b. 按存货存放地点位置标准编号。按材料物资存放的仓库号、料架号、层号、位号（料场则是区号、点号、牌号、位号）组合编号。这种编号便于发料。

c. 其他编号方法。针对宾馆酒店、工业服装、绿化环卫等业务，由于行业的特殊性，其编号也有相应的特殊方法。我们小组主要针对工业企业会计制度进行设计，因而在此方面未作探讨。

由于公司存货种类很多，为了保证存货名称在使用时一致，简便核算和避免混淆，应编制"存货目录"，采购部门、生产部门、会计部门和仓储部门就可以统一使用编号，并且采用计算机化管理。建议格式如下（见表 6-1 存货目录）。

(2) 存货的计量与记录。设置精确的计量工具，尽量使用同一件计量工具，对收入、发出的存货精确计量。

表 6-1

存 货 目 录

编 号	名 称	规 格	计量单位	单 价	备 注

一旦存货经过单据核对、计量验收入库,仓库应当对每种材料设置材料吊卡,悬挂于料架上,记录存货的收发结存数量。当物资发生收发时,保管人员要在吊卡上记录,并对结存数量与实物核对。格式如下(见表 6-2 材料吊卡)。

表 6-2

材 料 吊 卡

材料名称_____   材料规格_____
计量单位_____   材料编号_____

日 期	凭证编号	收 入	发 出	结 存

保管员_____

(3) 存货的计划和管理。宝钢集团开发总公司对存货的收入、发出均根据有关规定办理相关手续。仓库保管员只有根据经过被授权的责任人批准以后的领料单、限额领料单和发货单等有关凭证才能发料。超过限额领料,领用部门需向相关上级主管申请。

财会部门、供应部门和仓储部门对各种存货实行了计划控制。在经营过程中,由仓库保管员对照计划的储存定额,掌握存货的最高、最低储备量,及时向有关部门反映,提出调整建议,以保证生产的正常进行和避免存货的超储积压。

公司存在委托加工业务,由于大多数委托单位都是关联企业,因而公司在这方面的管理显得比较放松,对于委托加工的存货,应当填写"委托外加工发料通知单",财会部门据以记账,仓库保管员则应在备查登记簿中予以登记,加工完成验收入库时再予以注销原记录。

公司建立存货稽核制度,包括保管员负责的存货数量和材料吊卡的稽核,财务部门负责总分类账和明细分类账的稽核。

(4) 采用永续盘存制,加强会计对各项存货的控制。公司目前采用的只有永续盘存制,仓库采用数量永续盘存制,明细账采用数量、金额并用的永续盘存制。我们认为,健全实地盘存制也是必要的,作为一家集团公司,仅使用一种盘存制度是不可思议的。尽管公司的内控制度比较完善,但作为制度,肯定存在或大或小的漏洞,为防止并及时揭示出现的差错或舞弊行为,结合成本的考虑,实地盘存制应该经常化、规范化、制度化。且盘点工作应由专人负责,不得由实物保管人员担任。

（5）实施存货保险制度。自然灾害和人为原因对存货造成的损失十分巨大,对存货进行价值等级测算,统计各类存货的损失率和库存时间以及跌价损失,计算公司存货的储存机会成本,对于生产环节的成本控制中的材料成本控制起着重要的作用。我们建议,宝钢集团开发总公司计提存货跌价准备,降低存货发生意外损失的风险。

（6）建立存货质量管理制度。存货质量管理包括两个方面：一是存货的残损变质；二是存货的积压呆滞。

当存货盘点发现毁损时,经办部门报公司领导,再向宝钢集团上级主管报告,最后通知税务部门（其损失能在税前列支）。我们发现,在报废过程中,"存货报废审批单"是一重要单据,报废必须经过公司负责人、财务部门负责人、存货部门负责人审批,而且三者与报废经办人应共同签字或签章。

（7）确定恰当的存货明细分类账分户方法。公司都采用按品种分户,原因在于此方法简单。从计算成本出发,作为一家拥有12家从事不同行业子公司的集团公司,按品种分类的方法应当比较合适。

3. 存货的计价方法

存货计价方法的选择和存货清查盘点制度是保证各项控制制度顺利实施的关键和前提。存货计价包括购入存货价值、发出存货价值以及期末存货价值的确定三个方面。

（1）存货的入账价值。公司购入存货的入账价值由购货价格和税金两部分组成,并未把附带成本计入存货成本,除商品流通企业,其他企业在购入过程中发生的直接费用或者间接费用,一般也直接计入存货成本。

（2）发出存货的计价方法。公司所有的发出存货均按加权平均法计价,对于存货种类如此繁多的公司来说,这是再适合不过的。

（3）期末存货价值的确定。衡量期末存货价值的重要指标就是"存货跌价准备",而公司对存货跌价并未计提。当存货的可变现净值下跌至成本以下时,应提取"存货跌价准备",将这部分损失从存货价值中抵销,列入当期损益。

4. 存货的清查盘点

公司存货种类过多,而且有重要程度等级,对于重点货物则盘点频率要比低值易耗品高,重点清查法比较适合宝钢集团开发总公司。存货清查必须设计"存货盘点盈亏报告单",用于记录盈亏状况,并以此作为依据作出相应的处理。

(三) 存货业务核算方法

存货业务的实物管理包括验收、盘点、清查、分拣、发货等一系列实物流转过程,只要牵涉到存货的收入、发出的实物数量变动时会计部门就必须进行账务处理,而在储存期间,当市场价格变动、存货损耗等情况发生时,会计部门也应当及时作出相应的账务处理。

企业存货业务的核算账户主要有"存货跌价准备"、"待处理财产损溢"等账户。宝钢集团开发总公司对于存货跌价不作计提,因而不存在"存货跌价准备"这一账户。

对期末存货计价有三种不同的计算方法:

(1) 单项比较法。对库存中每一种存货的成本和可变现净值逐项进行比较,每项存货均取较低值。公司存货的品种过于繁多,显然不合适。

(2) 分类比较法。按存货类别的成本与可变现净值进行比较,每类存货取较低值。对于部分子公司具有可行性,而另外一些子公司则不适合。

(3) 总额比较法。按全部存货的总成本与可变现净值总额相比较,取较低值。显然,针对宝钢集团开发总公司的情况,总额比较法最适合。

尽管企业存货跌价准备只对上市公司有硬性规定,但是从公司的长远利益出发,我们认为,存货跌价准备的计提是完全有必要的。

关于存货盘点的损益,公司是严格按照常规方法处理的,而且实践证明也是十分成功的,所以不大需要重新设计。

八、固定资产与无形资产的内部控制

(一) 固定资产业务内部控制

1. 固定资产业务内部控制制度

(1) 在固定资产管理中采用了职务分离制度,并建立了相关的部门和制度对固定资产投资进行管理。

(2) 明确的会计制度对固定资产的入账价值进行评估。

(3) 制定大概的保养制度,只在发生重大事件时进行盘点。

(4) 对固定资产发生的盘盈、盘亏或毁损将深入调查并做书面报告,属于人为过失的,追究相应责任。对取得的不同资产采用不同的折旧方法。对重要的资产投保,对固定资产期末计价有专门的管理制度。

存在的问题主要是在保证固定资产在使用中的安全与完整性。没有对不同的固定资产制定不同的保养制度,这必定会影响固定资产的使用效率、生产安全和使用寿命。如不进行定期盘点,人为作弊的风险将大大增加,一旦重大事件发生时,可能无法查明问题原因,分清责任,会计处理也会有不合理的地方。

相关的会计制度保证了固定资产取得的合理性和确认、计量的正确性。但由于固定资产使用中管理制度的不完善,间接影响了固定资产折旧、摊销处理和处置的合理性。对于这样一个固定资产庞大的企业来说,投入相当的固定资产管理费用是必要的。因为固定资产管理中发生的问题一方面将增加生产风险和设备成本;另一方面可能导致固定资产的处置成本的增加。

建议:公司对需要定期保养的固定资产,按固定资产项目,逐个建立固定资产定期维修、保养制度,保证固定资产的正常运行,有效延长固定资产的使用寿命。对固定资产定期进行盘点,并以此建立相关的责任和会计处理制度。

2. 固定资产的业务凭证设计

公司为保证固定资产各项监控制度的有效运行,设计符合企业机构设置、人员分工特点的固定资产业务处理程序,并建立规范的业务凭证和表格。公司固定资产的业务凭证主要包括固定资产目录、固定资产登记簿、固定资产卡片、固定资产交接单、固定资产折旧计算分配表、固定资产报废单和固定资产盘点表。

3. 固定资产业务的账户设置

(1) 固定资产账户核算所有固定资产原值,经营租入的固定资产另设备查簿。

(2) 在建工程账户核算为建造或修理固定资产而进行的各项建筑和安装工程。按工程项目设置明细账。

(3) 工程物资账户核算企业库存的用于建造或修理固定资产工程项目的各种物资的实际成本。按工程物资的类别设置明细账。

(4) 累计折旧账户核算固定资产损耗的价值。

(5) 固定资产清理账户核算固定资产的出售、转让、报废、损毁及对外捐赠而进行的固定资产处置和清理过程中发生的费用和收入。

(二) 无形资产业务会计制度

1. 无形资产业务内部控制制度

(1) 所有的无形资产取得建立了完善的支出预算控制制度。

(2) 对无形资产的入账建立了严格的审核制度。

(3) 没有严格的保密制度,取得无形资产后不再进行价值评估。

(4) 专门的制度负责对无形资产摊销进行控制。

类似固定资产问题出在对取得的无形资产的管理上,作为生产企业没有保密制度让人无法理解。对无形资产不再进行价值评估就无法监督无形资产的投资预算控制制度的运作,无法改进自身的投资效率。

建议:公司根据拥有的专有技术和专利权的自身特点,实施有效的措施,防止被泄密和被侵权。这应成为会计管理的重要方面。

公司应定期至少每会计年度结束,检查各项无形资产预计给企业带来未来经济利益的能力。

2. 无形资产业务的账户设置

无形资产账户核算公司持有的无形资产。按无形资产的类别设置二级明细账,再按单项项目设置三级明细账。

无形资产使用管理是该公司的薄弱环节,缺乏应有的重视。

九、税收与费用的内部控制

1. 税收业务的内部控制制度

公司具备健全的发票申请、购买、保管、使用与退还制度,建立了购买审批制度、专人保管制度,以此避免因发票管理混乱而导致的超过实际业务水平的税收负担。具体的做法是:发票由会计科保管。对丢失的发票予以登报声明;对税收计算由专人进行复核;由专人负责税收申报。通过避税、节税、税负转嫁等措施来进行税收筹划。

避税筹划是指纳税人在税收法规许可的范围内,或者虽然没有明确许可,但也没有明确反对的范围内,通过合法或非违法的手段对经营活动和财务活动精心安排,以达到规避或减轻负担的目的。

节税筹划是指纳税人采用合法手段达到不交税或少交税目的的经济行为。

税负转嫁是指商品流通过程中,纳税人通过提高商品销售价格或压低商品供应价格的方法,将税负转嫁给商品购买者或商品供应者。

2. 费用业务的内部控制制度

对公司费用进行全面预算管理,具体进行固定预算编制。

费用开支的审批制度:使用部门申请——公司领导批示——财务部门执行。

对于个人费用,实行费用自负制度。即:业务部门在核定佣金比率时,应把销售费用的支出考虑在内,一并归到佣金项下发给业务人员,业务人员必须在其佣金项下开支销售费用,不得向企业另行申报。

费用自负办法的优点是处理简单,公平一致,有效保障企业利润,可以减少业务部门对业务人员监督的困难;缺点是如果以同一标准给予补贴,显然会发生不公平现象,如果根据不同的情况制定不同的标准,又会流于主观,发生偏误,同样会发生不公平现象。

(本案例调查组成员:徐磊 金润 罗叙辉 刘恩斌 王林松 谢锦 于华)

第七章 上海展望集团有限公司

一、公司简介

上海展望集团有限公司（以下简称集团公司），由1994年初创时的9 000元资产，运用代加工、租赁、独资合资、兼并和赎买等资本运作方式，在5年多的时间内引进专业人才，依靠科技进步，迅速发展为拥有11家下属公司、净资产达7 358万元的集团企业；同时也一跃成为以高科技为支柱，产加销一条龙、科工贸一体化的国内农业龙头企业。被评为上海私营企业百强第七位、上海区县工业百强第三十二位、上海科技企业百强第四十五位。

上海展望生物制品有限公司为展望集团分公司，是生产、销售生物保健品的高科技企业。

1. 产品介绍

展望生命蛋

展望生命系列营养蛋是：同样的鸡，下的不一样的蛋；它是通过给鸡喂食富含高营养价值的生物饲料所产下的全天然的鸡蛋。运用现代生物富集技术、微生物技术和遗传工程，使鸡蛋中产生大量的ω-3脂肪酸（人称"血管清道夫"），人们在吃鸡蛋的同时也就把"血管清道夫"送进血管里。其系列产品有针对中老年心脑健康的"脑心宝"鸡蛋，针对少年儿童智力发育、视听神经发育的"聪明"鸡蛋。

唐人健胶囊

上海展望集团生物食品研究所汇聚了一批医药学和生物学专家，经多年研究，利用现代生物科技，通过超临界CO_2萃取技术，从人参、黄芪、库页红景天等植物中萃取出有效成分，与有机铬、牛磺酸等复合配制成了新型保健食品唐人健胶囊，患者长期服用，可以逐步清除胰腺上的病毒，恢复胰岛原有的功能，从而具有"标本兼治"的效果。

保尔胶囊

保尔胶囊是由深海鱼油、亚麻油为主要原料制成的保健食品，富含ω-3脂肪酸类的α-亚麻酸、EPA、DHA。经功能试验证明，具有调节血脂、免疫调节的保健功能。适宜人群：血脂偏高者、免疫力低下者。保尔胶囊是展望生物制品有限公司研发的新产品，目前还没有大量上市。

2. 基本架构

集团公司是一家以自然人股份为主的民营企业，是通过对上海展望饲料有限公司和上海展望牧业发展有限公司（后改为集团公司）对外投资资产进行重组后建立的，并以集团公司为核心企业的有限责任制集团公司。

集团公司采用全资和控股方式对所属公司进行控制。

由集团公司与其所属11家公司共同组成上海展望企业集团（以下简称集团）。集团按照拥有所属公司的股权和控股比例行使经营管理表决权以及通过董事会和经管会控制所属公司发展。

集团对所属公司实行全资、控股运作，并进行资产经营，同时成为所属公司的投资、决策和协调中心，通过资产和人事的结合关系，控制所属公司的重大经营活动，控制核心技术，协调所属公司的业务关联。

展望生物制品有限公司是专业化经营的利润中心和管理中心，与集团各分公司之间既相互支持和依托，又自主经营、独立核算和自负盈亏。集团对下属分公司实行财务经理委派制，因此，展望生物制品公司的财务人员直接接受总公司的领导，独立地对各项经济活动进行记录和监督。

公司的组织结构如图7-1所示。

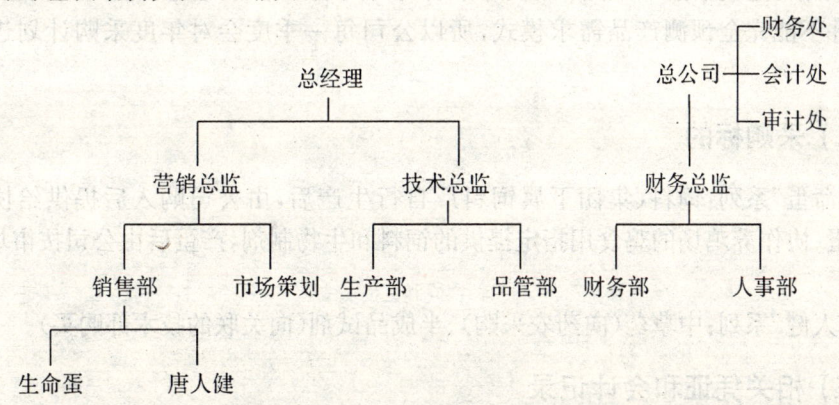

图7-1 公司组织结构图

公司财务部编制共有9人，其中：负责财务的有5人；内勤2人，主管销售部门的订单接收和发票开具；仓库保管1人，负责公司在市区的中转小仓库；计算机工程师1人，负责设计公司的会计软件和集团的财务软件。负责财务的5人，由财务总监、经理、总账会计、往来账会计和出纳员构成。由于展望生物制品有限公司的财务总监兼任集团的财务总监，故可行使的权限比较大。通常情况下，财务上的重大事项在总部财务处研究讨论后决定，集团定期地召开财务经理会议（半年），协调解决各分公司的重大财务事项。

各公司财务经理每 2~3 年轮换一次，但生物、机械公司由于行业特殊性，不进行轮换。公司采取严格的控制制度对各财务经理进行监督。

二、采购业务的内部控制

（一）采购计划

（1）采购计划制定部门：生产部门提出。

（2）采购计划制定时间：采取年度、季度、月度各制定长、中、短期采购计划，如果遇到突发情况，在公司的每周例会上进行必要的计划调整。

a. "生命蛋"系列产品：采取的是"按订单生产"的营销模式。由于产品比较成熟，公司生产销售部门能够掌握该产品各阶段的市场需求量，所以采购计划的制定比较稳定。

鉴于该系列产品在生产和保质方面的特殊性质，对于临时的需求，公司要求有半个月的提前量来制定生产采购计划，根据日销量向饲料公司发出订单。

b. "唐人健"系列产品：该产品投放市场的时间不长，虽处于稳步上升的需求趋势，但是公司并不能完全预测产品需求模式，所以公司每一季度会对年度采购计划进行相应调整。

（二）采购标的

"生命蛋"系列：饲料（集团下属饲料厂自行生产后，由公司购入后提供给协作养鸡场）、鸡蛋（协作养鸡场的鸡食用指定提供的饲料和生物制剂，产蛋后由公司按市场价格购入）。

"唐人健"系列：中草药（向药农采购）、半成品试剂（向关联的技术部购买）。

（三）相关凭证和会计记录

相关凭证和会计记录包括：请购单、订购单、采购合同、验收单、卖方发票、付款凭单、转账凭证、付款凭证、应付账款明细账、现金日记账和银行存款日记账、卖方对账单。

（四）主要业务活动

1. 采购流程

采购流程如图 7-2 所示。

第七章 上海展望集团有限公司

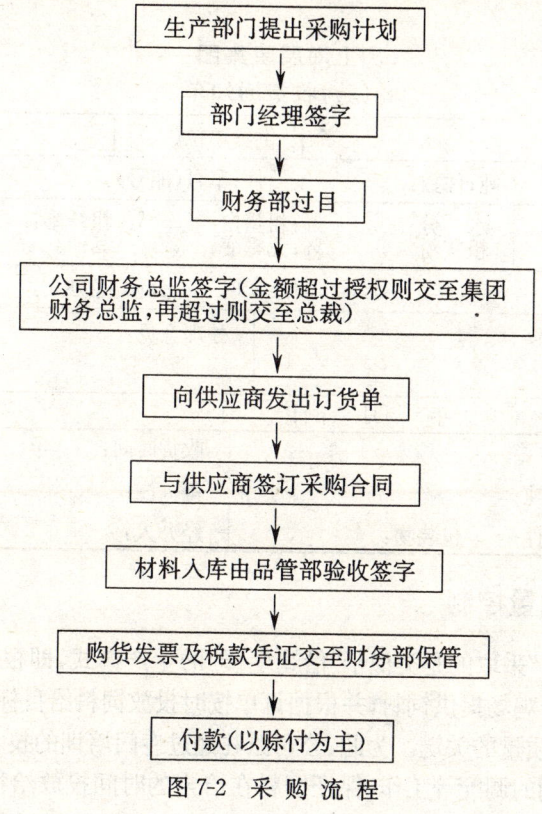

图 7-2 采 购 流 程

2. 会计控制

(1) 请购环节。检查请购单是否由相关人员根据需要量和现有库存量填制,是否经过合理授权。

(2) 采购环节。编制的订购单应正确填写所需要的商品品名、数量、价格、厂商名称和地址等,预先予以编号并经过被授权的采购人员签名。其正联送交供应单位,副联送交企业内部的验收部门、应付凭单部门和编制请购单部门。

(3) 验收环节。验收部门验收商品,编制的主要原始凭证是验收单。表 7-1 是上海展望集团(验)收货通知单。

通知单共设三联,第一联由原料库留存,第二联由技术部留存,第三联由总经理留存。

(4) 存储环节。存放已验收货物的仓储相对独立,限制无关人员接近。货物入库前,检查存储部门是否首先进行检验和查对,然后在验收单副联上签收。

(5) 确认与记录环节。正确编制付款凭单,正确确认验收货物的债务,及时冲减预付账款账户的余额。

(6) 付款环节。会计部门严格审核发票价格、运输费、税款等凭证,并与合同核对,在各种凭证齐全并核对无误后才可支付货款。

表 7-1

上海展望集团
(验)收货通知单

原料部填写	品　名：		供货单位(人)：		
	重量：　　吨；件数：　　件；车号(船号)：				
	合同(协议)要求质量标准	水　分　　%；粗蛋白　　%；粗纤维　　%；杂质　　%；粗灰粉　　%；无霉变；其他：			
	通知验货时间：　　年　月　日　时　分；经办人：				
质检部填写	感官鉴定：		处理意见：		
	通知收货时间：　　年　月　日　时			经办人：	
原料库填写	实际收货情况：		收货时间：	年　月　日　时	
	重量：　　吨；		备　注：		
	件数：　　件；包装物		经办人：		

(五) 特殊的质量控制

(1) 由于"生命蛋"采取的是类似于"借鸡生蛋"的生产模式，即根据鸡群的产蛋周期和生理习性，向合作的养鸡场提供饲料，并根据订单按时投放饲料给目标鸡群，因此，鸡食用的饲料就成为了控制蛋质量的关键。为此，公司派驻经过专门培训的技术人员到养鸡场，监督饲料的投放、生物制剂的调配等工作，保证饲料在恰当的时间投放给特定的鸡群，以此与养鸡场其他鸡群加以区别，并对生产的鸡蛋进行质量检验，以保证"生命蛋"的质量。

(2) "一票否决权"。所有入库的产品、半成品、产成品均由公司品管部门进行质量检测，一旦发现不合格产品，即可予以否决，不需要通过公司经理批准同意。品管部门对产品的质量具有最高的决定权。

三、存货的内部控制

(一) 存货的种类

(1) 原材料(饲料用料、鸡蛋、半成品试剂)。
(2) 产成品(展望生命蛋、唐人健胶囊)。
(3) 低值易耗品。

(二) 存货的计价方式——加权平均法

(1) 易于操作。

(2) 原材料价格浮动很小。

(3) 存货为展望生命蛋和唐人健生物保健品,保质期分别为 45 天和 2 年。由于实行按需生产的经营模式和零库存管理,公司实际产成品存货很少,生命蛋基本上能实现零库存,而唐人健胶囊未进行流水化生产,通常根据订单情况只生产 1 个月左右销量的产品。但报表上可能出现较大金额的产成品,这是时间差异造成的。

(三) 存货主要业务

1. 进货业务

货物(一般为原材料)随购买时收款单据到达仓库后,由仓库人员验收,不合格货物予以退回,并根据验收结果出具入库单与审核单。审核单交负责部门存档,入库单一式四联,采购、品管、仓库、财务各保存一联。财务部门据此入账,并作存根,定期与供应科、仓库核对。进货业务流程如图 7-3 所示。表 7-2 为上海展望集团生物制品公司入库单。

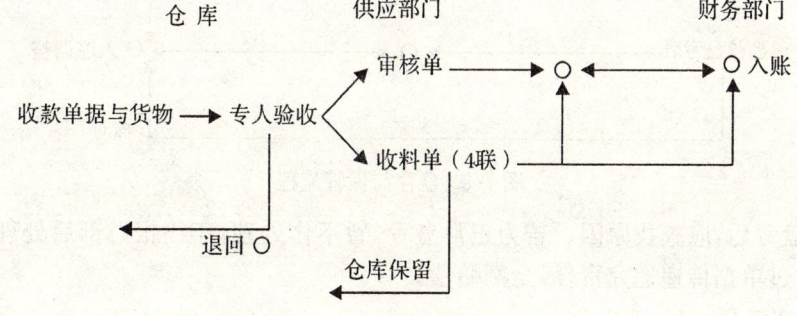

图 7-3 进货业务流程

表 7-2

**上海展望集团
生物制品公司入库单**

No. 002250

缴库部门:　　　　　　　　　　年　月　日　　　　　发票号码:

产品名称	数 量	规 格	单 价	金 额	备 注
合　计					

部门主管:　　　　　　　　　验收:　　　　　　　　　缴库:

2. 领料业务

由于唐人健产品为高科技产品,其中涉及商业秘密问题,因此这里主要是针对展望生命蛋的情况。展望生命蛋其实是展望集团委托养殖场生产的,展望集团提供饲料并承诺从养鸡场购买鸡蛋,同时监督饲料的喂食工作。因此,领料领的是加入了特制生物试剂的饲料和鸡蛋。和一般生产企业相似,首先根据生产计划提出领料申请,饲料需经车间主任签字认可,鸡蛋需经养鸡场生产经理签字。仓库出具领料单,设四联,生产部门与仓库各保留一联存档记录。财务部门两联,由成本会计设台账入账,按期累计汇总,并对生产部门,仓库进行核对。

3. 盘存与保管

根据存货种类分仓库,由不同保管员进行保管,采取永续盘存制。仓库保管员与供应部门负责人至少1月一次(通常在每月月底)进行具体盘点,财务部门定期派人抽查,要求做到账账、账实相符。发生盘盈盘亏后,由仓库保管人员出具盘盈盘亏表,向上级部门说明原因,审核后交财务部门进行账务处理。盘存与保管流程如图7-4所示。

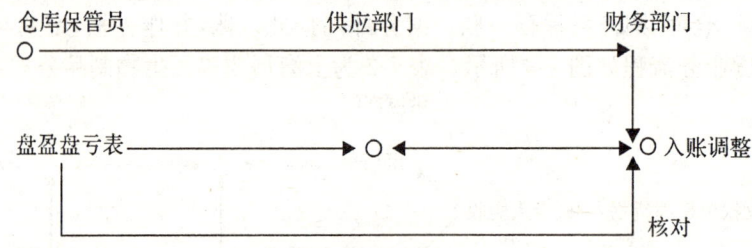

图7-4 盘存与保管流程

发生盘亏后,应查找原因。若为正常盘亏,暂不作处理,年终报总部后处理。若为个人原因,通过单据传递追究责任,全额赔偿。

4. 发货流程

展望生命蛋主要是向大卖场提供,根据大卖场的订单数目发货。财务部门审核收款并在提货单上盖章。一般现金、本票、汇票,见票即发货,而支票一般保留几日以审核。提货单设四联,一联作出厂证明,交门卫;一联客户保留,随货同行,供其入账。提单联留仓库备查,缴款单留财务部门入账。

5. 销货退回业务

由于超市的零售情况有时并不稳定,而鸡蛋的保质期又短,超市可要求销货退回。通常企业会派专门人员定期去大卖场观察鸡蛋销售情况,发现有即将到期的鸡蛋,即作销货退回处理。

四、成本费用的内部控制

(一)业务流程概述

上海展望生物制品有限公司共有两个产品系列:展望生命蛋和唐人健胶囊。由于两个产品系列所属的产品生命周期不同(展望生命蛋是上市多年的成熟产品,而唐人健胶囊是展望刚研制投产的新上市产品),生产方式及产品本身性质的诸多差异,因此,两个产品系列使用独立的会计核算方法。

1. 展望生命蛋

展望生命蛋的业务流程如图7-5所示。

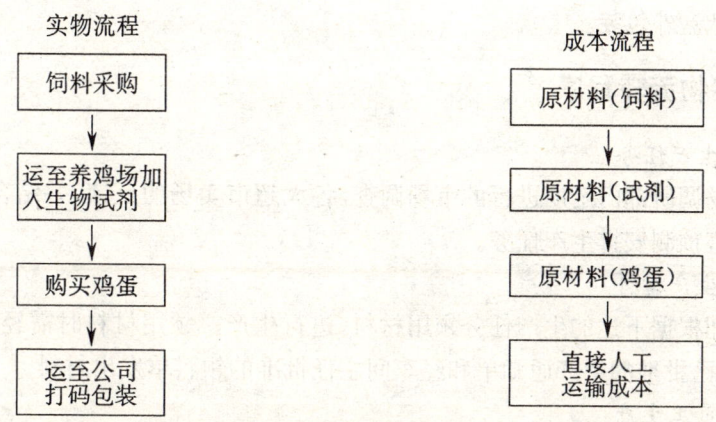

图7-5 展望生命蛋业务流程

展望生命蛋的生产过程与普通生产型企业的生产流程不同。在采购方面,展望向其集团所属的子公司按市场价购入饲料。同时,展望与养鸡场建立了协作关系,采用"借鸡生蛋"的生产经营模式。展望在购入的饲料中加入生物试剂,而生物试剂是区别该系列不同产品的主要标志。根据订单情况,展望向养鸡场提供饲料,并购入当期所产的所有鸡蛋。在与其合作的三个养鸡场中,每个养鸡场都分派了一个技术员,以控制产品的质量。然后,将购入的鸡蛋运至公司清洗、打码、包装,以供销售。

2. 唐人健胶囊

唐人健胶囊业务流程如图7-6所示。

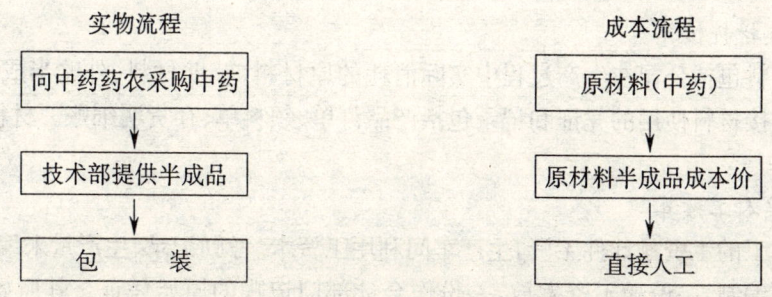

图7-6 唐人健胶囊业务流程

由于是新开发的保健食品,唐人健的生产规模比较小。通常,由公司向中药药农采购所需的中药,根据增值税管理条例,公司向药农出具收购发票。所采购的中药交由山东的技术部,由于保健品配方的保密性,上海展望生物公司不参与技术部的生产及成本控制。技术部直接向公司提供半成品,其成本按转让价计量。公司得到半成品后,进行包装。包装分两步程序:首先在浦东和闵行分公司灌装成粒,压成板,装入塑料包装;然后在马陆的总公司进行纸盒外包装。

(二) 实物流转程序

1. 接到生产任务

根据市场调研部门定期进行的市场调查,各大超市卖场的反馈,并结合顾客订单,存货需求和销售预测安排生产任务。

2. 领用生产材料

生产车间根据下达的生产任务领用材料,进行生产。领用材料时需经车间主任的批准,仓库根据已批准的生产通知单和经车间主任批准的领料单发出材料。

3. 安排员工生产

生产任务要落实到每一个工人,生产车间应记录工人的考勤、生产产量并核定每件产品的定额工时,以备会计部门核算使用。

4. 完工产品检验入库

产品完工入库要经过品管部门的检验,经检验合格的方可移交仓库人员保管。

5. 保管部门辅助生产

仓库保管部门应对原材料、辅助材料、包装物、低值易耗品、在产品、产成品等进行验收,分类保管;负责原材料的领用,产成品的销售发出;记录各种存货的变动情况,及时将存货资料报送会计部门以便进行成本核算。

(三) 会计流转程序

1. 直接材料核算

直接材料包括公司在生产过程中实际消耗的原材料、辅助材料、外购半成品、包装物等。核算直接材料使用的凭证和记录包括产品订单、领料单、存货明细账。材料出库控制见图7-7。

2. 直接人工核算

直接人工的工资是计件工资,生产车间利用工资卡、考勤记录、生产量来编制工资单。工资单按月编制,一份随工资发放,一份作会计部门记账的原始凭证。其原始凭证如表7-3、7-4所示。

表 7-3

产量通知单

车间：
工段：   编号：
生产小组：   日期：

工 人		加工件	工作时间		每件定额(分)	实 际 产 量				完成定额工时数	实际工时	检验员
工号	姓名		开始时间	结束时间		交验数量	合格数量	废品数量	废品通知单号			

表 7-4

考 勤 表

车间：
班组：   年   月   考勤员：

姓名	工号	职务	级别	出、缺勤情况						考勤统计					
				1	2	3		30	31	出勤	旷工	病假	事假	迟到早退	加班加点

3. 制造费用分摊

由于展望生物公司的两个产品使用独立的会计核算方法和不同的产品线，故不涉及制造费用在不同产品之间的分摊问题。

4. 生产成本核算

在核算各批产品的生产成本时，还应考虑其他直接成本，包括运输费用。

材料出库控制系统流程如图 7-7 所示。

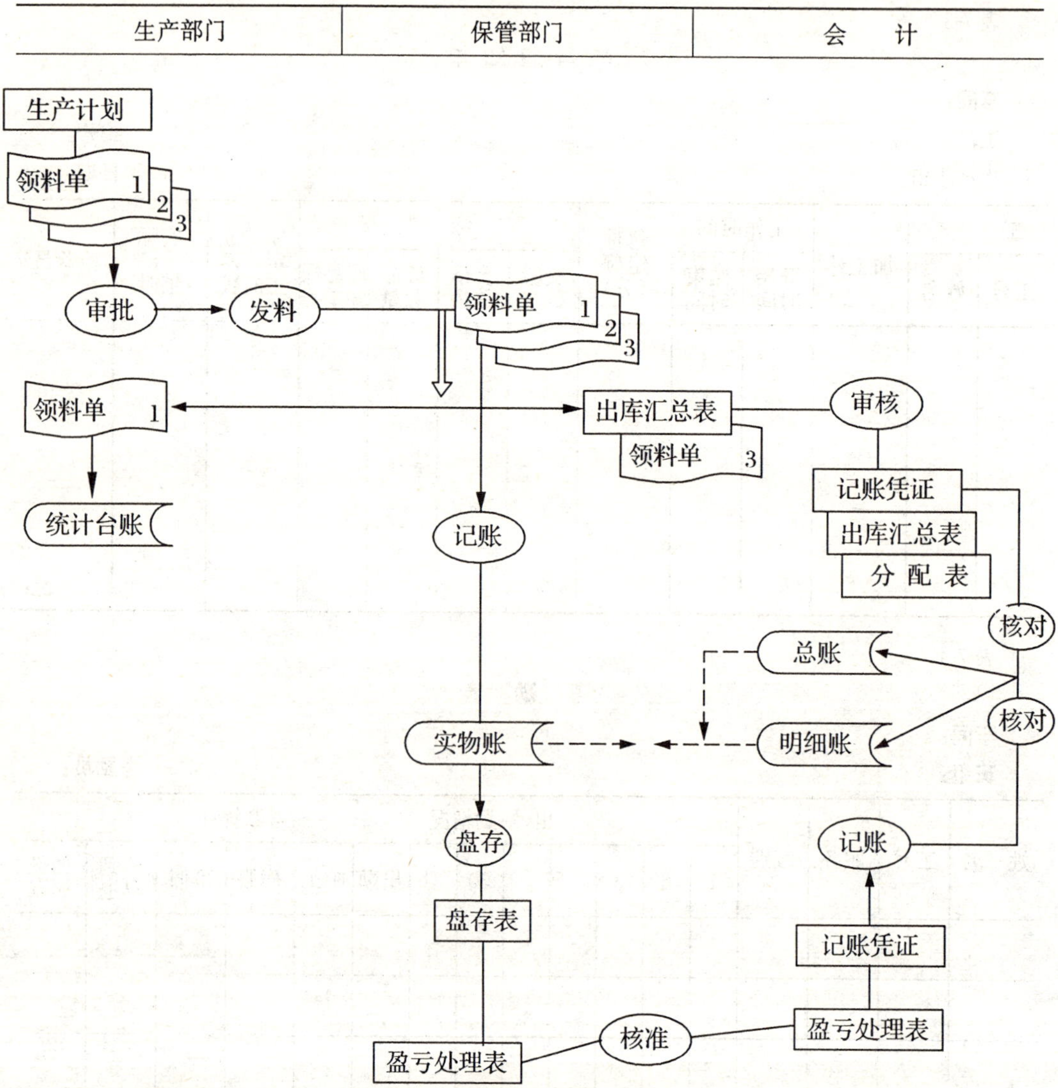

| 生产部门 | 保管部门 | 会　　计 |

图 7-7　材料出库控制系统流程图

五、销售业务的内部控制

(一) 销售部门的组织机构设置及人员职责

1. 销售部门组织机构

销售部门组织机构如图 7-8 所示。

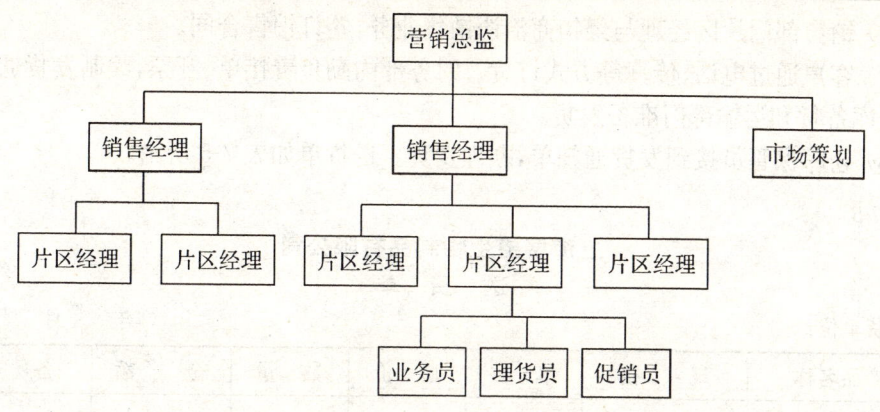

图7-8 销售部门组织结构图

2. 销售部门人员职责

营销总监：根据市场策划部门对市场的预测，制定年度营销战略、营销目标和营销方案，组织开辟新的目标市场，开拓销售渠道。营销总监直接领导下属两个销售部门。

销售经理：制定年度销售计划，负责具体销售工作，确定销售人员配备，拟定员工激励政策，对销售渠道进行维护。

两个销售部门分别下设6个和8个片区经理。

片区经理：洽谈销售业务，组织货物供应，做好售后服务工作，制定促销方式，进行订货、催收货款等日常业务作业。

业务员：完成销售任务，了解市场销售信息，及时反馈。定期拜访客户，保持与客户间的双向交流沟通，保证日常销售的正常运作。

理货员：每日到各经销点勘察货品到期情况，保证货品在保质期到期前的规定期限内及时予以换回。

促销员：负责在各大卖场推销公司产品，开展促销活动。

市场策划部门：负责新产品上市前的行业调查，掌握行业信息，洞察行业发展趋向，制定新产品开发方案。对销售人员的日常反馈进行整合分析，预测市场需求，呈报营销总监。

（二）销售业务会计处理流程

销售业务会计处理流程如图7-9所示。

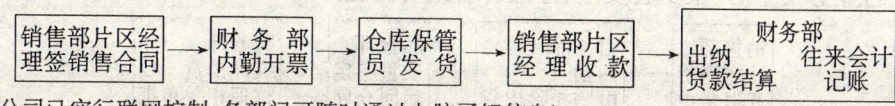

（公司已实行联网控制，各部门可随时通过电脑了解信息）

图7-9 销售业务会计处理流程

(1) 销售部门片区经理与经销商洽谈销售业务,签订销售合同。

(2) 客户通过电话、传真等方式订货。财务部内勤负责接单、开票,编制发货通知单,通知仓库备货和运输部门准备发货。

(3) 仓库保管员接到发货通知单,办理发货。送货单如表7-5所示。

表7-5

上海展望生物制品有限公司
送 货 单

购货单位：　　　　　　　　　　　　　　　　　　　　年　月　日

自产品名称	规　格	单　位	单　价	数　量	金　额	备　注
合计(大写)						

收货单位：　　　　　送货：　　　　　开票：

(4) 到账期由片区经理及时与经销商进行交涉,催收货款。

(5) 财务部出纳收到款项,办理货款结算。所有销售业务均由往来会计记账,进行账务处理。货款结算单如表7-6所示。

表7-6

上海展望集团有限公司(　　)款单

　　　　　　　　　　　　　　　　　　　　　　　　　　年　月　日

事由	
金额:(大写)	小写:¥

单位负责人：　　　　　部门负责人：　　　　　领款人：

销售退回

销售业务发生后,很少会发生客户退回,退货流程如图7-10所示。

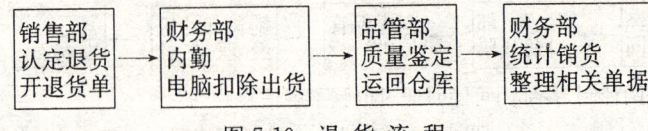

图7-10 退货流程

(1) 客户提出申请,销售部受理审核,认定退货,开退货单。
(2) 财务部内勤在电脑上扣除出货,并通知运输部门把货物运回品管部。
(3) 品管部收到退货,进行质量鉴定,随后运回仓库。
(4) 财务部整理相关单据凭证,入账。

未正常销售产品处理

由于鸡蛋是一种特殊产品,产出时不能控制规格尺寸,过大或过小的都不符合销售标准,因此每日都会有不能正常销售的鸡蛋产生。

展望生命蛋的保质期为45天,公司会在保质期到期前的规定期限内到各经销点主动换回(换货一般在夏季保质期到期前7天,冬季保质期到期前3~4天进行)。

检验不合格,或接近保质期被换回的展望生命蛋,不会流入市场,均由公司内部消化处理。一般可以食用的鸡蛋折价销售给公司食堂或集团公司的下属饭店,不能食用的则当即销毁。

(三) 销售业务会计管理制度

1. 销售预算制度

销售预算分年、季、月编制。由于绩效评估与员工工资直接挂钩,故销售预算会落实到个人(销售经理、片区经理、业务员等)。

财务部门每周末和月底都会召开例会,组织领导小组成员对实际销量与销售预算进行差异分析,寻找差异原因(市场、产品质量等)。

2. 销售定价管理

由集团公司制定产品销售价格,即批发价。财务总监可掌握一定的价格浮动范围,但这一下浮幅度只针对友好、福利等关系单位。对正常销售而言,批发价一般是不变的。

唐人健系列的市场销售价格基本按照集团公司制定。

展望生命蛋的售价遵循全市最低价批发给各大卖场原则,价格没有浮动范围,公司会给销售商提供一个建议零售价,但不参与销售商对市场销售价格的制定。

3. 货款结算管理

产品销售时,除零星出售外,一律签订销售合同。展望生命蛋属合同经销,不做代销。唐人健系列对本市均属合同经销,对外省市实行代理。

销售部片区经理负责应收账款的日常管理、催讨,财务部履行监督职能并为销售部提供必要的数据。

公司以产品销售量和换货率为依据,对客户的信用进行评估和审批,建立客户信用等级档案制度,把客户信用等级分成ABC三类,以便采取与信用等级相匹配的灵活结算方式。

公司收款一般都使用支票形式,也采用少量应收票据,其形式为商业承兑汇票,而且是无条件承兑，相当于期票。目前只有太平洋百货和第一八佰伴使用这种形式付款。

公司的销售发票、发货单、销售退回单各一式四份，分别交由内勤、经销单位、仓库和财务部。

由于公司产品全部实行代征税制度，所得税按照销售发票上记录的销售额的1‰进行征收，与净利润无关，故不需计提坏账准备。

一般2年以上，认定为无法收回的应收账款直接确立为坏账，作费用处理。

4. 销售部门人员激励制度

工资：所有员工的基本收入。

佣金：销售人员根据销售额提成。

奖金：销售部门管理人员根据本月销售额取得的奖励。

分红：年终，高层管理人员根据业绩分成，分得公司若干股，或现金奖励。

六、改进建议

（一）采购

只有及时组织好资产的采购、验收与存储等业务，才能保证生产的正常运行，降低资产采购成本，减少损失和浪费，提高资金的使用效果。为此，应加强资产购进环节的控制，其主要控制目标是，监督资产采购计划和合同的执行情况，保证资产的及时供应以及合同的如约全面履行；监督资产购进业务活动的真实性、合法性和各项管理手续的执行情况，发现核算差错，揭露违纪事项，保证资产购进核算的真实、正确，维护财经法纪，保护财产安全，促进资产购进内部会计控制系统的健全和完善；监督资产采购成本的真实性，通过核实成本，促进改善资产购进环节的管理，降低财产的采购成本。

因此，在获得了上海展望生物制品有限公司的有关资料和信息后，我们对其采购业务作出如下评价和建议：

（1）由于原材料的特殊性，采购计划的制定需要特别慎重。从公司采取年度、季度、月度各制定长、中、短期采购计划，并且每周例会上对计划作出调整，可以看出，其在采购计划方面的控制是很严格的，这对于公司作出准确的商业预测和判断是很有帮助的。

（2）公司的两大原材料供应商与其构成关联方关系，一个是同一集团下的子公司，一个是协作单位，因此在签发订购单时，不存在向多家供货单位广泛询价，比较货物的质量、价格，公开竞价的程序。集团下有多个饲料公司，因此在饲料货源方面不用作太多考虑。但是唯一的一个养鸡场给公司经营带来一定风险，一旦养鸡场遭遇不可抗力因素，无法及时交货，公司也将随之无法履行销售合约，承受重大损失。而如果通过增加协作单位来降低风险，则会加重公司的成本，因此在寻求对策的时候必须同时考虑风险、成本、效益等多方因素。

(3) 公司大量的采购是赊购,因此,在会计部门中应该设专人负责记录因采购业务引起的应付账款,从而保证准确、及时地记录负债。

(4) 发生部分到货,应准确地予以记录,并做好在途货物的监督和控制。对验收不合格的货物应送交运输部门并做好记录,运输部门负责处理需退出的货物,并做好记录。退货单、货运单等应一式多联,其中一联应送交会计部门入账。单已到、货未到时,应对购货发票进行经常的检查,以监督在途货物的送达。货已到、单未到时,应对相应的验收报告进行经常的检查。

(二) 固定资产

固定资产购进的会计控制,主要监督固定资产购进是否严格按照预算执行、验收制度的执行情况以及购入成本记录的真实性。由于上海展望生物制品有限公司的固定资产购置由总部批准,其授权和审核的控制环节是比较好的。

固定资产由公司财务部负责管理,生产部负责保管,这一点是可行的,但年终一次核对对于固定资产的管理是不够的。还应在年中进行不定期的抽查,检查固定资产是否确实用于经营活动,其性能是否正常,折旧是否充分。

(三) 存货控制重点

存货管理与生产,销售的计划和预算应协调一致。对存货库存水平进行计划和管理,以便使存货的订购成本、持有成本和缺货成本达到最理想的水平。负责存货永续盘存记录的职员应与负责采购、仓储、运输等业务的职员、存货保管人员分离。对所有存货,除了那些金额不大、重要性不高的以外,应采取永续盘存制,并及时对总分类账进行核对和调整。

存货记录由计算机处理。永续盘存记录应包含金额和数量。永续盘存记录应反映出存货收发的最新动态。合理设计存货的存放地点和保管设计。保证存货免受自然人和人为的损失。对各类存货分别指定专人进行保管。

存货的收发情况以及存货保管过程中发生的意外情况,应由存货保管人及时通知会计部门。存货保管人应在审查领料单、销售发票、发货单和提货单等单据后,才能发出存货。领料单、销售发票、发货单和提货单等单据应预先顺序编号,妥善保管,严格控制。

定期检查存货,以便及时发现存货的短缺、毁损和呆滞等情况,并及时做好有关的记录和处理工作。因存货变质、过时等原因造成的存货价值的变化,应予以合理地估计并正确地进行记录。定期(特别是在年末)对存货进行盘点。盘点由存货保管人以外的人员参与,并把盘点结果记录于盘点表。盘点表应由专人进行审核。永续盘存记录和实地盘存记录如果发生差异,应及时进行处理,处理要经审批,并正确入账。

(四) 成本管理制度

1. 实行成本管理责任制

部门经理对生产经营的经济效果负全责。财务总监协助经理组织成本管理,领导财务管理工作,并对经济效果负责。各分管经理协助经理在生产技术经营等方面采取有效的降低成本措施,并对其经济效果负责。

2. 成本的基础管理工作

(1) 目标管理:对各种原材料、低值易耗品的消耗及费用开支,按公司下达的指标结合年平均先进原则,制定目标值。

(2) 计量验收:一切物料的进出、消耗,认真验收计量。

(3) 财产物资盘存:建立健全的财产物资盘存制度,及时作出账务处理。

(4) 原始记录:对产品、物资的收发领退。财产物资的毁损等方面建立了完整的原始记录,并规定了原始记录的传递程序。

3. 计划、预测和控制

财务处根据产供销计划、上级下达的成本降低指标、各项消耗指标和费用压缩指标的要求,按年、季编制成本计划。

建立成本预算制度,把成本管理的重点转移到事前预测和过程控制上。

4. 成本考核和分析

成本考核的对象是以报告期各项成本指标与基期的差异为主,根据需要可以与同行业成本对比分析。成本分析可以是定期、不定期或是专题性的。

(五) 费用控制

管理费用包括公司发生的日常各项费用,办公室应编制管理费用月份额度计划,备用金应设专人管理,报销时由公司财务经理审批。

公司财务人员应审查管理费用当期发生额的正确性。对当期管理费用总额及各具体项目的发生额,应结合其总账、明细账和有关凭证检查其发生额正确性,查明有无开支不实。对直接据实列支的项目,应检查其支出的可靠性;对存货盘亏、毁损、报废损失,要查明毁损物的去向、残值、实际损失,以及责任人赔偿与盘盈数额是否已作了扣除。

销售费用包括销售人员的工资、福利费、差旅费,销售部门的日常开支如折旧费、设备修理费、水电费等。对于占销售费用较大部分的广告支出,在每一会计年度和季度的期初,根据当期的销售计划制定合理的广告预算,报销售主管和财务经理审批。

定期审查销售费用开支范围是否正确,对于当期销售费用的发生额,应逐项检查其支出的真实性,如对物料消耗、低值易耗品和包装物摊销费用等支出数,应根据销售费用明细账的借方本期发生数与有关部门的实物账进行核对;支付给外部单位的销售费用支出,应审查从外部取得的有关原始凭证的真实性;运输费支出应注意是否有私人夹带物品、故意选择个体运输户、抬高运价等弄虚作假、收受回扣贿赂等行为、有无借销售出差之名行旅游之实;对广告展览费应作重点审查,尤其要防止是否以广告、展示样品为名,变相为企业职工发放实物或滥送样品等。

(六) 销售

1. 完善销售预算编制体系

公司的预算编制是各部门通力合作的结果,良好的预算体系,是企业战略决策和有效经营的重要保障。由于展望生命蛋系列产品采取的是"按订单生产"的营销模式,唐人健系列产品正处于市场需求模式探索阶段,所有产品采购生产等过程都由销售量来决定,故销售预算在公司的总体预算体系中占主导地位。

公司原本的销售预算基本为上级下达,相对较为简单,不够系统化。为确保预算制度的合理有效和可实现性,建议采取从上到下,再从下到上,上下结合、循环往复的程序。

首先营销总监应根据总公司每年下达的利润指标提出年度营销目标,并分配到下属两个销售部门。销售经理根据分配目标,制定年度销售计划,并分配到下属片区经理。之后再由片区经理分解指标,落实到下属各业务员。业务员接到指标后,根据自身能力经验和了解的市场销售信息,对指标作出修改意见,呈报上级领导。片区经理结合接到的指标和下属意见,根据自身负责区域的销售状况,同样作出修改意见上报。按此层层上报到营销总监后,营销总监考虑销售部门的意见并参照市场策划部门对市场的预测,协调后修正年度营销目标,制定年度营销预算。最后由销售部门分解预算并下达到个人。

同样,每季每月都应编制销售预算。各销售部门应通过例会及时分析市场情况,每月制定销售计划。由于展望生命蛋受固定的生产周期和保质期的限制,对于市场的临时需求,销售部必须及时通知采购及生产部,确保足够的提前量。而唐人健系列上市不久,市场需求模式尚不明确,故每一季度应对年度销售计划进行相应调整。

除财务部门的例会外,建议各销售部门也应在定期例会上分析预算执行情况,寻找差异原因。根据实际完成量,对责任人进行评价,提出奖惩意见。同时还应确定在剩余时间内完成年度预算采取的措施,保证预算控制有效进行。

2. 加强销售部和财务部对销售业务分工管理

销售部门签订销售合同后应将销售合同副本交财务部备案,这样有利于财务部对销售业务的监控和核对。

由于公司销售业务由财务部内勤负责接单、开票,由往来会计记账,销售业务账务处理均由财务部负责管理,大大简化了财务部门对销售业务的审核工作。但这并不意味着实际销售额与销售部门无关,财务部和销售部应互相监督,确保销售业务的正常进行。公司实行联网控制,销售部门可随时通过电脑了解信息,关注财务部入账的准确性,并核对销售收入日报表与实际销售是否一致,发现问题及时与财务部门联系。

财务部门需定期对销售发票、发货单、销售退回单、销售合同等进行核对,并审核计算机内的数据与现有凭证是否一致。

3. 完善应收账款的风险管理制度

公司现有客户多为大型商场超市,信用相对比较好,应收账款坏账率较低,但不能据此而忽略了对应收账款的管理。

财务部应每月对应收账款账龄、欠款单位及欠款结构作一次认真分析,财务部应定期报告公司资金回笼情况,每月统计前一年度新增客户欠款情况,报有关部门备用,每半年统计新增客户欠款情况,并及时通知销售部。

除到账期向销售部片区经理提供必要的数据,帮助片区经理执行应收账款的催讨外,财务部应每月定期提供应收账款余额清单给销售部,每季度由销售部向客户至少一次寄发"催款函"。财务部每半年还应向客户寄发"对账单",负责与客户金额的核对。

4. 加强未正常销售产品管理

公司在每个养鸡场分派了一个技术员,控制产品的质量。由于每天都会有不合格的鸡蛋产生,再加上接近保质期被换回的展望生命蛋,加强对不能正常销售的鸡蛋的管理势在必行。

公司为保证产品形象和正常产品的销售,坚决不允许问题鸡蛋外流。通常公司选择把可食用的鸡蛋折价销售给食堂和下属饭店,内部消化处理。虽然是内部交易,盈亏都属公司,但并不能因此而放松了对它的监督和控制。

首先内部处理的鸡蛋应设有合理的报批制度。养鸡场技术员和销售部理货员对自己经手的不能正常销售的鸡蛋,应填写报批单,注明数量,交财务部门审批。财务部视情况组织人员鉴定,编制折价销售单据并入账。

同时财务部需对折价销售的鸡蛋制定统一单价,价格不能浮动,每次内部销售收入都应按单价×销售数量入账,确保未能正常销售的产品仍有正规的销售方式。

(本案例调查组成员:张奕　殷稼逸　周晓英　袁蔚云　王玥　缪丽艳　唐玺)

第八章 上海进道集装箱有限公司

一、公司简介

1. 公司位置

上海进道集装箱有限公司位于上海市宝山区,距虹桥机场东北方约 40 公里,上海港西北方约 10 公里。

2. 产品与生产能力

公司生产 20′、40′、40′H、45′标准集装箱和特种箱,如 48′和 53′美国国内用集装箱、垃圾箱、运车箱、侧开门箱、超宽箱等。有两班生产,年产量达 60 000TEU。①

3. 股东

股东情况如表 8-1 所示。

表 8-1

股 东 情 况

投 资 者		投资额(美元)	投资比率
进道集团	韩国汉城	10 388 000	98%
振 宝	中国上海	212 000	2%

总投资额:24 000 000 美元。

4. 公司历史

公司历史如表 8-2 所示。

表 8-2

公司发展情况

日 期	摘 要
1994 年 12 月 2 日	取得营业执照
1995 年 1 月 5 日	开始修建工厂
1995 年 5 月 1 日	开始生产
1997 年 9 月	开始两班制
1998 年 2 月	开始生产特种箱

① TEU:折合 20 英尺标准箱英文缩写标准箱位。

5. 组织结构

公司组织结构如图 8-1 所示。

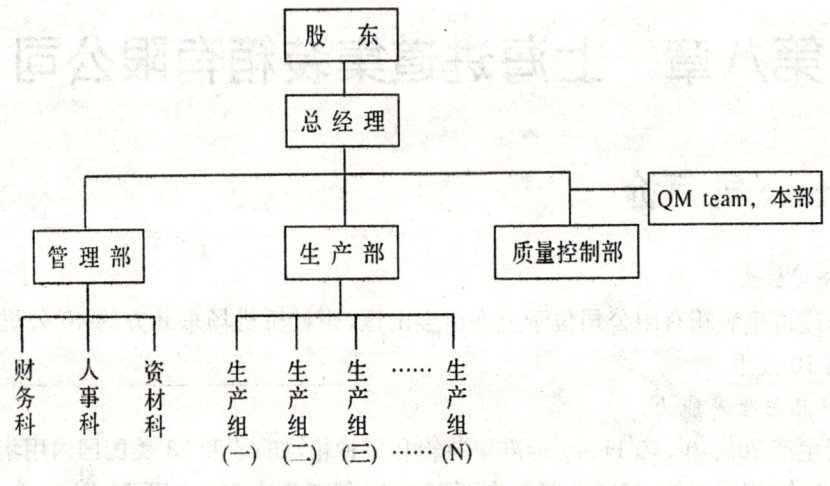

图 8-1　公司组织结构图

6. 人员

公司人员情况如表 8-3 所示。

表 8-3

公司人员情况

	办公室	生产线	总共
外国人	3	4	7
中国人	43	957	1 000
			1 007

7. 工厂面积

公司厂房面积如表 8-4 所示。

表 8-4

公司厂房面积

厂房	20 244 平方米
办公室与宿舍	2 386 平方米
仓库	1 050 平方米
堆场	75 715 平方米
总共	99 395 平方米

8. 生产记录

公司生产记录如表 8-5 所示。

表 8-5

公司生产记录

年　份	产量(TEU)	金额(1 000 美元)
1995	13 763	22 859
1996	28 813	50 792
1997	41 960	74 376
1998	48 016	71 136
1999	44 230	61 224
2000	47 388	69 923

9. 相关生产设施

公司相关生产设施如表 8-6 所示。

表 8-6

公司相关生产设施

名　称	地　址	产　　品	生产能力
广州进道	中国广州	20′, 40′, 40′H, 45′, 48′标准箱	70 000TEU
大连进道	中国大连	20′, 40′, 40′H 标准箱	35 000TEU
仁川	韩国仁川	20′, 40′, 40′H 标准箱	25 000TEU
彦阳	韩国彦阳	冷冻箱	12 000BOX

10. 材料供应商

公司材料供应商情况如表 8-7 所示。

表 8-7

公司材料供应商

钢　材	中国宝钢
	韩国浦项钢铁公司
油　漆	中国海虹涂料公司
	中涂公司
	韩国三金社公司
	韩国高丽化工公司
	韩国朝光化工公司
门用金属	苏州世珍公司
胶合板	印度尼西亚
	韩国 Eagon 公司

11. 客户

航空公司:

AML, APL, AWS, CLOWLEY, CP SHIPS, DONGNAMA, EUCON, FINNCARRIER, HANJIN, HEUNG-A, K-LINE, KMTC, LIANHUAT, MAERSK, MOL, NAMSUNG, NSCSA, NYK, P&O NED, RCL, SEABOARD, SEA-LAND, TMM, TROPICAL, UASC, WANHAI, WATERFRONT, WEC, WG&A, YANG-MING, ZIMLINE.

租箱公司:

BRIDGE HEAD, CAI, CAPITAL, CRONOS, EAGLE, GATEWAY, INTERPOOL, TAL, TEX, TRITON, UNITAS.

特殊:(48′,53′,垃圾箱,运车厢)

CPR, CSX, LIFELAST, NPR, PACER STACKER, PNEI, RABANCO, SEA STAR, VOLVO, VTM.

二、外币业务的内部控制

上海进道集装箱有限公司的外币业务包括主要外汇账户设置、经常性外汇收支及资本项目外汇收支情况等。通过企业的走访,我们进一步了解了企业外汇管理方面的情况。该公司银行外汇账户开立情况如表8-8所示。

表8-8

公司银行外汇账户开立情况

开户银行	账户性质	最高限额	币种
华夏银行上海分行	结算户	×××××××	美元
华夏银行上海分行	保证金户	—	美元
中国银行宝山支行	结算户	××××××	美元
招商银行曹家渡支行	结算户	×××××××	美元
上海浦东发展银行宝山支行	结算户	×××××××	美元
上海浦东发展银行宝山支行	保证金户	—	美元
韩国产业银行上海分行	结算户	×××××××	美元
农业银行宝山支行	结算户	××××××	美元

一般银行的外汇账户主要分为:基本户、贷款户、资本户和保证金户。基本户除了一些基本业务的核算外,如果贷款户余额不足的话,还可以用来还贷款。但是,其他账户的

用途不可混淆,即不可以串户。在第一阶段报告中曾提到,该公司曾在2002年受到过外汇管理局的罚款处罚,其主要原因是:把其他账户用于还贷款,违反了外汇管理局的有关规定。

对于外汇业务,公司同样采用银行对账单制度。其具体流程如图8-2所示。

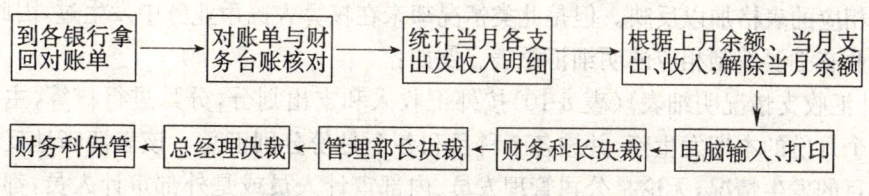

图8-2 公司银行对账单制度流程

进口付汇业务中非常重要的一部分是进口信用证T/R业务,即根据买卖双方签订的合同和开证申请书到银行开立信用证,持单据(合同、发票、提单)到银行,填写核销单和报关单至外汇管理局核销。其具体流程如图8-3所示。

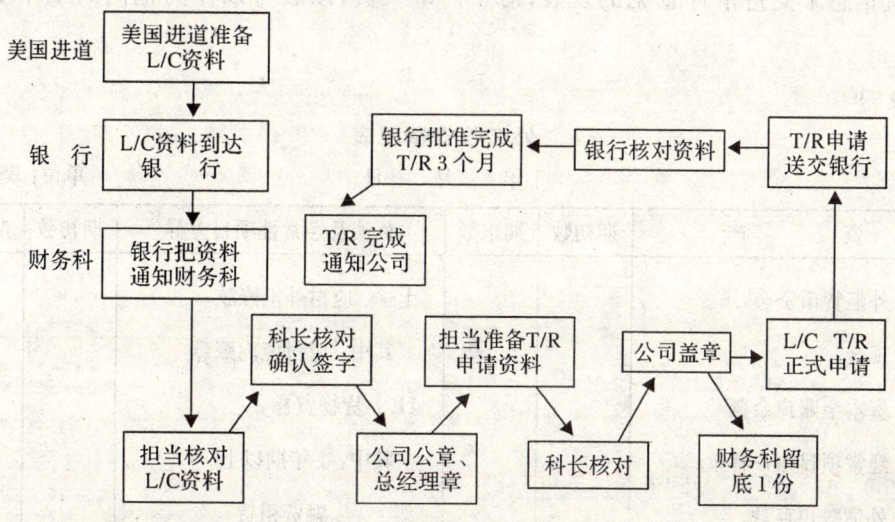

图8-3 公司进口付汇业务流程

从总体情况看,该公司的外汇管理基本符合外汇管理局的相关规定,但仍存在部分需要改进的地方。具体有以下几点:

(1) 对于银行对账单制度的管理,公司采取的是由出纳到银行取对账单,之后交于会计进行分析。然而,较为合理的做法是应该由会计到银行取对账单而非出纳,以防舞弊。该公司对于其做法的解释是,出纳经常去银行,让他(她)直接取回十分方便,可以免于会计人员再去。但是,他们忽视了其中串通舞弊的可能性,即银行和出纳共同造假。此类事件并非没有先例,故希望该公司在这方面予以改进。

(2) 公司外币业务主要设置的账户有：银行存款、应收账款、短期借款、应付账款、应付工资、长期借款等，并与非外币的各相同账户分别设置，分别核算。对于外汇结算制度，均符合外汇管理局的相关规定，也符合企业会计准则中有关外币业务的相关准则；但是，该公司并没有对当期发生的业务记录明细账，尤其是对于单个科目的月度或季度汇总都没编制相应的表格加以反映。但是此类情况却未在核算人民币业务中发生过，因此，我们认为企业有必要编制相应的明细汇总表。例如：

《外汇收支情况明细表》(表 8-10)按外汇收入和支出划分，分月进行核算，主要反映的是各个月份的本期发生额，并按各个科目和各个月份分别汇总。该表清晰地反映了当期各科目的发生情况，无论是公司管理人员、内部审计人员或是外部审计人员，都可一目了然。《外汇收支情况表》(表 8-9)类似于资产负债表，资产合计与负债及经常项目差额合计应相等，并且各科目的归类也是符合资产负债表划分的。该表的主要用途体现在内部审计和外部审计中：在进行年度外汇情况审计时，外部审计人员可以较容易地获得相关证据和信息来支持审计意见的发表；对于内审人员，该表可以作为他们的工作基础和依据。

表 8-9

外汇收支情况表

年　月　日　　　　　　　　　　　　　　　　　　　单位：美元

资　产	期初数	期末数	负债及经常性项目差异	期初数	期末数
一、外汇货币资金			十一、应付外汇账款		
1.1 现金			其中：应付境内账款		
1.2 资本金账户余额			11.1 货物贸易		
1.3 经常项目账户存款			其中：1年期以上		
1.4 外债账户存款			融资租赁		
1.5 其他账户存款			11.2 服务贸易		
二、应收外汇账款			其中：1年期以上		
其中：应收境内账款			11.3 其他应付款		
2.1 货物贸易			其中：1年期以上		
2.2 服务贸易			十二、预收外汇账款		
2.3 其他应收款			其中：1年期以上		

(续表)

资　　　产	期初数	期末数	负债及经常性项目差异	期初数	期末数
三、预付外汇账款			十三、应付外籍人员工资		
四、应收外汇股利			十四、应付外汇股利		
其中：应收境内股利			其中：1年期以上		
五、境外投资			十五、境外借款		
其中：固定资产			15.1 金融机构借款		
无形资产			15.2 关联企业借款		
六、境内外汇投资			15.3 其他借款		
七、非外汇形式资产			15.4 发行债券		
7.1 人民币			十六、境内外汇借款		
7.2 固定资产			其中：境内外汇金融机构借款		
7.3 无形资产			十七、应付外汇利息		
7.4 资本对价转移			其中：应付境内利息		
7.5 单方面资本转移			十八、实收境外资本		
7.6 其他			18.1 外国直接投资		
八、结购汇差额			18.2 外国证券投资		
九、汇率折算差额			十九、实收境内外汇资本		
十、其他资产			二十、经常项目差额		
资　产　合　计			负债及经常项目差额合计		

附注：1. 对外担保本年新增担保金额：＿＿＿＿＿＿美元，对外担保本年减少担保金额：＿＿＿＿＿＿美元；
　　　　　对外担保年末余额：＿＿＿＿＿＿美元；
　　　2. 按股权或约定比例计算外方所有的未分配利润年末余额：＿＿＿＿＿＿美元；
　　　3. "其他资产"占"资产合计"：＿＿＿＿＿＿％。

表 8-10

外汇收支情况明细表

年　　　　　　　　　　　　　　　　　　　　　　　单位：美元

	1月	2月	3月	4月	5月	6月	7月	8月	9月	10月	11月	12月	合计
期初余额													
收入													
销售收入													
押汇借款													
利息收入													
借款收入													
保证金收入													
转汇													
购汇													
小计													
支出													
支付材料款													
利息支出													
工资支出													
海运费													
检查费													
借款偿还													
手续费支出													
保证金支出													
转汇													
结汇													
小计													
合　计 （期末余额）													

以上两张表格相结合,更是可以发现症结之所在,使公司管理层可以有效地进行防弊查漏,从而加强内控设置,或是改进和调整相应会计环节,以保证业务从发生到最终结算都能真实、客观。

远期合同是一种在合同订立时生效,规定外汇买卖数量、交割期及汇率,到合同约定日再行交割的外汇交易。它一共分为三种,即以投机为目的的远期合同、对国外企业净投资或可确认的外币承诺进行套期保值的远期合同,以及既非投机也非套期保值的远期合同。鉴于该企业大量发生外币业务,根据其实际情况,我们曾建议他们采用和银行签订远期合同的方式进行套期保值。于是,企业需要满足两个条件:

a. 被指定或实质上等于外币承诺进行套期保值的外币业务;

b. 确定的外币承诺。

但是,当我们把这个建议告知企业时,他们却连连摇头,原因有三:

第一,企业虽然大部分购销合同均为境外活动,但根据自己的特点,企业的大部分合同来源来自总公司,很少有自主签订的境外合同。此外,合同自签署到开始履行的时间间隔较短,而在此期间的利率浮动不大,故没有必要靠签订远期合同来避险。

第二,对于远期合同的套期保值,企业考虑得最多的当然是风险。套期保值的风险性是不言而喻的,汇率浮动可能朝着有利方向,当然也会朝着不利方向发展。鉴于此,企业采取了稳健的方式进行处理,避免了不必要的风险承担。

第三,由于企业是分公司的性质,其自主权受到一定限制。而对于像签订远期合同这样重大的决定,企业尚无法作出,于是,要报总公司批准才可以执行。即使得到总公司的同意,最终的操作也将由总公司统一完成。因此,企业无法独立签订远期合同。

鉴于以上三点原因,我们认为,关于远期合同的建议在该企业行不通。但由于这是我们设计过程中的一部分内容,故在报告中如实反映。

三、存货的内部控制

(一) 进道公司存货的会计制度

1. 存货的取得

(1) 公司购入的存货包括为销货或为作为生产产品而必须的库存资产,有商品、制品、版制品、原辅材料、包装物及在途材料等。

(2) 存货的成本确定包括:买价、运输费、装卸费和仓储费。

(3) 取得价值。适用《外商投资企业会计制度》第二十三条。

(4) 存货的领用或发出。领用或发出的存货的计价方法:加权平均法,其中,数量采用留存记账簿与永续盘存制相结合方法。

(5) 低值易耗品和周转使用的包装物,周转材料领用时的摊销方法:一次性摊销。

(6) 收入:在库时,按实际数量将经 QC 部门检验合格的货物按 CODE(编号)计入材料账;付出:材料部门在货物出库时按 CODE(编号)以实际数量计入材料账。

2. 存货的盘点

存货是有定期盘点的。

每年存货盘点 12 次,分别是在每月月初,由资料科的人员负责盘点,在发生盘盈、盘亏、毁损等现象时应编制报告并认证查明原因后进行会计处理。

3. 存货的内控系统

进道公司有以下 14 个存货内控环节:

(1) 存货只有在收到经批准的领货单后才可流出。

(2) 对于毁损的、过时的以及闲置的存货要进行监管。

(3) 存货的销账要经过相关负责人的批准。

(4) 存货的收到和发出须在存货记录卡上反映,并且要与领货单以及存货购入时所记录的金额前后对照。

(5) 保存并汇总所有的存货记录。

(6) 存货记录总额要与单个存货记录相对比,对于不符合的要究其原因。

(7) 实际存货水平与账面金额要经常对照,并且要由独立于仓库部门以外的人来进行,对于不符合的要究其原因。

(8) 每年至少盘点一次存货。

(9) 各个部门要各司其职,做到权责分离。

(10) 从供应商处购得的存货要经过检验部门验收后方可入库。

(11) 所有购入的存货最终都要入库,并在收到后进行记录和监管。

(12) 存货应该存放在安全的地方,以防止毁损和偷盗。

(13) 存货要归类存放,类别的确定要有标准可以参照。

(14) 应该对存货的存取进行严格限制,无关人员不得任意存取。

(二) 实地调查结果

在与进道公司财务主管见面之后,我们对进道公司有了进一步的认识。我们注意到进道是一个制造型企业,这一点没错。但是它又是特别的制造型企业。它的总公司在韩国,在中国只是一个加工生产基地,绝大多数的产成品是运回韩国的。因此,进道没有很多的存货,它们的生产是来订单后再生产,生产后由总公司安排运回韩国,所以进道在上海,没有存货水平控制,不划分直接和间接成本,没有存货跌价准备是合理的。因为不需要这些,因此,进道上海——这个有些特殊的中外合资的制造企业,它的存货的会计制度,总体而言,是合理的。

四、生产成本的内部控制

(一) 成本和费用会计制度

1. 成本
(1) 直接材料费：指构成产品实体或有助于产品形成的各项原材料和外购半成品。
(2) 直接工资：直接从事集装箱生产的工人工资。
(3) 制造费用：工厂及工厂管理部门发生的与生产有关的各项费用。

2. 费用构成项目
(1) 销售费用：产品销售过程中发生的各项费用。
(2) 管理费用：为公司的管理和周转而发生的费用。
(3) 财务费用：金融及财务活动中发生的费用。

3. 费用区分标准
由当期成本费用或由以后各期负担的成本费用要区分清楚，不许有意将发生期提前或延后。

4. 成本核算
(1) 计算方法：简单综合成本核算。
(2) 费用分配标准：
● 直接材料、劳务费：直接分配到所生产的产品成本中(TYPE)。
● 制造费用：以生产工时或材料费标准分配。
● 外加工费用：直接分配到所生产的产品中。

(二) 实地调查结果

1. 直接材料
上海进道集装箱有限公司直接材料的数量、品种都很多。生产部门在领用材料时，填制领料单。发出材料时采用计划成本法，归集材料费用时再调整为实际成本。若领用的材料多余，生产部门会办理退库手续。财会部门会根据领、退料凭证编制材料耗用汇总表。

2. 直接人工
生产工人参与生产，生产部门保存关于考勤方面的原始记录。向工人发放工资时编制工资结算凭证。

3. 间接制造费用
各部门发生的间接费用均要填制申请单。对于大的生产用的固定资产，公司编制固定资产折旧计算表。

4. 产品产出

产品完工填制入库凭证交仓库验收入库保管,并且入库单只在仓库保存。公司根据入库单汇总编制产品入库汇总表。对于废品的处理问题,公司采用的方法是:若可修复,退回有关生产工序进行修复;若不可修复,则予以报废。对于已销售的产品,公司编制产品出库明细表。

5. 成本核算

公司产品生产工艺过程属于成批生产,成本核算方法是品种法。成本计算对象是集装箱,以月份为单位计算成本。公司编制成本计算单。相关的成本项目有材料费、劳务费及经费(制造费用中除去人工费用的部分)。

共同材料按材料定额耗用量分配,共同工资按工时比例分配,制造费用也按工时比例分配。

企业在产品数量一般,生产均衡,月末在产品稳定。占产品成本较大比重的是材料。在产品成本按实际投产产量计算。

另外,公司采用标准成本会计制度。公司根据正常生产水平制定标准计划,每月编制损益(实际与计划)对比表以分析差异。

(三) 会计内部制度问题及建议

通过调查,我们发现该公司的成本核算会计制度比较简单概括,在很多方面都没有具体阐述,缺乏对成本核算工作进行监督控制管理。比如:

(1) 制造费用中低值易耗品如何摊销,待摊费用、预提费用如何分配等问题企业没有相关政策;

(2) 该企业产品完工入库单的保存存在弊端;

(3) 企业的辅助生产车间生产费用的分配方法有待进一步确定;

(4) 尽管采用了标准成本会计制度,成本核算缺乏责任制度等等。

详细的会计制度可为日常的工作提供参考及指导,也可为成本核算的监控提供标准。因此,我们在实地调查进道公司的实际情况之后,对其原有的制度进行了分析和改进,设计了更加详细有效的新的内部控制制度(部分内容沿用原会计制度)。

五、成本核算内部控制制度设计

(一) 成本管理制度

1. 公司实行成本管理责任制

(1) 总经理对生产经营的经济效果负全责。财务部主管协助经理组织成本管理,领导财务管理工作,并对经济效益负责。各部门主管协助总经理在生产技术经营等方面采取有效的降低成本措施,并对其经济效果负责。

(2) 财务部内设置成本管理和成本核算岗位,专门负责成本管理工作。

(3) 生产车间和主要辅助生产车间设置专职或兼职成本核算员,负责编制车间成本计划,计算车间生产成本,组织班组核算。

2. 强化成本的基础管理工作

(1) 目标管理:对各种原材料、燃料、动力、低值易耗品的消耗及费用开支,按公司下达的指标结合年平均先进原则,制定目标值。

(2) 计量验收:一切物料的进出、消耗,认真验收计量,办理入出库手续,并经常进行维修校正。

(3) 财产物资盘存:建立健全财产物资盘存制度,及时作出账务处理。

(4) 原始记录:对产量、质量、消耗、物资收发领退,在产品半成品的转移,产成品入库与发出,财产物资的毁损等方面建立完整的原始记录,并规定原始记录的传递程序。传递程序除入库凭证应在仓库、生产车间、财会部门、采购部门保存外其他同原制度。

(5) 内部计划价格:对各种互供的原材料制定内部计划价格。

3. 成本计划、预测和控制

(1) 财务部根据产供销计划,上级下达的成本降低指标,各项消耗指标和费用压缩指标的要求,按月编制费用计划。

(2) 建立成本预测制度,把成本管理的重点转移到事前预测和过程控制上来。

4. 成本计划、预测和控制

成本分析对象是以报告期各项成本指标与机器的差异为主,根据需要可与同行业成本对比分析,成本分析可以是定期、不定期或是专题性的[损益(实际与计划、实际与同业、实际与基期)对比表如表 8-11 所示]。

表 8-11

损 益 对 比 表

成本项目	基 期		计 划		同 业		实 际	
	RMB	比率	RMB	比率	RMB	比率	RMB	比率
卖出额								
销售成本								
费用								
利润总额								

(二) 成本核算制度

1. 生产成本核算的基本原则和方法

（1）按公历月度为成本结算期。

（2）由于集装箱生产工艺具有成批生产的特点，成本核算方法是品种法。

（3）凡属二级核算的辅助车间向其他部门提供劳务或动力，一律按计划单价进行一次核算，计划单价应定期调整，使计划价与实际趋于接近。

（4）企业在产品数量一般，生产均衡，月末在产品稳定。生产车间的产成品与半成品结算一律按实际成本，并根据加权平均法进行计价。

（5）占产品成本较大比重的是材料。在产品成本按实际投产产量计算。

2. 成本核算对象和项目

（1）成本核算对象：集装箱。

（2）产品的成本项目：

a. 原料及主要材料。主要原材料：钢板、油漆。

b. 燃料及动力：水、电、煤气。

c. 生产工人工资：指直接从事生产的生产工人工资，金额由公司财务部根据实际发放的工资总额列支。

d. 提取的职工福利费：指直接从事生产的生产工人工资总额按14％的比例提取的福利费用用于职工福利。

e. 制造费用：

工资：车间管理人员工资。

折旧：车间范围内全部固定资产按核定的分类折旧率提取的折旧费。

大修理费：大修理费用年度计划按月提取，年终按实际发生额调整入账。

消耗材料：固定资产为维持正常生产进行维修所耗用的材料、物资或增添的低值易耗品等。

固定资产：中小修理费。

劳动保护费：按规定发放的劳动保护用品，包括清凉饮料。

运输费：根据需要委托厂内外运输部门短驳、吊装材料或设备而发生的费用。

f. 管理费用：

保险费：管理部门应承担的财产物资保险费。

文具事务用品：刻图章、账册、报表。

差旅费：市内交通费（市内）、因公出差的各项差旅费（市外）。

国内外差旅费的开支要本着勤俭节约的精神。

i. 临时出国标准参照财政部、外交部的有关规定。

ii. 国内出差按公司制定的差旅费标准执行。
业务招待费：公司为业务经营的合理需要而支付的费用。
资料费：书报、杂志、图纸。
排污费：超过上级环保部门的污染排放标准所支付的费用。
仓库费用：整理仓库产品及材料入库前准备工作所发生的费用。
工会费用：工资总额的2%。
福利费：管理人员工资总额的14%。
工资：管理部门工资及成本开支的节约奖。
水电气：管理部门所发生的水电气费用。
劳动保护费：劳防用品、清凉饮料及其劳防赔偿收入。
材料产品（盘盈）：按规定批准的核准数。
材料产品（盘亏）：按规定批准的核准数。
坏账损失：按规定批准的坏账损失。
各种税金：印花税、房产税及车辆牌照税。
医疗保险：按工资总额一定比例计提。
公积金：按工资总额一定比例计提。
递延资产摊销：按一定使用年限分摊。
无形资产摊销：按一定使用年限分摊。
低值易耗品摊销：实行一次摊销法。

g. 财务费用：指为筹集生产经营所需资金而发生的费用，包括利息收入、汇兑损益及相关的手续费。

(3) 下列支出不得计入成本费用。

a. 为购置和建造固定资产、无形资产和其他资产的支出。

b. 对外投资和支出。

c. 被没收的财物，支付的滞纳金、违约金及企业赞助、捐助支出。

d. 国家法律、法规规定以外的各种付费。

e. 国家规定不得计入成本、费用的其他付费。

3. 生产费用的核算

(1) 材料进价成本分为国内购进进价成本和国外购进进价成本。

a. 国内购进成本包括进价、增值税、各项费用。

b. 国外购进成本包括进价、进口税金、购进价差。

购进折扣、退回和折让冲减进价成本。根据发生的能直接认定的进口佣金调整商品进价成本。

(2) 生产费用的归集。（制造成本计算表沿用原样式见附七）

a. 共同材料按材料定额耗用量分配。
b. 共同工资按工时比例分配。
c. 制造费用按工时比例分配。

六、税务业务的内部控制

实地调查后得知进道公司财务科5个会计人员,其中1个专管税务。管理内容有:进项税、出口退税、个人所得税。因为是出口退税,所以各公司没有销项税。在计算个人所得税时,要兼顾工资的费用分析。

(一) 个人所得税

个人所得税缴纳的基础是企业员工和管理人员的每月基本工资和薪金。它的正确计算显得比较重要。通常在进道公司,现场工人的工资和薪金是生产部门根据工时乘以每小时工费计算出来的,每小时的工费是事先与工人签订好的。而工时是根据工作单据记录上的数目,这个数目我们估计不太会低估,因为员工会发现。它倒是有可能会被高估,以此来减少所得税的缴纳,或者这个数目被生产部门高估来分享更多的工资。对于后一种情况,财务科的这位税务会计人员会对生产部门的工时作一个分析,他的分析过程是这样的:首先会对期初期末库存以及本期集装箱的销售进行计算以得出本期生产额。一般来说,在生产力不变的情况下,一定的生产额与工时之间有对应关系,对于这种关系税务管理人员是有经验的。他们可以大致估计出本期现场工人的总费用的正确与否。所以这一环节上不太会有出错。

那么,企业财务科是否会夸大管理人员的每月基本工资和薪金来逃税呢?让我们先看看这样做企业是否有动机。如果是一个大公司,因为每月的个人所得税额很大,那么,它虚报一定的数额很难发觉。进道公司的个人所得税额每月只有73 301.24元,在这样的数目下,虚报几千元是得不偿失的。

所以在个人所得税这项上,该公司的会计制度是比较完善的,也不存在什么大的漏洞。

(二) 增值税

进项税在购买原材料的时候加进买价中一并缴纳。根据每笔业务的适用税率,只要知道采购总额就可以知道本期进项税发生额,加上上期留抵的税额算得应抵扣税额合计数。此数与本期销项税额合计比较,哪一个大就是本期实际的抵扣税额。由于进项税额牵涉到卖方企业,如果进道公司虚增进项税,那么就会和对方企业的销项税不符,除非对方企业与进道公司有不同寻常的关系。这不在我们的审查范围之内。

关于出口退税，销项税额是其中一大环节。这个环节，在我们了解下来之后，是今后企业会计制度建设的重点环节。为了更深入地探讨，我们先来看看销项税产生的过程。由于该企业的产品是100％出口，享受出口退税政策，那么外管局就很关心该公司的销售额。也就是会对本期销售额进行核销。因为企业可能会光有销售发票而没有把货运出去，以此来骗取出口退税。那么怎样确定本期销售额100％都是真实的呢？也就是既有真实的销售又把销售的货物运往国外了呢？我们知道货物要运往国外必须经过海关进行报关，取得报关单，海关再根据该企业的发票单核销，产生一种叫水单的单据，它可以证明销售额的正确性。公司就拿着水单到外管局退税。经过我们小组的了解，在这一过程中会发生问题的环节在核销上。也就是发票数额与报关数额不一致。原因有可能出在运输费上。有这样一个例子：2002年进道公司运输费单价报关，但运输费由于某种原因没付出去，由韩国总部代付。于是产生核销问题了。这种问题只有留待下次报关时再调整报关额。当然还有其他原因。由上所述，建议进道公司在核销的环节上加大管理力度，尤其要注意这样的小费用的支付。

(本案例调查组成员：石毅　王祁　吴晨　肖祺敏　谢娟　张斯思　朱惠莉)

第九章　上海东芝电梯有限公司

一、公司简介

上海东芝电梯有限公司(Shanghai Toshiba Elevator Co. Ltd.)是由东芝电梯株式会社在华投资建立的独资企业。该公司主要从事"东芝"牌电梯、自动扶梯的设计、制造、销售、安装及维修保养，并且建立了一个有特约代理及经销的网络。

该公司于1994年1月18日在中国上海市注册成立，注册资本为1 600万美元，总投资2 850万美元。公司位于中国上海市宝山区蕴川路685号，占地面积113 576平方米，拥有员工500余人，其中技术人员180人。

1999年，上海东芝电梯有限公司获得国际认证机构英国LRQA颁发的ISO9001国际质量认证证书，2002年获得ISO14001国际环境管理体系认证证书。

上海东芝电梯有限公司的经营理念是以人为本，追求卓越。该公司采用具有国际先进水平的TOPS系列电脑控制交流变频变压(VVVF)调速系统和TC系列自动扶梯技术，并自行开发研究了VVVF控制的新梯种，于1999年获上海科技成果奖。

上海东芝电梯有限公司的服务宗旨是精益求精、尽善尽美。该公司实行销售、设计、制造、安装一条龙服务，并拥有一整套的检测系统，产品具有完善的售前和售后服务网络，以及30多家代理商。

上海东芝电梯有限公司简要组织结构如图9-1所示。

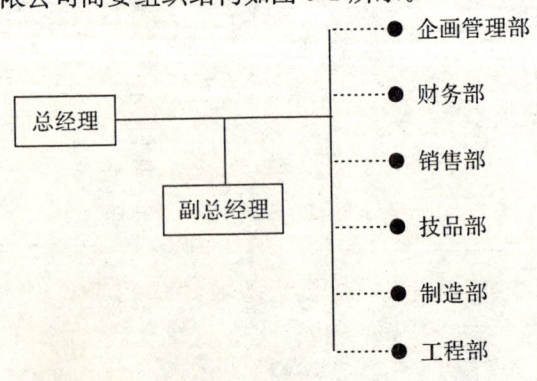

图9-1　上海东芝电梯有限公司组织结构图

二、主要会计政策

上海东芝电梯有限公司按照中华人民共和国财政部制定的《企业会计制度》的各项规定,进行经济业务的会计处理和会计报表的编制,其采纳的主要会计政策列示如下:

1. 会计期间

该公司以公历制为会计期间,即以日历1月1日至12月31日为一个会计年度。

2. 记账本位币

该公司以人民币为记账本位币。

3. 记账基础和计价原则

该公司的会计核算以权责发生制为基础,各项财产物资按取得时的实际成本计价。

三、货币资金内部控制制度

(一) 计划与组织

为了加强货币资金的管理,保证货币资金的安全,降低货币资金使用成本,降低企业财务风险,上海东芝电梯有限公司制定了以下制度。

1. 货币资金类别

该制度所指的货币资金,包括现金、银行存款、其他货币资金及现金等价物。现金指企业库存的现金,不包括企业各部门借用的、尚未报销的备用现金。银行存款指企业存入银行和其他金融机构的各种存款。其他货币资金是指企业的外埠存款、银行汇票存款、银行本票存款、信用卡存款、信用证保证金存款等其他货币资金。现金等价物是指该公司持有的期限短、流动性强、易于转换为已知金额现金、价值变动风险很小的短期债券投资,迄今为止该公司尚未持有现金等价物。

上述货币资金均包括人民币和按国家有关法规允许企业保留的外币。东芝电梯的外币业务按业务发生当月1日的外币汇率(指由中国人民银行公布的外币市场汇价中间价,下同)将外币折合成人民币入账。期末对外币货币性资产负债账户中的外币余额按期末日汇率重新折合人民币,此数额与原人民币账面余额的差额,在该公司筹建期间记作"筹建期间汇兑损益",于该公司正常生产起摊销,列入损益;在该公司正常生产后记作"财务费用(汇兑损失)",直接列入当期损益。对于实收投资方投入资本的各项外币投资业务,则以第一次投资日的汇率将各次外币投资折合人民币记入"实收资本"账户,此数额与用投资当日汇率折算人民币数额的差额,记作"资本公积"。

2. 权责分离

东芝电梯货币的资金内部控制制度具有以下基本要求：

(1) 货币资金收支与记账的岗位分离；

(2) 货币资金收支的经办人员与货币资金收支的审核人员分离。

3. 预算管理

货币资金应实行预算管理。由企业负责人根据经营计划提出年度预算要求，由各职能部门提出本部门预算，经财务部门审核、综合平衡后，报企业负责人批准下达部门执行。在预算内的支出，根据授权范围，由业务部门负责人审核批准使用；超过预算的支出，由业务部门提出追加预算，按预算批准程序批准后执行。对于投资和融资另按有关内部控制制度编制可行性研究报告，经审核批准后纳入预算管理。

（二）授权与批准

货币资金的管理实行授权原则。各级负责人的批准权限，根据其责任大小确定，正常经营活动收支批准限额大于非正常经营活动收支限额。

部门负责人的权限由企业负责人决定，企业负责人权限由董事会或投资人决定。

（三）实施与执行

东芝电梯的货币资金管理遵循国务院、财政部、中国人民银行、国家外汇管理局等主管部门颁布的《现金管理暂行条例》、银行结算办法和外汇管理办法等各种法规和规章，东芝电梯正确地使用各种银行结算工具，并按照规定核定库存现金限额，按现金收付范围使用现金。

按照内部牵制的原则，出纳员负责保管银行支票等有编号的银行结算凭证、库存现金，具体办理银行结算和现金收付。出纳员不兼任稽核、会计档案保管和收入、支出、费用、债权债务账目的登记工作。银行结算凭证上使用的印章由支票专用章和私章组成，支票专用章由出纳员保管，私章由企业负责人或其授权的其他人保管。

货币资金的收支以合法的原始凭证为依据。经办人员根据合法的原始凭证填列必要的内部凭证，在预算范围内根据授权原则由各级负责人对收入、支出的合法性、真实性、合理性审批后，到财务部门办理收入和支出手续。财务部门主管会计人员对业务部门的收入、支出的原始凭证的合法性、真实性和合理性进行复核。对于非法的支出，会计人员拒绝办理；对于合法但明显不合理的支出报告企业负责人处理。会计人员根据经过审核的原始凭证编制记账凭证，作为出纳员办理收付的依据。

公司内经常发生的日常零星费用报销由出纳员在审核原始凭证合法性、真实性与合理性基础上，编制记账凭证，并直接办理货币资金的收付。记账凭证及其所附原始凭证事后经会计人员复核、签章确认。经常发生零星费用报销的部门，经过批准后借用定额备用金。定额备用金应专人保管,保管人员工作变动时,及时退回备用金。每年年终,财务部门全部收回定额备用金,次年再借。

东芝电梯设置订本式的银行存款日记账、现金日记账,按银行账户、币种分别核算货币资金的收入、付出和结存余额,保证全部收支及时、准确地入账。日记账日清月结,做到及时掌握银行存款余额,防止透支。

控制现金坐支,当日收入现金及时送存银行。出纳员每日盘点现金,并与现金日记账余额核对相符。月末,会计人员将现金、银行存款、其他货币资金总账余额与出纳员的银行存款日记账、现金日记账、其他货币资金日记账核对相符。

出纳员在月末将银行存款日记账与银行存款对账单核对,若有未达账项的则编制银行存款余额调节表。如果经过调整账单仍然不相符的则查明原因,及时处理。对于未达账项,查明原因,督促有关责任人员及时处理。

外埠存款、银行本票存款、银行汇票存款、信用卡存款、信用证保证金存款等其他货币资金均参照银行存款进行管理。出纳员将以公司名义开设的信用卡对账单与其他货币资金的信用卡存款明细账按月核对。对于已支用而尚未报销的费用将督促信用卡使用人及时报账。

(四) 监督

会计部门负责人对库存现金不定期地进行检查,以保证现金的安全。会计部门负责人每月检查账单核对情况,发现问题,及时纠正。会计部门负责人对未达账项组织清理,并及时处理。

东芝电梯加强了对货币资金收支业务的内部审计。货币资金的管理纳入企业内部审计的重要内容。该公司定期审计货币资金内部控制制度的执行情况,审计货币资金的收入、支出的合法性、真实性和合理性,审计货币资金保管的安全性。

货币资金内部控制的流程如图9-2及其说明:

(1) 对于外来和自制的原始凭证,由业务经办人员审核其是否合法、真实、合理。如不合法、不真实或者不合理,则经办人员将其退回;如符合合法、合理的要求,则填制收、付款申请单一式三联,其中第一联自行留存,第二、第三联交公司负责人及其授权人审批。

(2) 公司负责人及其授权人根据公司经营、财务和现金预算,再次审核原始凭证的合法性、真实性和合理性。如审核不通过,则退回业务经办人员;如认为其合法、真实、合理,则在凭证上签字后,交业务经办人员。

(3) 公司会计主办人员对经过公司负责人及其授权人审批同意的收、付款申请单及所附原始凭证的合法性、真实性、合理性进行审核。对于他认为不合法、不真实、不合理的原始凭证,视其程度,分别提请公司负责人或其授权人再次审查;对于符合要求的收、付款申请单及所附原始凭证,则据以编制连续编号的记账凭证,将记账凭证连同收、付款申请

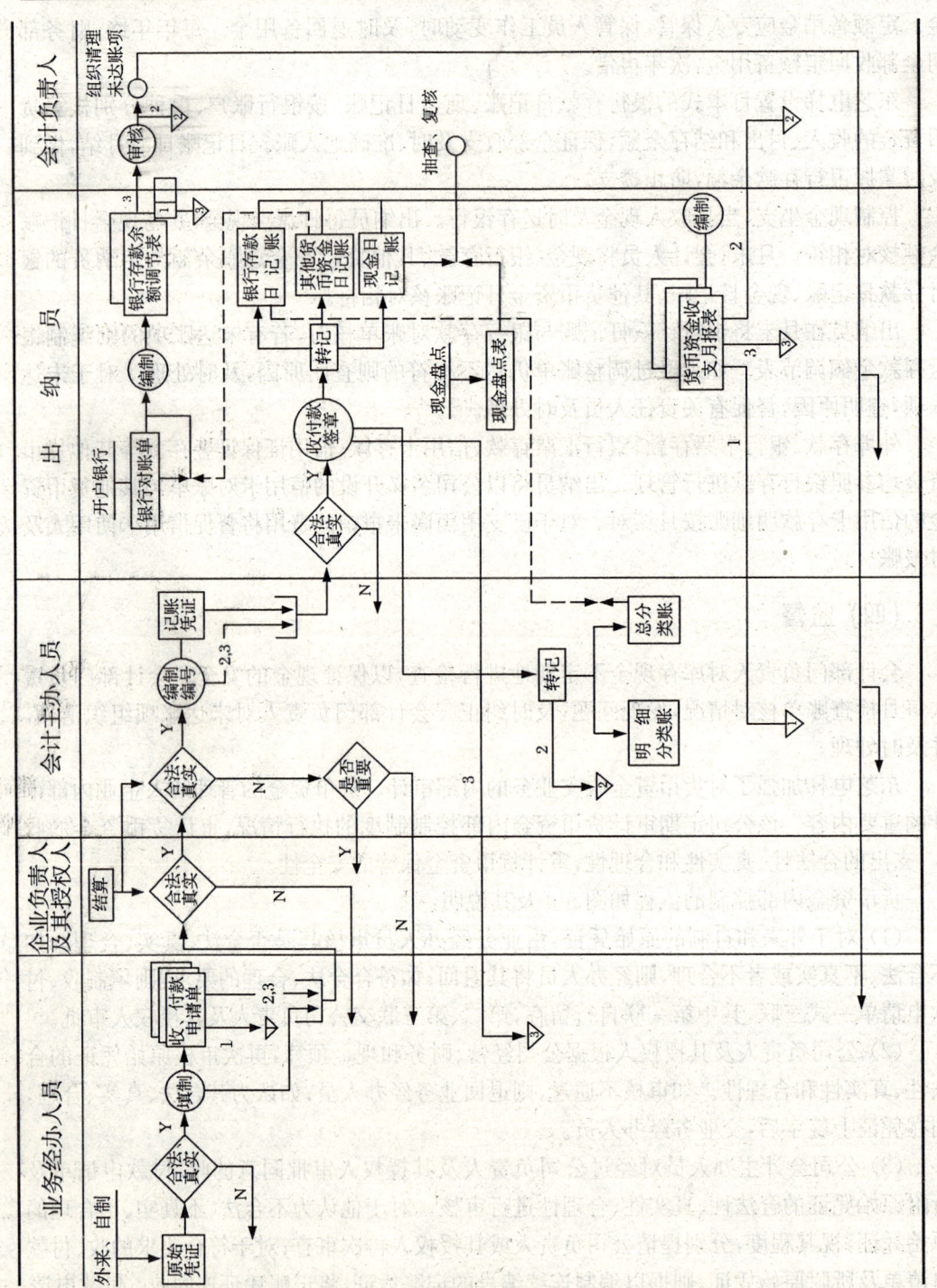

图 9-2 货币资金内部控制流程图

单第二、第三联及其原始凭证送交出纳员。

（4）出纳员对记账凭证及所附单据合法性、真实性、合理性进行复核。如认为不合法、不真实、不合理，则提请公司会计主办人员再次审核；对于合法、真实、合理的凭证，则予以办理收付，并要求有关经办人员在收、付款申请单上签章。然后，出纳员在收、付款申请单上加盖"现金收讫"或"现金付讫"章。根据记账凭证及所附的原始凭证，登记现金、银行存款和其他货币资金日记账。已加盖收讫、付讫章的收、付款申请单第三联退回业务经办人保存。

（5）出纳办理收付业务后，将会计凭证交给公司会计主办人员，据以登记明细账和总账。已加盖收讫、付讫章的收、付款申请单第二联作为记账凭证的附件保存；月末，会计主办人员将总分类账有关账户与现金、银行存款和其他货币资金日记账核对。

（6）出纳员每天收付工作结束时盘点库存现金，编制"现金盘点表"，并与现金日记账的余额核对。同时会计负责人定期或不定期对库存现金进行抽查。

（7）出纳员根据现金、银行存款和其他货币资金日记账的记录，编制"货币资金收支月报表"一式三份。其中第一联送交会计主办人员审核，第二联送交会计负责人，第三联留底。

（8）出纳员根据开户银行提供的银行对账单，编制银行存款余额调节表一式两份，送交会计负责人审核（审核后一联留存于会计负责人处，一联作为会计档案保管）。会计负责人对银行对账单与银行存款日记账、其他货币日记账核对的情况及银行存款余额调节表进行审核。对于未达账项组织出纳员、会计员和业务经办人员进行清理。

四、采购与付款内部控制制度

东芝电梯的采购与付款制度中，其所述采购包括原材料、固定资产、办公用品等货物采购以及劳务采购。

（一）计划与组织

上海东芝电梯有限公司在每年末由各使用部门提出下一年度的采购计划，由预算组审核评定，形成公司采购计划。上海东芝电梯有限公司是家从事大批量生产且较稳定的企业，公司按订货点法及经济批量法制定最低存量及订货批量计划。根据企业具体情况，将年度采购计划分解为季度、月度阶段计划，并且将该计划下达至使用部门、采购部门、仓储部门。

由相同的服务机构或公司所提供的诸如公用事业、期刊杂志、保安等服务项目以及办公用品的采购，公司制定一次性计划。临时性采购虽较难列入年度计划之中，但公司事先也制定了计划。

为了防止舞弊现象的出现,公司将采购与付款中的不相容职务分离,其中包括:
(1) 付款审批人员和付款执行人员不能同时办理寻求供应商和索价业务;
(2) 采购合同的洽谈人员、订立人员和采购人员分别由多人担任;
(3) 货物的采购人员不担任货物的验收工作;
(4) 货物的采购、储存和使用人员不担任账务的记录工作;
(5) 接受各种劳务的部门和主管这些业务的人员同账簿记录人员分离;
(6) 审核付款的人员同付款人员职务分离;
(7) 记录应付账款的人员不同时担任付款业务。

(二) 授权与批准

年度采购计划由使用部门提出,经由使用部门经理、相关职能部门经理、分管领导组成的预算组审核,最后由企业管理当局审批。若因生产结构调整或临时采购等特殊原因,需修改年度计划或制定临时计划的,应提出充分的理由并经企业管理当局审批。

公司是按最低存量及经济订货批量控制的原材料等进行采购,采购申请由仓储部门提出采购申请,并得到适当的授权审批,采购部门根据经过批准的请购单进行采购。

供应商的选择、招标、比价、调整与确定,都经过公司管理当局批准,采购时与供应商订立合同,合同的订立人员均经过特别授权。重大合同的签订由企业管理当局批准。

常规采购由财务部门审核相关单证后付款。超过限额的采购付款由企业管理当局特别授权。因质量问题发生退货或折让,根据金额大小,由部门负责人或企业管理当局授权执行。

(三) 实施与执行

1. 采购申请按不同种类的采购分别采用不同的方法进行控制

(1) 原材料的采购申请,由材料保管人员提出采购申请,由材料仓库负责人签字同意,交采购部门。

(2) 固定资产的采购申请按年度预算方案,由使用部门提出,经企业管理当局同意,交采购部门。

(3) 临时性物品采购,由使用部门提出采购申请,并详列采购需求的原因及要求,由使用部门负责人签字核准,交采购部门。金额较大时由企业管理当局审批。

(4) 保险、广告、咨询等劳务的采购,由职能部门指定的专门人员提出采购申请。该类采购申请附拟选择的供应商并列示服务要求及收费标准(两家以上供应商),由企业管理当局进行审批,同意后直接实施。

采购部门在接到请购单后,检查请购数量是否在控制限额的范围内以及请购单是否经适当的人员签字同意。如果认为请购合理,则按所掌握的市场价格,对采购所需资金作出估算并签字后交财务部门核准。财务部门检查请购单是否符合企业经营目标和原制定的资金预算范围，签字后交采购部门办理订货手续。

对第三条所列项目的采购，除非是初次需要或发生特殊情况，一般不需办理请购手续，由原办理该项业务的责任人员直接向有关的服务机构或企业提出继续服务的要求。

上款所列项目在初次需要或发生特殊情况时，由接受服务的部门提出申请，部门负责人签字后交财务部门审批后直接实施。

2. 采购时按询价、选择供应商、订立合同等几个环节进行控制

(1) 采购部门接到经财务部门审批后的请购单，根据请购单对请购物品数量、质量的要求，向不同的供应商（要求两家以上）进行询价。询价的内容包括价格、质量指标、折扣和付款条件及交货时间等。根据不同供应商所提供的资料，选择有利于企业生产和成本最低的供应商。

(2) 向确定的供应商发出订购单并签订购货合同。订购单事先按顺序编号，列示内容要适当。订购单分送请购部门、收货部门及财务部门，购货合同分送财务部门。

(3) 固定资产、专项物资、大宗原材料的采购涉及金额较大，发出订单之前经实地查看或取样。

3. 验收时按以下几个环节进行控制

(1) 收货部门在货运单上签字之前，通过计数、过磅或测量等方法来证明货运单上所列示的数量，同时在可能的范围内对货物的质量进行检验（检验有无因运输损失而导致的缺陷等）。

(2) 对货物的质量检验需要有较高的专业知识或必须经过仪器才能进行检验时，由质检部门进行检验，并在检验报告单上签字，该报告单构成收料单内容。

(3) 每项收到的货物都在检验之后填制事先按顺序编号的收料单。收料单包括供应商名称、收货日期、货物名称、数量和质量以及运货人名称、原订购单编号等。收料单分送采购部门、财务部门。

(4) 经验收合格的货物交适当场所存储或直接交使用者。

4. 采购部门在接到收料单后，若发现货物数量和质量不符合订购单要求，应及时与供应商联系，并分别情况按以下程序进行控制

(1) 数量不足一般要求供应商予以补足。质量上的问题，决定是退货或要求供应商给予适当的折让。

(2) 采购部门决定退货，编制退货通知单，授权运输部门退回，在获得运输部门的退货凭单后编制借项凭单。借项凭单内容包括供应商名称、退货数量、价格、日期以及金额计算等。运输部门的退货凭单同时送财务部门。

(3) 如采购部门向供应商提出折让要求，当合适的折让金额经双方确定后，即编制借项凭单。

(4) 发生退货与折让均取得供应商开出的红字发票。

(5) 退货通知单、借项凭单、红字发票均送财务部门。

5. 付款以经核对、核准的单证为依据进行控制

(1) 财务部门在接到收料单后,与购货合同、发票核对,按照合同规定的付款条件付款并登记有关账簿记录。

(2) 对要求预付款的大额采购,按合同规定的付款条件预付款,在接到收料单后与预付账款明细账核对,按合同规定的付款条件结清余款。

(3) 对涉及退货及折让的采购,财务部门在接到采购部门开来的借项凭单后,与购货合同、收料单、发票、退货通知单及红字发票核对,按修改后的付款金额、付款条件付款。

(4) 劳务采购将采购合同、使用部门经办人与部门负责人签字后的发票和请购单核对后按合同规定的付款条件付款。

(5) 其他经批准后直接实施的采购付款比照上述几款执行。

(四) 监督

采购部门及时处理请购单,对过去因各种原因未能填制订购单而被积压下来的请购单,定期进行复查并处理。对于经常发生的大批量的货物采购,公司在编制年度计划时拟定可选择的供应商范围,采购部门询价及采购在该范围内进行。

在订购单向供应商发出前,由专人检查该订单是否得到授权人签字,是否有经批准的请购单作依据。由专人复查从请购单上摘录的资料、有关供应商的主要资料、价格、数量和金额的计算等。其中价格根据过去经验确定的标准或平均价格相比照,保证订购单的正确性。

采购部门建立采购档案,定期对未完成的订购单进行分析。财务部门定期与供应商对账。对已记录的负债及时付款,以获得现金折扣,加强同供应商的良好关系和维持公司的信用。定期检查付款的明细账和有关文件,以防失去可能的现金折扣。

采购与付款内部控制流程如图9-3及其说明:

(1) 当生产所需的某些原材料低于一定额度,仓库保管人员提出请购单,由仓储部门主管或其授权人员审核是否合理并签字认可。请购单包括两联:一联送批;另一联由申请部门存档。

(2) 仓储部门与材料保管账核对,审核是否合理,由仓储部门主管或其授权人员签字认可。

(3) 采购部门在接到请购单后,与采购计划核对,审核采购申请的合理性,对合理的采购申请所需资金进行估算,由采购部门主管或其授权人员签字认可。

(4) 财务部门在接到采购申请后,与资金预算进行核对,审核其合理性并由部门主管或其授权人员签字认可。

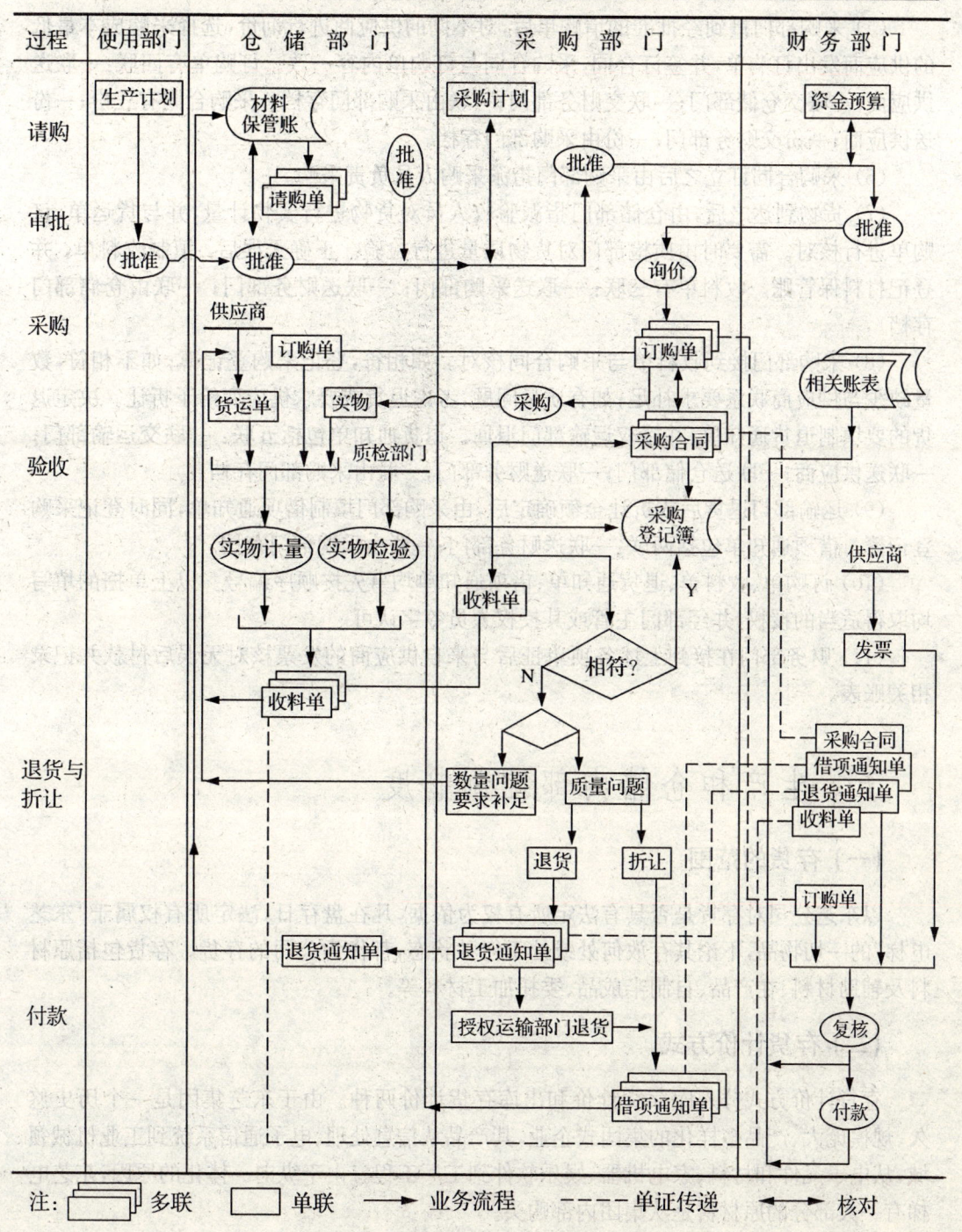

图 9-3 采购与付款内部控制流程图

(5) 采购部门接到经批准的请购单后,对不同的供应商进行询价,选择采购成本最低的供应商发出订购单,并签订合同,采购合同与订购单内容一致。订购单有四联:一联送供应商;一联交仓储部门;一联交财务部门;一联由采购部门存档。采购合同有三份;一份送供应商;一份交财务部门;一份由采购部门存档。

(6) 采购合同订立之后由采购部门指派采购人员负责采购。

(7) 货物到达之后,由仓储部门指派验收人员对货物进行实物计量,并与货运单、订购单进行核对。需要时由质检部门对货物质量进行检验。正确无误后,填制收料单,并登记材料保管账。收料单有三联:一联送采购部门;一联送财务部门;一联由仓储部门存档。

(8) 采购部门接到收料单与采购合同核对。如相符,登记采购登记簿;如不相符,数量缺少与供应商联系要求补足;如有质量问题,考虑退货或要求供应商给予折让。决定退货的要填制退货通知单,并授权运输部门退回。退货通知单包括五联:一联交运输部门;一联送供应商;一联送仓储部门;一联送财务部门;一联由采购部门存档。

(9) 运输部门退货后或折让金额确定后,由采购部门填制借项通知单,同时登记采购登记簿。借项通知单包括两联:一联送财务部门;一联由采购部门存档。

(10) 订购单、收料单、退货通知单、借项通知单均事先按顺序编号。以上单据的填写均取得适当的授权,并经部门主管或其授权人员签字认可。

(11) 财务部门在接到上述各项单证后与来自供应商的发票核对无误后付款并记录相关账表。

五、生产和仓储内部控制制度

(一) 存货的范围

以东芝公司对存货是否具有法定所有权为依据,凡在盘存日,法定所有权属于"东芝电梯"的一切物品,不论其存放何处或处于何种状态,都作为公司的存货。存货包括原材料及辅助材料、在产品、自制半成品、委托加工材料等。

(二) 存货计价方式

存货计价方式分入库存货计价和出库存货计价两种。由于东芝集团是一个历史悠久、规模庞大、产品多样化的集团式企业,其产品从信息处理、电子通信系统到工业机械领域,从电子元件和材料、家电机器、娱乐软件到工厂工程。由于纵向一体化的原因,东芝电梯有一大部分的原材料是从集团内部购买。

(1) 入库存货的计价——以购入或生产时的实际成本计价。

a. 外购存货应该按其原价加上运输费和缴纳的税金。
b. 自制存货包括制造过程中所耗用的材料、工资费用、税金、运输费等。

（2）出库存货的计价——以加权平均法确定。简单、易于操作；存货流动性较快，几乎没有积压现象。

（3）年末对存货按照成本与可变现净值孰低法计价。对于可变现净值低于其账面成本的部分，计提存货跌价准备，计入当期管理费用。（符合谨慎性原则）

在访问中，东芝电梯的综合业务推进部部长大木茂生先生很形象地和我们说："东芝电梯的前身是磁悬浮列车，就是把磁悬浮列车竖起来。"所以东芝电梯的一系列管理，包括存货的管理大致都是沿袭东芝对磁悬浮列车的生产模式。

（三）与存货相关的职责部门

东芝电梯根据物资采购计划、资金筹措计划、生产计划、销售计划等，制定了仓储计划，并合理确定原材料、在产品、库存商品等的比例。

生产和仓储业务中不相容的职务的分离，包括：
（1）计划的编制者与审批者分离；
（2）实物的验收保管与记录分离；
（3）审批发料者不担任存货保管员；
（4）存货盘点由保管、记账及独立于这些职务的其他人员共同进行；
（5）若某些职位空缺或相关人员临时外出，由指定替代人员或临时人员负责，避免暂时的职责重叠。

上海东芝电梯有限公司中与存货相关的各部门包括：
（1）物管科（物料管理科）：对公司存货管理负主要责任。存货的收、发、存数量由物管科全面负责。
（2）制造各科：对公司存货中的现场物品，即在制库存负责，保证现场物品能满足制单需要：若有多余，及时办理退库手续；若不足，及时办理领料手续（每月至少盘点一次，保证实物与在制库存一致）。
（3）生管科（生产管理科）：负责公司的存货总体水平，存货周转率，周转次数的掌控。
（4）保养科：负责公司的工程部仓库，物料的收发存数量，保证账实一致。
（5）财务科：负责存货成本的核算，每月提供存货明细表给制造部。

根据成本效益原则，东芝电梯在确定组织机构和人员分工时一方面除了保证与其他各部分内部控制制度的衔接及配合，另一方面要尽量减少重复建设和重复劳动。从精简企业组织机构的角度看，我们认为东芝的保养科可以和物料管理科相合并，这样一方面精简了组织机构，另一方面减少了重复劳动。

（四）存货的内部控制制度

上海东芝电梯有限公司是属于东芝集团在中国成立法人机构的与当地合办的一家中日合资企业，其入库的原材料有很大一部分是东芝集团自己生产的。虽然在同一个集团下，但东芝电梯作为一个独立核算的企业，其入库环节的存货内部控制制度还是十分完善的。

1. 入库环节的内部控制制度（由物料管理科负责）

（1）物料管理科在接收外购货物时，首先，检查订货合同、入库通知单、供货单位提供的材质证明书、合格证、装箱单、磅码单、运单、提运通知单等原始单据之间及与待验货物之间是否相符。其次，对待验货物进行数量复核和质量检验，必要时要送交技术部门或请专家协助进行。

（2）对验收后数量相符、质量合格的货物办理相关入库手续；对验收后不符要求的货物，及时退货或索赔。

（3）对不经仓储直接投入生产的货物，检验订货合同，供货单位提供的材质证明书、合格证、装箱单、磅码单、运单、提运通知单等原始单据之间及与待验货物之间是否相符。

（4）物料管理科对接收的货物按类别、编号、名称、规格型号、计量单位、单价、金额等设置存货实物明细账，并定期与财务科核对。对会计期末货物已到、发票未到的收货，可暂估入账。

（5）退料或退件的入库相关事项见下文。

2. 生产环节的内部控制制度（由生产管理科和制造各科负责）

制造各科根据经批准的生产指令安排生产，并制定生产过程中投料、加工、检验、交付等不同环节之间的信息流、物资流及凭证流的传递方式和内部控制结点：

（1）生产过程中的内部控制环节和程序不干扰正常的生产经营活动，需考虑相关人员的可接受性、具体实施的可操作性及持久性。

（2）制造各科负责生产现场的材料、低值易耗品、半成品等物资的管理。

（3）生产部门会计期末如有已领未用的材料结存，可办理假退料（见下文）手续。

（4）生产过程中建立健全原始记录，包括设备使用、物资消耗、费用开支、劳动考勤、生产成果等记录。

值得一提的是东芝电梯有限公司的生产是采用日本企业常用的流水线生产及看板管理，作为一个制造业的企业，公司的生产场地和大多数器械制造公司一样，其特别之处在于东芝电梯有限公司在地上用不同颜色的线划分出不同的生产工序所占用的场地，一般工人进行操作时不允许踏入与自己不相关的生产场地。公司在各个生产场地中心还安置了一块黑板大小的木板，上面记录了每个员工的出勤率、完成指标的情况、个人负责的产品的优良率等。

在东芝电梯的精密器械组装部门中,每个人都严格控制自己的工作范围,每个工作区的上方都有一块黄色的塑料板,上面标明了生产一个精密零件的标准时间及上个星期完成的状况(包括完成的平均时间和合格率等)。根据完成状况不断调整标准时间,以求工作效率的最大化。

3. 仓储环节的内部控制制度

(1) 物料管理科根据业务需要统设仓库或分设仓库。如果有必要分设仓库,不同仓库之间的物资流动也办理出入库手续。

(2) 物料管理科对仓储的物资按照所要求的储存条件储存,并建立和健全防火、防潮、防鼠、防盗和防变质等措施。

(3) 仓储的物资由物料管理科的责任保管员控制,严格限制接触存货,入库存货及时记入收发存登记簿,并详细标明存放地点。

(4) 保管人员经常对存货实物进行检查,发现存在损坏、变质或长期积压的存货时及时汇报,待批准后作出处理。

(5) 贵重物品、生产用关键备件、精密仪器和危险品的仓储制度的要求高于普通存货:缩小接触范围、严格审批制度、加强实物管理等。

(6) 东芝电梯存货定期盘点制度。具体盘点时,要详细制定盘点计划,合理安排人员,有序摆放存货,保持完整盘点记录,及时处理盘盈盘亏。必要时,也可临时突击盘点。

4. 出库环节的内部控制制度

货物发出时,以经审核的领料凭证为依据,并确保与之完全相符。

库存商品发出时,先由销售部门或制造各科开出发货通知凭证,仓储部门再据此发货,并定期将发货记录同销售部门、制造各科及财务科核对。

(五) 存货的盘点及(期末)计量

(1) 东芝电梯有限公司存货的盘点,其盈亏金额占存货金额小于等于3‰时报经营会议审批,财务数据进行账务处理,大于等于3‰时报董事会审批。

(2) 盘盈、盘亏、损毁的存货,按实际成本计。

a. 盘盈:冲减当期的管理费用。

b. 盘亏:减去赔偿金之后计入当期管理费用;由自然灾害造成的,计入当期营业外支出。

(3) 公司存货的计量采用永续盘存制。

(4) 存货跌价准备按照单个存货项目计提。

(六) 退料或退件的处理

退料:制造现场退料,需填制"补入库单",并说明退料原因。

假退料:当公司在月末盘存时有多余的原材料,但下个月需要继续使用时,可以办理"假退料"手续,办理入库单及出库单,但原材料不需要再经过入库再出库的步骤。

退件:如正常退货,仓储部门根据销售部门填写的产品退货凭证办理退库手续,对拟入库的商品仍需进行验收。

若由于产品质量问题而退货,查明退货原因并分清责任归属,对劣质品可选择修复、报废等处理方法。

材料收发业务内部控制流程如图9-4及其说明:

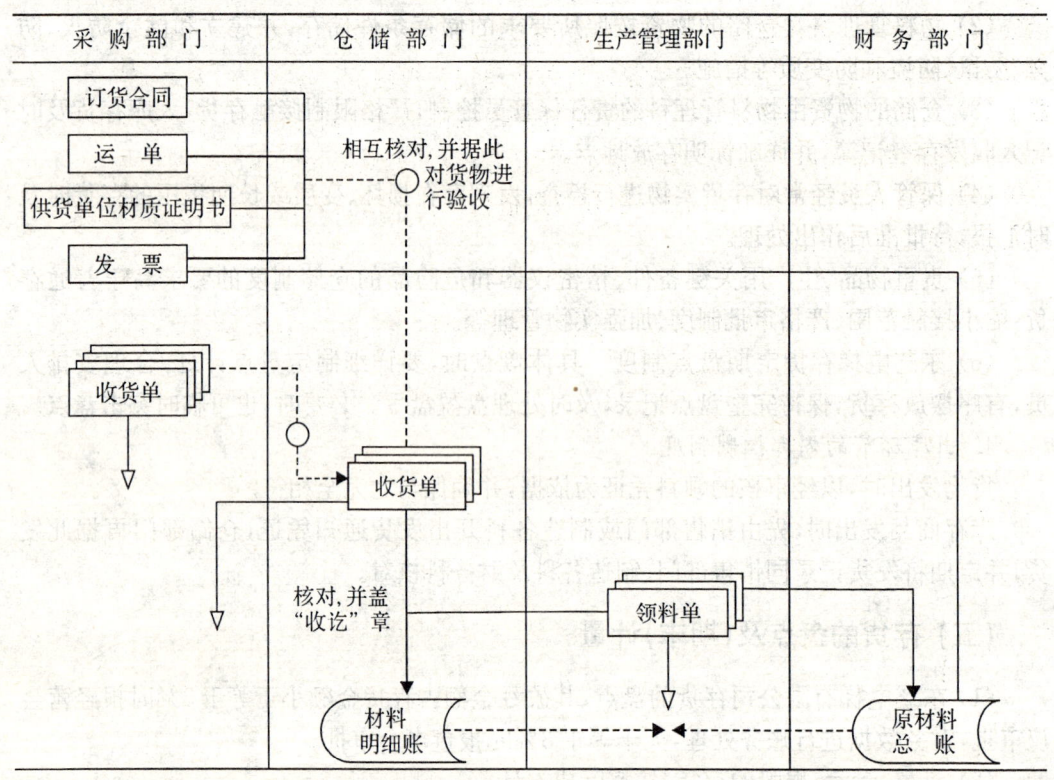

图9-4 材料收发业务内部控制流程图

(1) 采购部门依据发票填制收货单。收货单一式四联,其中一联由采购部门归档,另外三联交仓储部门。

(2) 外购货物到达后,采购部门将订货合同、运单、供货单位材质证明书、发票一并交仓储部门。仓储部门将以上文件与收货单相互核对,并对货物进行验收。核对无误后将合同、运单、材质证明书、发票交还采购部门。同时货物入库后在收货单上加盖"收讫"章。加盖"收讫"章的收货单,一联交还采购部门用于注销合同,一联留仓储部门登记明细账,另一联交财务部门登记账簿。

(3) 生产管理部门依据生产指令编制领料单。领料单一式三联，一联由生产管理部门归档，一联交仓储部门登记明细账，另一联交财务部门登记总账。

(4) 材料明细账定期与材料总账核对。

生产业务内部控制流程如图9-5及其说明：

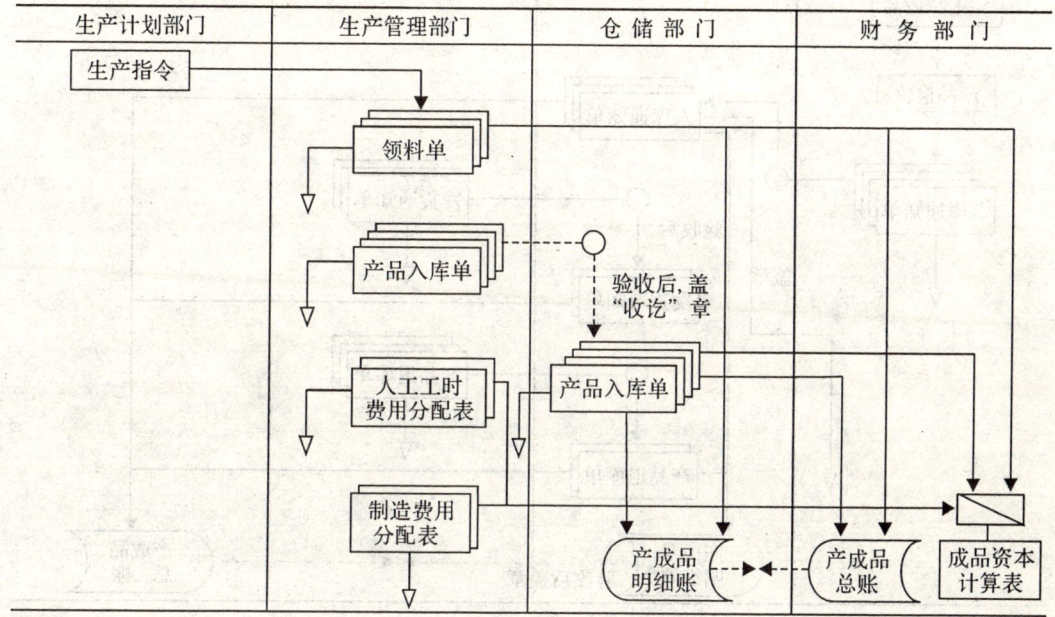

图9-5 生产业务内部控制流程图

(1) 生产计划部门下达生产指令给生产管理部。

(2) 生产管理部门依据生产指令填制领料单。领料单一式三联，其中一联由生产管理部门存档备查，一联作为领料凭据交仓储部门登记明细账，另外一联在发料后交财务部门登记账簿和办理成本核算。

(3) 生产管理部门根据产品完工情况填制产品入库单。产品入库单一式四联，一联由生产管理部门存档，其余三联随同产品交仓储部门验收，并盖"收讫"章。盖完"收讫"章的三联入库单，一联返还给生产管理部门，一联留仓储部门登记明细账，另外一联交财务部门进行成本核算、登记账簿。

(4) 生产管理部门根据工时耗用情况填制人工工时费用分配表。分配表一式两联，一联由生产管理部门存档，一联交财务部门进行成本核算。

(5) 生产管理部门根据设备的使用情况及制造费用耗用记录填制制造费用分配表。分配表一式两联，一联由生产管理部门存档，一联交财务部门进行成本核算。

(6) 财务部门依据领料单、人工工时费用分配表、制造费用分配表和产品入库单编制产品成本计算表，并进行成本核算。

(7) 仓储部门登记的成品明细账定期与财务部门的成品总账核对。

库存商品收发业务内部控制流程如图9-6及其说明：

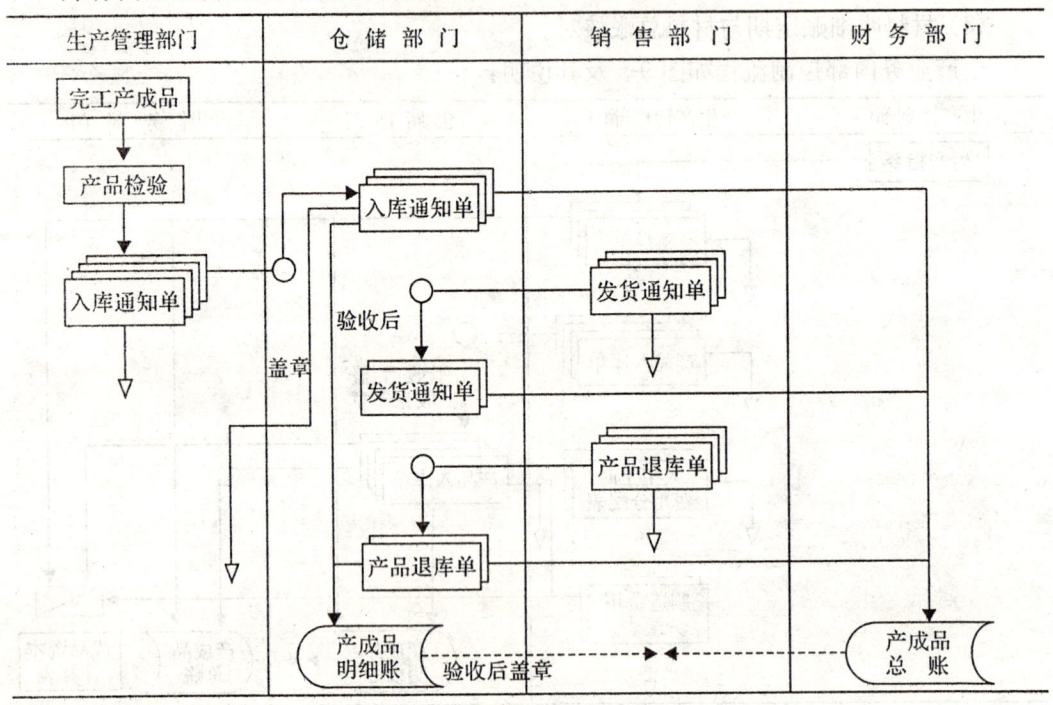

图9-6 库存商品收发业务内部控制流程图

(1) 生产管理部门对完工的产成品进行质量检验,并对质量合格的产成品开出入库通知单。入库通知单一式四联,一联由生产管理部门归档,另外三联随同产成品一起交仓储部门。

(2) 仓储部门对交来的完工产成品进行数量和质量两方面的检验,验收后在入库通知单上加盖"收讫"章。其中一联交回生产管理部门存档,一联留仓储部门,登记明细账,另外一联交财务部门登记账簿并进行成本核算。

(3) 销售部门根据销售情况开出发货通知单,发货通知单一式三份,一份销售部门归档备查,另外两份交给顾客作提货之用,顾客提货时将两联发货单交仓储部门,仓储部门审核无误后盖章。盖章后的两联,一联由仓储部门留存,并据以登记仓库明细账,另一联在产品发出后交财务部门登记账簿。

(4) 销售部门填写产品退库单。退库单一式三联,一联由销售部门归档,另外两联随同退回的产成品一起交仓储部门。仓储部门检验无误后盖章。盖章后的两联退库单,一联由仓储部门登记明细账,另一联待产品退库后,交财务部门登记账簿。

(5) 产成品明细账与产成品总账定期核对。

六、成本核算与内部控制制度

(一) 成本核算概况

(1) 合同价:指设备合同、安装合同、技术指导、电梯保养合同等标明的合同价。

(2) 销售净额:即销售收入。公司收入目前分设备收入、安装收入、技术指导收入、保养收入等。

$$设备、保养收入=合同价\div 1.17$$
$$安装、技术指导收入=合同价$$

(3) 成本的构成内容:

a. 直接材料:即材料成本,是为生产某一产品耗用的材料,材料成本=耗用材料数量×材料单价,数量以实耗量为准,材料单价计算方法为加权平均法。某一合同的材料成本以合同号归集,即该合同耗用的所有材料数量乘以该材料单价即为该合同的材料成本。

b. 直接人工:即生产工人的工资,以每月实际发放的生产工人工资统计。工时以实际完工产品的实际工时统计,目前公司以制造通知完工单统计。

$$直接人工分配率=本月实际直接人工\div 本月完工产品实际工时$$
$$某组件分摊的直接人工=该组件的实际生产工时\times 直接人工分配率$$
$$某合约分摊的直接人工=该合约自制半成品已分摊的直接人工之和$$

c. 制造费用:核算企业为生产产品和提供劳务而发生的各项间接费用。东芝电梯公司每月按实际发生数归集,每月月底金蝶系统会产生制造费用明细表。技品部、制造部发生的制造费用归集为工厂制造费用,分配到自制半成品成本中;工程部发生的制造费用分配到安装、保养合同中。

$$制造费用分配率=本月工厂制造费用\div 本月完工产品实际工时$$
$$某组件应分摊的制造费用=该组件的实际生产工时\times 制造费用分配率$$
$$某合约分摊的制造费用=该合约自制半成品已分摊的制造费用之和$$

d. 货款成本:特定合约进口成本。

e. 分包款:安装合同以一定比例(通常为3∶7)分包给客户的金额。包括1年免费保养款,通常为安装合同总价的10%,适用于合同价中包含安装款的合同。

f. 其他。

i. 运保费:仅适用于合同价内含运保费。

ii. 差旅费:适用于工程合同。

iii. 预估成本:在某合约实际出货时,由于物管账外原因造成的成本偏低而按同一规格结案合约的历史成本预估。

上述 a+b+c+d+e+f＝某合约的成本。其中，a、b、c 为成本的三要素；d、e、f 为满足管理要求而特设，随着管理的加强有所增删。

(4) 毛利＝销售收入－销售成本。

(5) 成本计算方法：实际成本法、订单法与逐步结转法并用。

(6) 工厂制造费用、直接人工在完工自制半成品中分配。

(二) 成本会计制度

(1) 东芝电梯公司对于成本会计事务处理准则及程序，除普通会计事务处理准则及程序和法令，公司章程另有规定外，均按本准则及程序处理。公司的成本会计事务由企划财务部成本组处理。本准则所称成本系指制造产品、供应劳务之一切成本支出。公司的成本计算方法采用分批成本法；成本结算期间以每月计算一次为原则；公司成本会计科目，系按产品及合约分别设明细子目。

生产或劳务单位费用发生时，由发生部门提供原始凭证（如领料单、费用支出凭证等）送财务部审核后，按其内容分别记入会计科目，开具记账凭证。

公司各班组之制造须根据制造通知单，凡工作程序不同之制造，需分别开列，不得混淆，制造完成时通知有关单位。

(2) 成本依生产或业务性质不同，分为：

a. 制造成本：产品自开始生产至产品完成可供销售所发生之一切成本，包括材料、直接人工及制造费用。

b. 安装成本：提供安装服务所发生的一切成本。

c. 保养成本：提供定期或临时保养维修服务所发生的一切成本。

(3) 东芝电梯各类成本，按权责发生制计算，成本由材料、人工、费用所组成。

a. 直接材料：凡直接供应生产，可直接计入产品或劳务成本之材料。其领退料手续，依公司仓储管理办法之规定办理。结算成本时，以实际耗用量为准。

b. 直接人工：为直接从事生产及供应劳务的劳力报酬。每月一次按当月直接人工总成本除以直接人工总工时求算直接人工分配率，乘以某组件或某合约的直接人工工时，分摊入组件及合约成本。

c. 制造费用：指为生产产品和提供劳务而发生的各项间接费用。每月一次按当月制造费用总成本除以直接人工总工时求算费用分配率，乘以某组件或某合约的直接人工工时，分摊入组件及合约成本。

(4) 材料成本的处理：

a. 材料的请购、领用、保管、退料、盘盈（亏）及废料等的处理，依公司材料管理办法办理。

b. 成本组依"验收入库单"编制收料报表。借"原材料"，贷"应收账款"，并将数量及金额分别登录于材料明细账。

c. 材料领用根据生管组开立"用料单"办理。仓库根据领料单发料，发料数量不得超过核准的数量，成本组根据"领料单"分别汇总处理编制传票。借"在制品——直接材料"，贷"原材料"等。

d. 材料领用的计价方法采用月加权平均法。月加权移动平均单价＝（上月存料金额＋本月进料金额）÷（上月存料数量＋本月进料数量）。

e. 月终成本组依电脑资料列印出当月份之存货明细表，存货按实际成本计价。

f. 材料盘点采用实地盘点制，每年6月、12月共两次。对于盘损材料由物管出具报告，说明原因，并由上级主管追究责任，在扣除过失人或者保险公司等的赔款和残料价值之后，计入管理费用——存货盘亏；由于非常原因造成的净损失，计入营业外支出；盘盈的材料冲减"管理费用"。

（5）人工成本的处理：

a. 人工成本指直接或间接参加生产或提供劳务而支付的一切报酬，管理及销售部门的人员不在此范围内。人工成本核算范围包括技品部下属技术科的电设组、机设组、图设组、扶梯组，技品部下属品管科的电梯一组、电梯二组、扶梯组、电气组，制造部下属的制造科和安装部的安装科、质检科、保养科的员工的工资及福利费用。

b. 人工成本采用考核卡记录，工时按月统计、归集、分摊。东芝电梯的厂房中央的考核板上，详细记录了每个员工的出勤率、完成指标的情况、个人负责的产品的优良率等，便于公开、透明地核算人工成本。并且每个工作区里的标牌写明了标准完成工时，此工时按照平均水平设置，大多数工人能够完成，同时根据工人熟练度的提高，不断下调标准完工时间，从而能够有效地控制人工成本。

c. 人工成本依人事部门每月编制的"薪资汇总表"区分为直接人工或间接人工。电梯组、扶梯组、安装科、保养科人员的工资计入直接人工。

d. 制造产品的工时以制造通知完工单上的实际工时统计。安装保养的工时由工程部事务单位提供。

e. 直接人工成本之计算采用实际人工分配率乘以实际工时。

（6）制造费用的处理：

a. 制造费用指在生产或提供劳务过程中，除直接材料及直接人工所发生的一切费用。制造费用核算范围包括技品部下属技术科的技术企划组，技品部下属品管科的QA组，制造部下属的生产管理科，以及工程部下属的企划管理科发生的成本、费用以及员工的工资及福利费用。

b. 东芝电梯公司的制造费用，分类如下：

i. 直接制造费用：制造费用中能直接计入特定个别产品成本者。

ii. 间接制造费用：制造费用中不能或不便直接计入特定个别产品成本者。

c. 直接制造费用发生时即直接计入特定个别产品之明细子目（如在产品——合约编

号);间接制造费用则采用分摊法,以直接人工小时为分摊基准,制造费用实际分配率=当月制造费用总金额÷直接人工总工时。

$$某组件某合约应分摊的制造费用=制造费用分配率×直接人工工时$$

d. 制造费用按责任中心——科室归集,月终成本组编制制造费用明细表及制造费用分配表。

(7) 保养成本处理程序:

a. 保养成本指在保养维修过程中发生的一切费用。

b. 因保养维修领用之材料、半成品、在制品等,除应由保养部门自行开立用料单领用外,其余程序及成本之结转、计算均比照"材料处理程序"的规定加以办理。

c. 各项保养成本实际发生时,计入"在制品——保养合约编号"。

(8) 安装成本处理程序比照保养成本处理程序办理。

(9) 期间费用:

a. 销售费用:销售佣金、差旅费、工资及福利费、折旧费、办公费、交际应酬费、租赁费、包装费、运输费和其他销售费用。

b. 管理费用:外籍员工派遣费、土地使用费、研究发展费及物料消耗、差旅费、其他资产摊销、工资及福利费、折旧费、存货盘亏、交际应酬费、技术及品牌使用费、坏账损失、存货报废和其他管理费用。

c. 财务费用:利息支出、利息收入、汇兑损失、银行手续费。

(10) 公司各班组在制造过程中的损耗,按其性质分别依下列规定办理:

a. 在制造过程中,不可能完全避免之损坏或损耗,而致减少产量,其未超出预定之范围者,损坏或损耗之成本由完好之产品负担,不另计损失。

b. 在制造过程中,因意外事故产生重大或意外之损坏,损坏品已耗之成本,报请核准后列为营业外支出。

(11) 公司停工损失按下列规定办理:

a. 因定期修理检查所致周期性停工,其停工损失列入当期制造成本。

b. 因原料不足或市场因素及非常事故造成停工损失金额过大,而影响制造成本过大者,停工损失列为营业外支出。

(12) 预提费用:

a. 预提依据:财务人员查看系统已结案合约尚有多少未出货的个件,在此基础上预提应予计提的成本。

b. 冲转:以每期实际发货的明细清单,对应各个合约冲减预提费用。

(13) 待处理及待诉讼款:

待处理及待诉讼款的期末余额是指过了付款截止期限的、公司正在分析具体原因准备进入诉讼程序和其他解决途径的款项。公司将待处理及待诉讼款并入未到期计提坏账准备,这些项目大多为退货、停产项目。

(14) 制造工作处理程序:

东芝电梯公司制造工作均由生管组依据核定之生产计划及接受订货合同书开立制造通知单,呈报核准后按批制造。制造通知单一式五联:第一联由成本会计存档,第二联由仓库存档,第三联由品管存档,第四联制造单位存档,第五联由生管组存档。

上述制单均于生产完成后,分送各单位存档备查。

(15) 东芝电梯公司的产品凡有托外加工之必要时,由生管组开立托外加工申请单呈报核准后,始得出厂加工。托外加工单一式三联:第一联送成本会计存档,第二联送采购单位办委托厂商事宜,第三联由生管组呈准后存档备查。

(16) 东芝电梯公司的产品生产完成依约交货时,由生管组开立出货发料明细表呈报核准后出厂。出货发料明细表一式五联:第一联由生管呈准后存档备查,第二联由警卫放行后存档备查,第三联由仓库除账,第四联送成本组汇集成本编制传票,第五联由各中心自行存档备查。

(17) 成本报告处理程序:

每月成本计算完毕后,编制各种成本报告,以供管理当局及有关部门核阅,以充分发挥成本会计之功效。为适应各种不同目的之需求,成本报告须以不同格式提供不同单位参考,也可为某一特定目的,以不定格式提供该部分成本资料。

成本报告之种类:

a. 销售成本明细表。

b. 存货明细表。

c. 产品销售收入成本明细表。

d. 在产品明细表。

e. 单位成本分析表。

f. 材料采购明细表。

(三) 生产成本的内部控制制度

东芝电梯建立了成本核算与管理制度,由于原始数据正确率较高,故采用一级成本核算制度,依靠电算化系统完成。东芝电梯在财务部下专设了成本组,核算公司的整体成本;在技品部下属技术科的技术企划组专设成本核算班以核算生产中具体的直接材料、直接人工成本和制造费用;在制造部下属生产管理科的物管组设立账务班,专门负责核算材料成本。专人定期对领料单据、成品入库凭证、制造费用发生及分摊情况、人工费用记录等进行稽核,并对成本核算的方法和结果进行复核与审查。

(1) 成本分类、轨迹、分配与结转的方法前后期一致。

(2) 产品的原材料单耗、直接生产工时。

(3) 固定性制造费用通过预算控制总额。
(4) 产品领料有限额。
(5) 原材料仓库记录实物/金额账。
(6) 仓库实物保管与记录人员分工。
(7) 月末仓库送财务科的领用材料汇总表须经审核并附有领料单。
(8) 财务部专设成本稽核员。
(9) 产品直接生产有人工记录。
(10) 可修复废品的损失费用计入产品成本，不可修复废品的损失费用在扣除可回收残值后计入产品成本。
(11) 设专人复核成本计算单。
(12) 超额产成品损耗需要审批。
(13) 工资标准的制定及变动需经授权批准。
(14) 由于东芝电梯大部分生产按合约进行，成本也易于按合约归集，故月末在产品不进行盘点，也不按完工程度计算约当产量，在产品成本逐层核算，技术科按照标准成本签订订单，在销售时根据毛利率调整售价。

（四）建议

(1) 在产品在月末进行盘点，月末在产品按完工产量计算约当产量，月末在产品数量根据盘点结果作出调整，以便于更准确地计算成本，以及更有效地控制成本。
(2) 对于一般的产品设置标准单位成本，并定期分析修改。
(3) 安排专人定期分析各项成本的升降，以便有效控制成本。

成本核算流程如图 9-7 及其说明：

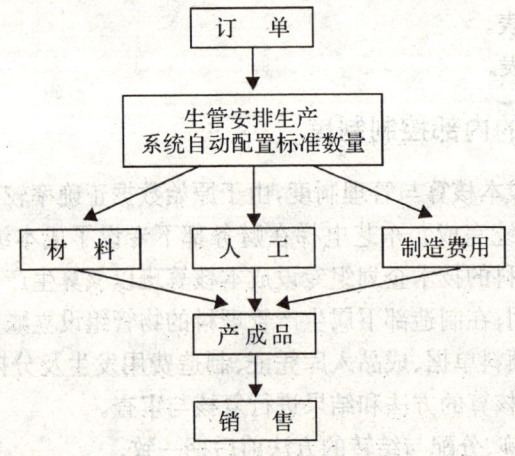

图 9-7　成本核算流程

材料采购成本核算流程如图9-8所示。

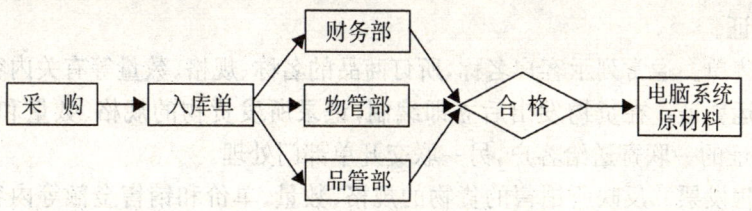

图 9-8　材料采购成本核算流程

(1) 入库单一式五联，一份交于财务部，由财务部将原材料采购的报价和系统价格进行核对，此标准价格每半年调整一次，每年下降幅度5%～10%，价格调整须经财务部部长审核，以此来控制原材料成本。品管部对原料的质量进行核实。

人工生产成本核算流程如图9-9所示。

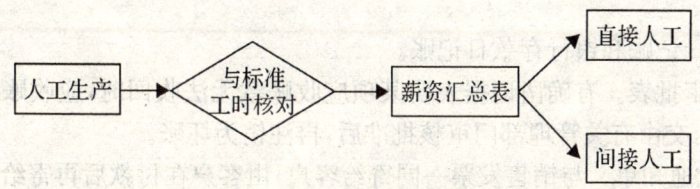

图 9-9　人工生产成本核算流程

(2) 每一道工序设有一个标准工时，此工时随工人熟练度上升而下调，以此降低人工成本。

制造费用成本核算流程如图9-10所示。

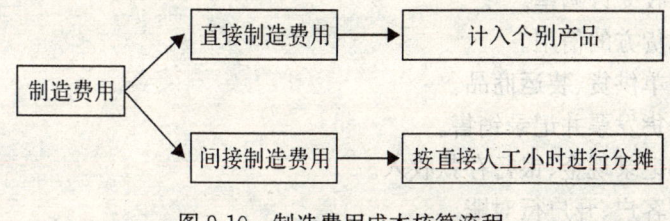

图 9-10　制造费用成本核算流程

(3) 制造费用按科室归集，编制制造费用明细表和制造费用分摊表。

七、销售与收款内部控制制度

(一) 与销售业务有关的重要凭证和会计记录

设计合理的凭证和会计记录健全了东芝电梯的内部控制制度。

(1) 客户订货单。反映客户所订购的货物的类型、规格和数量等信息，是客户购货要求的书面凭证。

(2) 销售单。通常列示客户名称，所订商品的名称、规格、数量等有关内容。

(3) 发运凭证。在货物发出后立即编制，记录所发货物的规格、数量和其他有关内容。发运凭证的一联寄送给客户，另一联交开单部门处理。

(4) 销售发票。反映所销售的货物的规格、数量、单价和销售金额等内容，表明收入已确定的原始凭证之一。

(5) 商品价目表。列示可供销售的各种商品的价格。其编制或修改后均交相关部门授权批准。

(6) 主营业务收入明细账。记录和反映不同类别的商品在一定期间内的销货总额。

(7) 应收账款明细账。按客户设置，记录每位客户的各项赊销额、账款收回、应收账款余额等内容。

(8) 现金日记账和银行存款日记账。

(9) 坏账审批表。有确凿证据表明某项应收账款无法收回时，应收账款管理部门填写坏账审批表，交由有关管理部门审核批准后，再注销为坏账。

(10) 汇款通知单。与销售发票一同寄给客户，由客户在付款后再寄给东芝电梯。

(11) 客户对账单。定期寄送给客户核对账目的凭证。包括该客户所属应收账款明细账的期初余额、本期发生的所有销售业务的金额、本期收到的货款等内容。

(二) 涉及的主要业务活动

(1) 向客户收受订购单。
(2) 核准购货方的信用。
(3) 按销售单供货、装运商品。
(4) 开具销货发票并记录销售。
(5) 办理和记录现金、银行存款收入。
(6) 定期与客户、开户行对账。

(三) 东芝销售部的岗位设置

销售部下有两个科，分别为销售科和管理科。

管理科下又设置了四个组，分别为：

(1) 市场组。
(2) 应收账款组。
(3) 管理组。
(4) 事务组。

（四）销售与收款的内部控制

为加强销售和收款业务的内部控制，保证销售和收款业务的有效进行，保护资产的安全和完整，防止、发现、纠正错误与舞弊，保证会计资料的真实、合法、完整性，东芝电梯制定了与销售和收款有关的如下控制制度。

1. 制定各项计划

东芝电梯根据市场情况、目标利润、企业生产经营能力制定销售计划。将销售计划，细化到各产品系列和销售人员；制定销售收款计划，并落实到销售人；制定销售费用开支计划，并分解到部门和人员。根据市场变化，及时调整销售计划，并与其他计划相协调。

2. 职责分离

销售和收款业务操作实行适当的职责分离；接受销售订单、收款与发货职能相互分离。批准赊销、开出发票和收取货款的职能相互分离。销售和收款与记账职能相互分离。有独立人员定期审核销售和收款业务的合规性、合理性和会计记录的正确性、及时性。

3. 授权与批准

销售、收款、费用计划由最高管理当局直接或授权销售部门来制定和修订，并经东芝最高管理当局批准。销售和收款业务按照适当的授权进行，针对不同销售业务内容设置不同的授权范围。

在发货前，客户的赊销经授权批准。销售价格及其折扣、付款条件、运费的确定经适当的授权批准。销售退回和销货折让的确认经适当审批。应收账款的坏账准备及坏账核销经适当审批。

制定企业的信用政策，确定信用标准、信用条件（含信用期限、信用额度、折扣率）及收账政策。对赊销客户在信用额度内进行赊销。销售部门对每个客户进行信用调查，包括（但不限于）获取信用评审机构对顾客信用等级的评定报告，并根据客户的信用情况提出其信用期限、信用额度，并经企业负责人或其授权人批准。销售、收款经办人员必须根据批准的信用期限、信用额度控制赊销金额。客户信用期限、信用额度的调整必须经相应权限审批人员审核批准。

4. 销售和收款业务建立业务控制程序

销售人员在接到客户书面订单或口头订货要求后，及时对销售产品的品种、规格、数量、销售价格及其折扣率、付款条件、结算方式、预收账款余额、尚可使用的信用额度等进行审查；对于数额大、交货条件复杂的重要销售业务必须按照授权范围签订书面销售合同，以明确购销双方的权利和义务。

销售人员在审查后，对于可以接受的销售订单，填制连续编号的销售通知单交销售部门负责人审核。销售负责人在授权范围内对于销售通知单进行审批。销售部门根据经批准的销售通知单开具连续编号的发货凭证。发货凭证至少一式两联，其中一联交客户作为向仓库提货的凭证，一联作销售部门留底。必要时，增加一联作为商品出门的凭证。

根据经过批准的销售通知单、销售合同等，财务部门根据企业的性质（一般纳税人或小规模纳税人）、客户及商品的性质，正确开具增值税专用发票或普通发票。销售发票必须一次复写，保持一致。发票各联的记载内容均不得涂改；有错误需要更正的，加盖公章及更改人私章。但是金额有错误的，必须重开。

财务部门的会计主办人员对所开具的发票的各要素进行复核，经核对无误后加盖发票专用章。根据审核合格的发票记账联、销售通知单及其必要的原始凭证编制记账凭证，通知出纳收款。如为预收或赊销的，则编制转账凭证，在发货凭证和发票上加盖转讫章后交给客户。

出纳员根据记账凭证办理收款。现销在收妥现金、支票或其他银行结算凭证后，将加盖现金收讫章或银行收讫章的发货凭证和发票交给客户。

仓储部门发货人员必须根据加盖现金收讫章、银行收讫章或转讫章的发货凭证发货，发货时对商品的品种、规格、数量等进行认真复核，大宗的、大额的发货由第三人进行复核。

仓储部门根据发货凭证逐笔记入存货明细账，并定期与销售部门的销售业务登记簿核对，并且根据存货明细账编制存货收发存日报表或月报表，提供给销售部门和财务部门核对。

安保部门对于客户自提商品根据出门联或者发票核对装运商品的数量、品种、规格等；对于代办托运的，商品出门时销售部门也须提供出门联或发票，由企业安保部门进行核对。

上述重要凭证，如销售通知单、发货凭证、发票等由专人保管，办理领用登记手续。

企业财务部门在依法设置的会计账簿中统一登记、核算销售和收款业务。

设置现金日记账、银行日记账，序时逐笔登记货款（应收/预收账款）的收入情况；设置营业收入明细账，逐笔或按日汇总登记各类（种）商品的销售情况；按客户类别和名称设置应收/预收账款明细账，逐笔登记应收/预收账款的发生和回收情况；设置现金、银行存款、营业收入、应收/预收账款等的总分类账，根据会计凭证逐笔或汇总登记总账，并对相应的明细账予以控制。按照会计制度的规定，计提坏账准备，并在企业的会计报表附注中予以披露。

加强销售货款的回笼。销售部门设置销售台账，及时反映各种商品销售的开票、收款、发货情况。按客户名称设置应收账款台账，及时登记每一个客户应收账款余额增减变动情况和信用额度使用情况。公司分部门、分人员下达销售货款回笼率，按月考核，并将考核结果与奖惩挂钩。会计人员及时清理应收账款，定期编制应收账款账龄分析表，提供给财务负责人和企业负责人、销售部门，对于逾期的应收账款督促销售人员催收。定期或不定期发出应收账款对账单，与客户及时核对。对于核对有误的查明原因，及时处理，重大差错及时报告财务负责人和企业负责人。对于重要客户的赊销收入的回笼情况经常分析,按照批准的信用期限、信用额度控制赊销余额,并根据情况适时修改。

对于逾期未还的应收账款组织人员催收,并要求客户提供担保抵押等条件;如果可能采取法律途径解决的话,收集与诉讼有关的证据。如果确实无法收回的应收账款,查明责任,在经适当审批后及时注销,并做好会计调整。已注销的应收账款做到账销案存,落实责任人,随时跟踪,一旦发现对方有偿债能力立即追索;对于已核销又收回的应收账款冲减当期坏账准备(或管理费用)。

5. 建立监督机制

建立销售及收款的责任考核制度,把销售计划、销售货款回笼计划、销售费用计划的责任落实到人,按年(季度、月度)进行考核,并与奖惩挂钩。

定期将销售和收款内部控制制度的执行情况、销售收入和信用政策控制情况、应收账款回收情况,向企业负责人汇报。

销售与收款内部控制流程如图9-11及其说明:

(1) 销售人员接到客户订单后,初审其条款是否符合本企业规定,对符合本企业规定的订单,如系现销的,直接开出销售通知单;如系赊销的,由销售部门对其信用状况进行审查。

(2) 对于赊销业务,销售部门审查该客户的信用期限、累计欠款余额(包含本次拟销售金额在内)是否超过本企业规定。如未超过,可由销售部门自行确定是否接受订单;如超过信用期限、信用额度,需由企业负责人或其授权人审批。如销售部门或企业负责人(含其授权人)批准销售的,则开出销售通知单,并通知该客户;如不批准,则将不批准的情况告知该客户。销售通知单为一式两联,其中第一联由销售部门留存,第二联作为财务会计部门入账的原始凭证。

(3) 销售部门根据其留存的销售通知单第一联,填制销售台账。

(4) 销售部门根据销售通知单填开发货单一式两联,其中第一联由销售部门留存,第二联交给顾客,经财务部门办理收款手续盖章后作为提货凭证。

(5) 财务会计部门在审核无误后,根据销售部门提供的销售通知单开出销售发票。

(6) 会计主办人员在发票审核无误后,加盖发票专用章。根据发票记账联和销售通知单编制记账凭证,通知出纳员办理收款手续。经过审核的赊销或预收账款业务,在发货单和发票上加盖转讫章。

(7) 出纳员根据记账凭证,分别办理现金收款、银行收款,在发货单和发票上加盖现金收讫章、银行收讫章。

(8) 保管员根据加盖财务收讫章或转讫章的发货单进行发货。销售部门根据发货单逐笔登记存货明细账(卡),按月(日)编制存货收发存月(日)报表。

(9) 对于赊销顾客偿付货款的支票,由财务会计部门审核无误后送存开户银行,并根

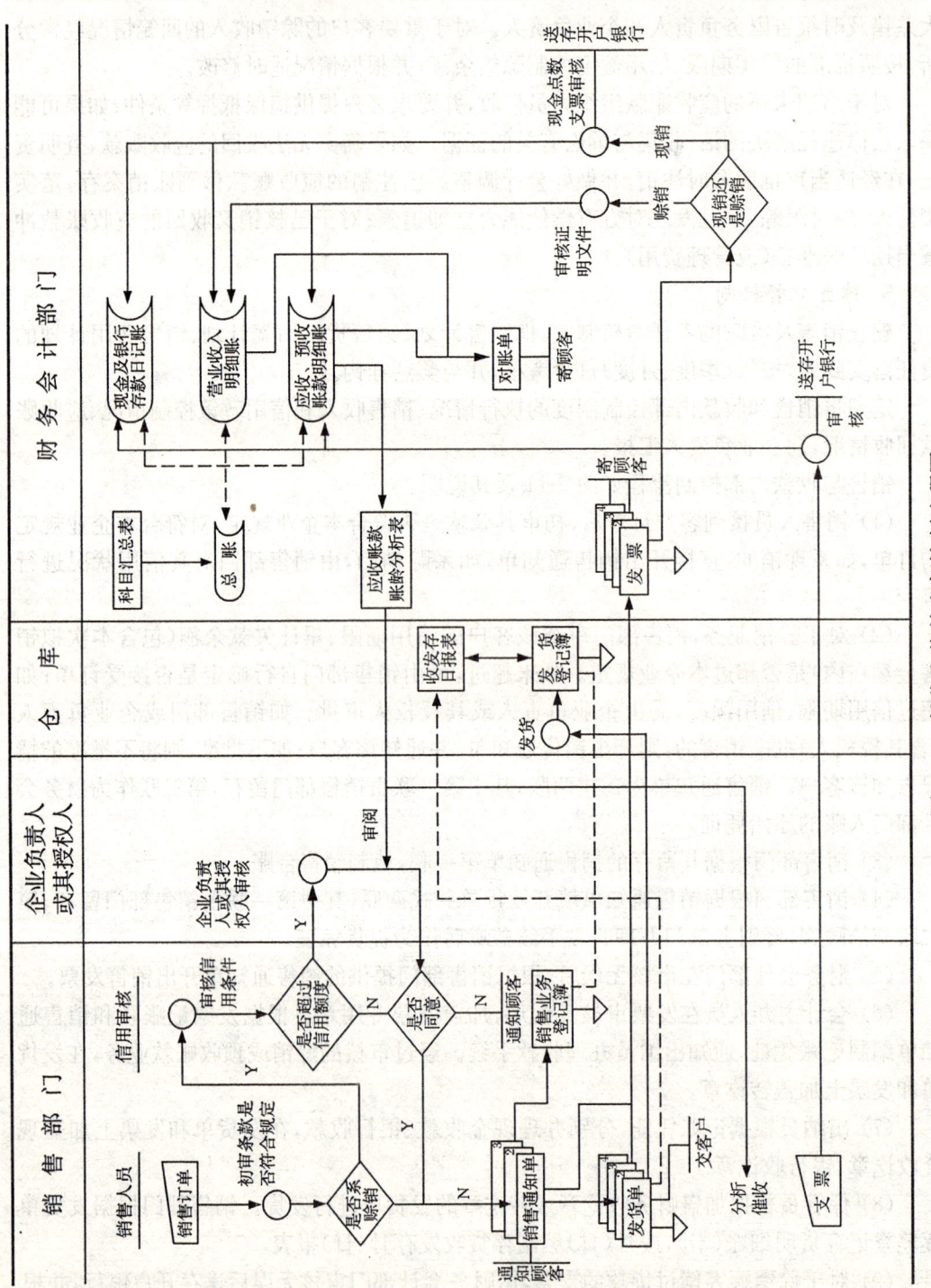

图 9-11 销售和收款内部控制流程图

据银行进账单填制记账凭证,据以登记应收账款明细账和银行存款日记账。

(10) 总账会计根据记账凭证逐笔或汇总登记总分类账,总账按月与明细分类账核对。

(11) 财务会计部门定期根据各顾客的应收账款明细账和营业收入明细账编制往来户对账单,寄送顾客供核对之用。

(12) 财务会计部门定期根据应收账款明细账编制应收账款账龄分析表。该分析表一方面提供给企业负责人或其授权的管理人员审阅;另一方面要提供给销售部门,提示其及时催收应收账款。

6. 关于东芝电梯的客户信用政策

(1) 对于东芝的大客户,则借助外部信用评级单位来调查信用。

(2) 一般的客户,则参考近几年来的收款情况。如果是信用不好的客户,则要执行非标准合同销售裁决制度,注明特殊的付款条件,并由财务部长上报总经理审批。

(3) 每月分析货款的回收程度,催收货款。

(4) 5%~10%的回款滞保金,由部长审批。

7. 关于东芝电梯的销售收入

销售收入主要包括各类升降电梯、自动扶梯及相关设备的销售款收入和安装费、维修费收入等。其中:

(1) 电梯、电扶梯及相关设备等的产品销售,以产品已经发出、出货单已签发、同时收讫价款或取得索取价款的权利时,确认为营业收入的实现;

(2) 电梯、电扶梯及相关设备等的安装、维修,以产品安装或维修验收合格、交车单已签发、同时收讫劳务费或取得索取劳务费的权利时,确认为营业收入的实现。

8. 建议

当公司将所有权凭证或实物交付给买方,商品所有权上的主要风险和报酬并未转移,如企业尚未完成售出商品的安装或检验工作,且此项安装或检验任务是销售合同的重要组成部分,企业可能保留商品所有权上的主要风险和报酬。东芝电梯是电梯生产企业,当其销售电梯时,电梯已发出,发票账单也已交付买方,买方已预付部分货款,但根据合同规定,卖方负责安装,卖方在安装并经检验合格后,买方立即支付余款。在这种情况下,电梯发出并不表示商品所有权上的主要风险和报酬已转移给买方,企业仍需对电梯进行安装,安装过程中可能会发生一些不确定因素,阻碍该项销售的实现,因此只有在安装完毕并检验合格后才能确认收入。

销售部门应与财务部门加强联系。作为电梯生产企业的东芝,销售收入的确认时间具有特殊性。但作为财务人员,不可能对技术性很强的电梯有确切了解,导致销售收入确认的时间不确定,导致合约变动后的退料、增发料在账上难以处理,导致财务人员依工程金额而不是依工程实际进度分摊安装费用,这将不合理地使长期不安装的电梯安装费较高。另外,销售部门合同中的某些变动事项应及时通知财务,使财务账的销售能实现精确反映实际情况。销售部门每月统计各工程(订单)确切的累计发料比例,每月按各工程实际进度和施工安装时间,将合约的变动情况,将退料及增发料依工程各名称统计,由财务部门复核后结转销售收入,分摊安装费用。

东芝电梯的销售流程如图9-12及其说明:

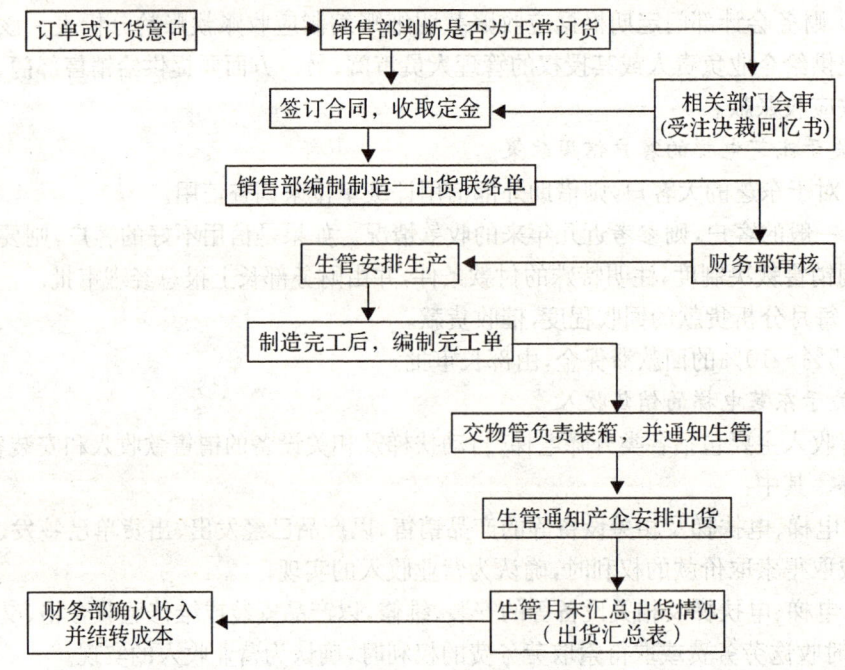

图9-12 东芝电梯销售流程图

(1) 定金一般为货款的30%,若对方要求支付较少的定金,则被视为非正常订货。需由各部门会审。

(2) 如果合同特殊,需要交技评部评议。

(3) 如合同的交工期很短,则需交制造部评议。

(4) 财务部审核内容主要为是否已签订合同及合同是否符合公司的规定。

(5) 对于每份合同,销售人员编制预计盈利情况表;合同结束后,若财务部人员发现毛利异常,则需查找原因,追查至最初的订单审批程序。

八、人事与工薪内部控制制度

人事与工薪规划、预算、计划、办法均由劳动人事部门根据东芝电梯情况提出和编制。东芝电梯根据现有员工状况及生产经营需要,提出东芝电梯员工规划。根据东芝电梯员工规划、劳动法及其他相关法律法规、企业工薪制度，提出工资总额预算。根据东芝电梯员工分布情况及工资总额预算、工薪分配制度，提出工薪分配计划和考核奖惩办法。根据员工素质状况，结合具体工作和东芝电梯未来发展规划提出员工培训计划。员工培训计划分岗前培训、常规教育、业务技能培训、专职脱产培训等。根据东芝电梯情况提出员工福利待遇计划。

人事与工薪中做到了不相容职务分离，包括：

(1) 工资单的编制与复核不由一人同时担任，工资单的编制人、复核人不同时担任工资的发放。

(2) 员工的录用和审批不由一人同时担任，员工的辞退和审批不由一人同时担任。

(3) 员工的考核与审批不由一人同时担任。

(4) 工薪的编制、发放与工薪档案的保管不由一人同时担任。

(5) 上述不相容职务不同时由直系亲属担任。

授权与批准

东芝电梯有关员工规划、工资总额预算、工薪分配计划、员工培训计划、员工福利待遇计划等的编制均由东芝电梯管理当局授权并批准。对员工的离职、辞职、辞退等处理，要报东芝电梯管理当局批准。对员工的技术培训、专职脱产培训，要经东芝电梯管理当局批准。劳动人事部门被授权指定专门人员负责工资单的编制。对员工的考核结果经东芝管理当局审批后授权劳动人事部门具体实施。人事档案的记录与保管由专门的人员负责。

1. 人员录用

(1) 劳动人事部门根据东芝电梯生产经营性质和现有员工分布状况，提出员工配置、招聘计划，报企业管理当局审批。

(2) 劳动人事部门按批准后的计划招聘员工。拟定录用人员名单后报本企业管理当局审批。

(3) 经批准录用的员工，由劳动人事部门与其签订合同。

2. 员工考核

(1) 由员工所在部门根据考核办法对本部门员工进行考核，提出奖惩申请，送劳动人事部门。

(2) 劳动人事部门审核奖惩申请是否适当，对惩处申请必要时须听取本人意见，征求工会意见，签署意见后报企业管理当局审批。

(3) 企业管理当局审批后由劳动人事部门具体实施奖惩。填制奖金单或工资扣款单，记录人事档案。

3. 工薪计算发放分配

(1) 员工所在部门填制员工考勤单。
(2) 对员工请假的,填制请假单。由部门主管或其授权人员签字批准后送劳动人事部门。
(3) 劳动人事部门对审批权限内的请假单直接审批,通知员工并记录。对超出权限的请假单将报企业管理当局审批。批准后由劳动人事部门通知员工并记录。
(4) 加班记录及劳动定额完成记录均由部门主管或授权人员签字核准或认可。
(5) 劳动人事部门根据考核结果的相关记录、请假记录、加班记录、日常考勤记录、劳动定额完成记录等,按照企业工薪计算办法编制工资单、计算奖金,并计算员工社会保障金扣款额,经复核无误后交财务部门。
(6) 财务部门计算代扣个人所得税额、员工欠款扣款额等,复核无误后按实发工资数额发放工资。
(7) 对扣款中应解缴社会保障部门及税务部门的及时解缴,对其他扣款进行适当处理。
(8) 按员工岗位分配工资费用。经复核无误后记录相关的账册。

监督

东芝电梯建立了分配监督机制,对工薪分配的合理性进行监督,建立分析制度,每季度定期对人事与工薪内部控制制度的执行、对发生的情况进行检查分析,及时发现舞弊,纠正偏差。

九、固定资产及无形资产内部控制制度

针对企业内的固定资产、在建工程及无形资产,东芝电梯制定了以下具体的会计核算办法。

(一) 固定资产

东芝电梯的固定资产是指该企业使用期限在1年以上,单位价值在人民币2 000元以上,且在使用过程中保持其原有物质形态的实物资产。

1. 固定资产目录及分类
- 房屋及建筑物
- 机器设备
- 运输设备
- 办公设备
- 工具设备
- 其他设备

第九章 上海东芝电梯有限公司

2. 固定资产计价方法

固定资产以购建时的实际成本计价。

3. 固定资产折旧方法及各类固定资产的折旧年限

固定资产折旧采用直线法计算,并按固定资产类别的原价、估计经济使用年限和估计残值(原价的10%)分别确定其折旧年限和年折旧率如下:

资产类别	折旧年限(年)	年折旧率
房屋及建筑物	20	4.5%
机器设备	10	9.0%
运输设备	5	18.0%
办公设备	5	18.0%
工具设备	5	18.0%
其他设备	5	18.0%

东芝电梯于每年年末对固定资产进行逐项检查,如果发生固定资产的可收回金额低于账面价值的情况,即对账面价值与可收回金额之间的差异计提减值准备。

以上各点为东芝电梯进行固定资产核算的依据。东芝电梯所制定的固定资产目录、分类方法、各类固定资产的预计使用年限、预计净残值、折旧方法等均编制成册,按照管理权限经董事会及管理当局批准,按照法律、行政法规的有关规定报送有关各方备案,并已备置于企业所在地,投资者等有关各方可以获得资料并加以查询。该公司已经确定并对外报送及备置于企业所在地的有关固定资产目录、分类方法、预计净残值、预计使用年限、折旧方法等在本年未发生重大变更。

该公司对未作为固定资产管理的工具、器具等已作为低值易耗品核算。

以上所有观点的依据来源于东芝电梯2002年年度报告中关于固定资产部分的描述,具体如下:

	房屋及建筑物	机器设备	运输设备	办公设备	工具设备	其他设备
原值						
2001年12月31日	38 184 109.26	60 499 116.57	4 719 614.26	3 888 361.79	2 803 263.95	11 195 479.47
本年增加	272 518.00	504 896.20	631 419.15	1 876 093.39	160 442.42	200 606.00
本年减少	—	523 380.16	833 356.10	636 809.72	286 078.51	837 568.90
2002年12月31日	38 456 627.26	60 480 632.61	4 517 677.31	5 127 645.46	2 677 627.86	10 558 516.57

累计折旧						
2001年12月31日	6 892 352.01	30 272 523.56	2 343 437.90	1 682 358.20	1 477 504.34	8 412 272.75
本年增加	1 869 002.24	5 245 729.06	553 984.11	704 272.23	424 475.68	898 554.22
本年减少	—	281 123.96	750 020.49	546 189.81	243 118.54	749 703.21
2002年12月31日	8 761 354.25	35 237 128.66	2 147 401.52	1 840 440.62	1 658 861.48	8 561 123.76
账面净值						
2002年12月31日	29 695 273.01	25 243 503.95	2 370 275.79	3 287 204.84	1 018 766.38	1 997 392.81
2001年12月31日	31 291 757.25	30 226 593.01	2 376 176.36	2 206 003.59	1 325 759.61	2 783 206.72

2002年年末东芝电梯的固定资产未发生可收回金额低于账面价值的情况，故未计提固定资产减值准备。

(二) 在建工程

东芝电梯的在建工程包括厂房、设备等各项工程建筑安装支出。

1. 在建工程计价方法

在建工程以购建的实际成本计价，预计达到可使用状态时转作固定资产。

东芝电梯于每年年末对在建工程进行逐项分析，如果在建工程的可收回金额低于账面价值，即对该等差异计提在建工程减值准备。

可见，东芝电梯对于在建工程按照实际发生的支出确定其工程成本，并单独核算，符合企业会计制度的要求。

2. 在本年度东芝电梯发生了会计政策、会计估计的变更

根据国家有关政策的规定，东芝电梯自2002年1月1日起执行《企业会计制度》，相应地变更了部分会计政策和会计估计，其中在建工程期末计价方法改为成本与可收回金额孰低法，按可收回金额低于成本的差异数计提减值准备。2002年年度该公司计提在建工程减值准备266 180.68元，由于其无法确定该金额分别对以前年度的影响额，故按会计制度的有关规定，采用未来适用法，调减了2002年年度的净利润266 180.68元。

以上所有观点的依据来源于东芝电梯2002年年度报告中关于在建工程部分的描述，具体如下：

	2002年12月31日	2001年12月31日
在建工程账面价值	558 055.68	305 239.68
减：减值准备	266 180.68	—
在建工程净额	291 875.00	305 239.68

上述在建工程减值准备系东芝电梯未完工的"电梯安全部品试验塔"工程的减值准备。该工程因质量问题已停工并且无改造价值，拟报废处理，故本期按照相关会计准则的要求全额计提减值准备。

（三）无形资产

无形资产分类及计价方法：东芝电梯的无形资产主要包括工业产权、专有技术以及各类管理用软件，按取得时各方确认的协商价入账。

其中：① 日本国株式会社东芝投入上海东芝电梯有限公司的技术使用实施权，自1996年10月起，分10年平均摊销；② 日本国株式会社东芝投入上海东芝电梯有限公司的技术使用费，自1999年3月起分8年平均摊销。

东芝电梯于每年年末检查各项无形资产预计给公司带来未来经济利益的能力，并对预计可收回金额低于其账面价值的计提无形资产减值准备。

根据企业会计制度的有关规定，购入的无形资产，应按实际支付的价款作为实际成本；投资者投入的无形资产，按投资各方确认的价值作为实际成本，除了为首次发行股票而接受投资者投入的无形资产应按该无形资产在投资方的账面价值作为实际成本以外，东芝电梯的做法符合上述规定。

以上所有观点的依据来源于东芝电梯2002年年度报告中关于在建工程部分的描述，具体如下：

	2002年12月31日	2001年12月31日
2001年12月31日余额	4 478 326.04	4 213 044.76
加：本年增加额	2 312 805.27	1 024 834.77
减：本年摊销额	3 352 218.89	759 553.49
2002年12月31日余额	3 438 912.42	4 478 326.04

上述无形资产主要包括两项：一项是指1996年度上海东芝电梯有限公司根据签订的合同应支付给日本国株式会社东芝的电梯系统及自动扶梯系统的技术使用实施权的合同一次性付款部分的代价。此项合同于1996年3月经中国上海市对外经济贸易委员会审核批准。技术使用实施权总价600 000美元，折合人民币4 981 020元，自1996年10月起按10年（120个月）平均摊销。另外一项无形资产是指按上海东芝电梯有限公司与日本国株式会社东芝签订、并经上海市对外经济贸易委员会审核批准的技术合作合同（CV150技术）所取得的技术使用费。此项技术使用费总价25 000 000日元，折合人民币1 750 000元，自1999年3月起按8年（96个月）平均摊销。

2002年年末东芝电梯的无形资产未发生可收回金额低于其账面价值的情况，故年末未计提减值准备。

(四) 固定资产、在建工程及无形资产的内部控制

计划与组织

东芝电梯对固定资产、在建工程及无形资产（以下简称资本性支出）的购置、建造或处置实行预算管理。预算的编制由使用部门、固定资产管理部门、财务部门及企业负责人等共同参加，每年年度开始之前进行。

1. 编制预算时所考虑的因素

(1) 当前年度生产经营总体目标和计划。
(2) 上一年度预算执行情况。
(3) 生产使用实际需要。
(4) 资本投资回报率。
(5) 以后若干年度企业整体发展规划。

2. 预算的编制程序

(1) 由使用部门提出固定资产等购置需求，交固定资产管理部门。
(2) 由固定资产管理部门汇总审核各部门需求。
(3) 由固定资产管理部门编制固定资产、在建工程及无形资产投资预算草案。
(4) 财务部门从资金和效益等角度对预算草案进行审核并提出意见。
(5) 财务部门及总经理审核通过预算。
(6) 董事会通过预算方案。

对于预算外的资产购置申请，根据金额的重大性及授权权限范围报有关部门、有关人员审批同意。年度终了，上一年参与制定预算的各部门共同召开预算总结会议，对预算执行情况进行检查，分析实际执行情况与预算存在的差异，为下一年度预算编制打下基础。

3. 权责分离

(1) 固定资产、在建工程和无形资产业务活动中不相容职务分离。
(2) 固定资产购置处置和工程支出的批准人独立于申请人。
(3) 重大合同必须由独立于经办人以外的负责人批准，必要时请法律顾问进行审核。
(4) 资产使用人或保管人独立于资产的记账工作。
(5) 资产的验收人同采购人、款项支付人在职务上分离。
(6) 资本性支出预算的审批人独立于预算的编制人。

授权与批准

由固定资产管理部门编制的预算交财务部门审核通过，并经该公司管理当局批准，并且考虑到资本性预算的重要性，预算批准权限相对集中于高层主管人员。

对使用部门在年内提出固定资产、无形资产的购置及在建工程各种支出的申请，如属

于预算内,经固定资产管理部门核对预算后,直接准予申请;如属于预算外,根据业务性质、金额重大性等情况,按预算批准权限或其他规定的权限范围报经各部门管理人员审核批准。

东芝电梯授权有关部门及人员,在一定的职责权限范围内对固定资产等进行日常管理。被授权部门或人员在规定的授权范围内行事。

(1) 经公司最高管理当局授权,固定资产使用部门的职责主要包括:

提出资本性支出申请、对购置和建造完工的资产进行验收、固定资产及在建工程实物日常维护及管理、提出固定资产及在建工程报废申请等。

(2) 经公司最高管理当局授权,固定资产管理部门的主要职责包括:

负责资本性支出日常审核、向各工程建造商和设备供应商发出询价、编制在建工程施工预算、与供应商签订采购合同、对固定资产及在建工程实物资产进行监督管理、审核固定资产及在建工程报废申请等。

(3) 经公司最高管理当局授权,财务部门的主要职责包括:

审核预算外的资本性支出、根据预算及采购合同、付款通知支付采购款、对固定资产及在建工程实物资产进行控制管理、审核批准在建工程预算、实施施工造价决算、并及时恰当地作相应的账务处理。

(4) 需报经公司管理当局审批同意的事项主要包括:

资本性支出预算案、重大资产采购及处置合同、重大资产报废申请、大额盘盈盘亏的批准、重大工程建造合同、预算外的各项资本性支出以及超预算的在建工程支出。

各项资本性支出的预算以及预算执行情况小结递交企业管理当局批准通过。

实施与执行

1. 固定资产

(1) 采购及审核。东芝电梯购置固定资产一般由资产使用部门填具请购单(见附件9-1),提出请购申请。固定资产管理部将请购单与预算进行比较核对。如果属于预算内购置,在其权限范围内直接审核批准;如果属于预算外购置,交企业负责人审批同意。

一旦确定购置事项后,固定资产管理部门负责向供应商或工程施工单位发出询价。对各家厂商的报价进行审核,并编制询价报告,交财务部审核并通过。固定资产管理部门以已经批准的采购申请、已经审核同意的采购价格为基础,对外洽谈、草签合同,合同经按规定权限批准后,对外正式签署。

东芝电梯管理当局或经其授权具体部门及人员对重大资产采购、处置合同、重大工程建造合同在签订前进行审核,重要的合同或协议书经有关专业人员如公司律师审核。

(2) 付款及验收。财务部门根据预算、采购合同及固定资产管理部门有关人员发出的付款通知(见附件9-2)支付货款。

固定资产使用部门及管理部门共同组织实施固定资产的验收工作。对购置和建造完工的资产进行验收并填制(竣工)验收单(见附件9-3)。验收单由资产使用部门根据验收结果填写。只有验收合格的资产或工程,才投入使用。

(3) 使用及管理。东芝电梯授权具体部门或人员承担固定资产日常维修及保养管理,建立固定资产日常管理制度。

固定资产使用部门、管理部门及财务部门建立各自的固定资产登记账册,对固定资产实物的数量、价值、使用状况、存放地点、维护及保养、报废等情况进行日常管理及控制。固定资产使用部门设立固定资产卡片(见附件9-4),固定资产管理部门设立固定资产登记册(见附件9-5),财务部门设立固定资产总账和明细账。上述三个部门分别进行固定资产收入、调出、处置的明细核算,并定期进行核对。

当固定资产上述基本情况发生变化,如固定资产存放地点发生变动时,管理部门填制固定资产使用情况变化通知单(见附件9-6),通知固定资产使用部门及财务部门。各部门应及时调整有关账簿记录。

(4) 盘点。年度终了由固定资产使用部门与管理部门共同对固定资产实施盘点,并编制固定资产盘点表(见附件9-7)。财务部门派员进行监盘或抽盘,复核盘点结果的正确性。各部门根据盘点结果调整各自的账册记录。

发生盘盈、盘亏或报废,由使用部门与管理部门逐笔查明原因,共同编制盘盈盘亏报告,经批准后调整有关账簿记录。对盘点过程中发现的其他固定资产使用情况与账面记录不符的情况,也一并查明原因,各部门对其各自的记录作出相应的调整,使其反映固定资产实际使用情况。

财务部门的账面记录定期与固定资产管理部门及使用部门的有关记录核对一致。

(5) 报废。固定资产报废清理由固定资产使用部门提出(固定资产报废审批单,见附件9-8),由固定资产管理部门审核同意,对重大的固定资产报废清理由公司管理当局或经其授权的人员批准。资产清理中处置价格的确定参照资产购置中有关审核、批准的程序进行。

固定资产管理部门同时承担起固定资产日常维修及保养的管理工作。

其职责包括:每年制定出对各类固定资产的维修计划,并将其列入预算,报财务部门及企业管理当局批准;直接实施或组织使用部门技术人员共同实施维修计划;监督使用部门固定资产的使用情况;对维修保养的过程和结果进行记录。

2. 在建工程

(1) 申请及审核。使用部门根据在建工程项目投资预算提出在建工程支出申请,交固定资产管理部门、财务部门审核同意。固定资产管理部门将该申请与工程支出预算进行比较核对。如果属于预算内项目,在其权限范围内直接审核批准;如果属于预算外支出项目,交财务部门及公司管理当局审批同意。

固定资产管理部门向工程建造商发出询价,对各商家报价及其他条件进行比较挑选,编写询价报告,并交财务部门审核批准。

由固定资产管理部门编制工程项目施工计划及造价预算,并报财务部门审核批准。

由固定资产管理部门对外签订在建工程施工合同。对金额重大的项目,工程合同报经企业管理当局审核同意。重要的合同或协议书经有关专业人员如公司律师审核。

(2) 付款。设备管理部门提出付款申请,财务部门逐笔核对工程合同、施工计划及造价预算,审核是否同意其付款申请。对于与合同或预算内容不符的支出,根据审批权限报批准。

(3) 完工及审核。在建工程开工后,固定资产管理部门随时监控工程进度和施工质量。工程用物资的领用,由专人填写领用单,经有关部门或人员签字核准后进行。对工程物资视同企业存货一样管理,每年度至少盘点一次,盘盈盘亏查明原因,经批准后及时处理。

企业定期对在建工程逐一进行清理,核实是否有已完工而未办理竣工结算的工程;是否有已投入使用而未转作固定资产的工程;是否有实际进度大大低于计划进度的工程;是否有建造成本大大超过预算的工程。

规模较大的工程项目完工后,财务部门负责会同其他有关部门对工程造价进行审核。每一项在建工程都必须办理竣工验收手续。对于大型在建工程项目,对该项目下的几个分项目分别办理竣工验收手续。在工程整体完工后,再对在建工程整体项目进行验收。验收工作主要由在建工程使用部门实施。

3. 无形资产

东芝电梯根据生产经营发展的需要购置或处置土地使用权、企业购置专利权、专有技术,也编制预算,经公司最高管理当局批准后,落实具体部门或人员办理购置事宜。

购置:购置无形资产时先取得无形资产所有权的有效证明文件,仔细审核有关合同等法律文件,必要时听取专业人员或法律顾问的意见。

监督

固定资产、在建工程及无形资产的会计核算由财务部门专人负责,并独立于实物资产管理人。

财务部门制定适当的会计政策、核算方法、有关凭证及文件的流转程序,对固定资产、在建工程及无形资产进行核算。

东芝电梯具有完善的档案管理制度,对内部流转的各种单据,包括:请购单、付款通知、固定资产使用情况变化通知单、固定资产验收报告、固定资产报废审批单等自制原始凭证,均事先编号,并对编号后的凭证连续使用。

东芝电梯的内部审计人员定期对固定资产内部控制制度的执行情况进行检查,并直接向企业负责人汇报。

十、筹资业务内部控制制度

上海东芝电梯有限公司的实收资本结构为：日本东芝电梯株式会社（注册于日本国）出资额为1 530万美元，占实收资本总额的95.625%；东芝（中国）有限公司（注册于中国）出资额为70万美元，占实收资本总额的4.375%。此外，中国上海钱鑫实业公司提供位于中国上海市宝山区蕴川路685号的187.3亩土地的50年使用权作为合作条件。

截至2002年12月31日，本公司的资产总额为人民币33 469万元，负债总额为人民币17 600万元，所有者权益为人民币15 870万元。2002年度产品销售收入为人民币32 562万元，利润总额为人民币1 568万元；截至2002年12月31日，累计未分配利润为人民币2 416万元。

（一）负债

长期待摊费用

类别	原始金额	2001年12月31日	本年增加	本年摊销	其他减少	2002年12月31日
土地使用补偿费	2 432 396.28	1 126 172.04	—	243 239.64	—	882 932.40
模具与台具	1 462 890.58	755 061.39	69 629.90	547 915.87	234 419.74	42 355.68
电脑软件	6 456 483.14	4 082 253.41		761 583.00		3 320 670.41
厂区绿化	150 000.00		150 000.00	50 000.00		100 000.00
防盗系统	36 390.00		36 390.00	10 156.65		26 233.35
维修等工程项目	1 599 778.95	1 036 983.06		731 673.45		305 309.61
	12 137 938.95	7 000 469.90	256 019.90	2 344 568.61	234 419.74	4 677 501.45

上述土地使用补偿费是本公司向上海市宝山区杨行镇钱湾村支付的一次性土地使用补偿费，计300 000美元，自支付日起分10年平均摊销；模具与台具的摊销期自领用日起按两年平均摊销；导轨加工修理费自发生日起按两年平均摊销。

流动负债

	注释	2002年12月31日	2001年12月31日
应付账款	20	37 846 400.65	41 916 406.29
应付工资		1 308 352.40	4 323 967.96
应付福利费		2 074 690.53	
应交税金	21	3 302 133.10	10 896 513.04
预收账款	22	94 040 834.57	76 801 598.13
其他应付款	23	31 838 852.18	38 276 678.43
预提费用	24	5 588 313.65	4 888 559.38
		175 999 577.08	177 103 723.23

第九章 上海东芝电梯有限公司

待摊费用

	2002年12月31日	2001年12月31日
预付待转的销售佣金	1 979 077.91	1 901 977.94

上述预付待转的销售佣金是指根据推销协议已支付、应于销售实现时再予结转的产品销售佣金。

应付账款

	2002年12月31日	2001年12月31日
开曼崇友实业有限公司	1 176 706.33	813 868.95
——材料及设备款	—	3 301 701.98
株式会社东芝(日本国)	36 669 694.32	37 800 831.36
其他公司	37 846 400.65	41 916 406.29

应交税金

	2002年12月31日	2001年12月31日
增值税	2 113 428.91	10 591 540.91
营业税	97 863.52	72 798.86
企业所得税	370 325.59	—
职工个人所得税	720 515.08	232 173.27
	3 302 133.10	10 896 513.04

预收账款

	2002年12月31日	2001年12月31日
	94 040 834.57	76 801 598.13

上述本公司的预收账款主要包括预收电梯销售和安装的货款、运保费、技术指导费等,其中并无与本公司关联者的往来款项。

其他应付款

	2002年12月31日	2001年12月31日
开曼崇友实业有限公司垫付款	391 779.15	391 779.15
株式会社东芝(日本国)——技术实施使用权费及在沪人员工资	8 958 710.39	14 068 206.71
销售佣金	17 978 228.52	18 308 364.05
职工季度及年终奖金	2 532 069.13	2 055 919.13
其他	1 978 064.99	3 452 409.39
	31 838 852.18	38 276 678.43

(二) 所有者权益

实收资本

	2002年12月31日		2001年12月31日	
	投资额	比例	投资额	比例
合作乙方	131 381 100.00	95.625%	131 381 100.00	95.625%
合作丙方	6 010 900.00	4.375%	6 010 900.00	4.375%
	137 392 000.00	100%	137 392 000.00	100%

上海东芝电梯有限公司的合作甲方为中国上海钱鑫实业公司,合作的条件为提供自1994年1月18日起算的187.3亩土地的50年使用权给本公司使用,并按合同的规定由上海东芝电梯有限公司支付给其土地使用权费。该土地位于中国上海市宝山区蕴川路685号。

上述合作乙方和合作丙方,分别是指上海东芝电梯有限公司的两个合作投资方日本东芝电梯株式会社和东芝(中国)有限公司。

上述本公司实收资本1 600万美元(折合人民币137 392 000元)已经上海众华沪银会计师事务所审核验证,并出具了沪众会字(2001)第1142号验资报告。实收资本2002年年度内无变化。

盈余公积

	2002年12月31日	2001年12月31日
储备基金	246 539.66	109 854.44
企业发展基金	246 539.66	109 854.44
	493 079.32	219 708.88

储备基金、企业发展基金分别按税后净利润的1%计提。

未分配利润

	2002年12月31日	2001年12月31日
本年净利润	13 668 522.40	13 776 027.80
加:年初未分配利润/(亏损)	10 765 735.29	(2 790 583.63)
可供分配的利润	24 434 257.69	10 985 444.17
减:提取三项基金	273 370.44	219 708.80
利润分配	—	
年末未分配利润	24 160 887.25	10 765 735.29

上海东芝电梯有限公司资金充裕,而且如有需要,会由集团内部进行资金调度,作为被控股公司,上海东芝电梯无权限进行筹资。

东芝电梯也没有权限进行投资活动,闲余的资金一般都只作为银行存款,收取利息。

(本案例调查组成员:杜琼 刘菲 刘蒙迪 戚霞雯 王鹂 虞晶晶 张晓妍 朱琪)

附：上海东芝电梯有限公司固定资产
及无形资产内部控制流程图

一、主要业务控制流程——固定资产

1. 预算流程

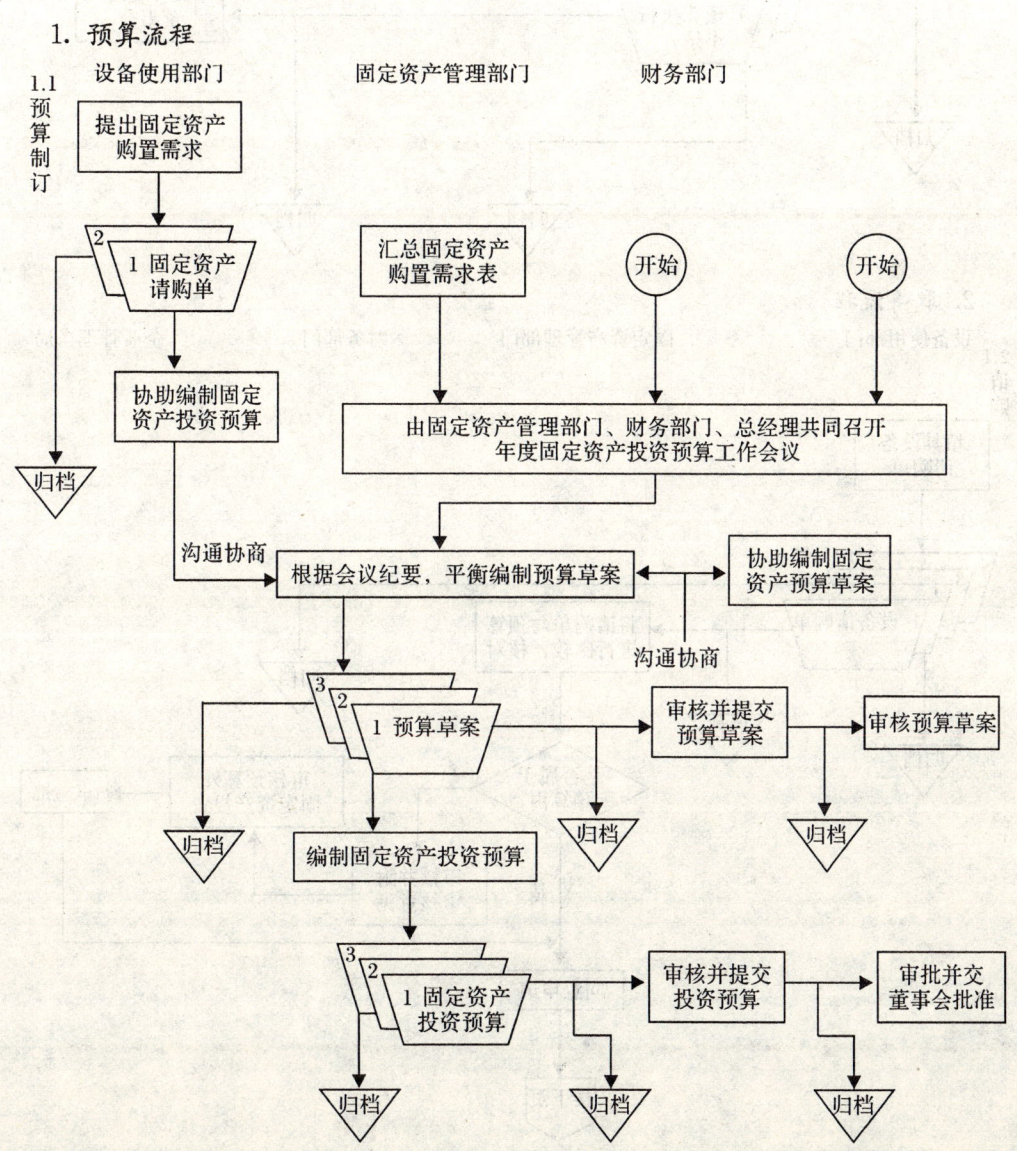

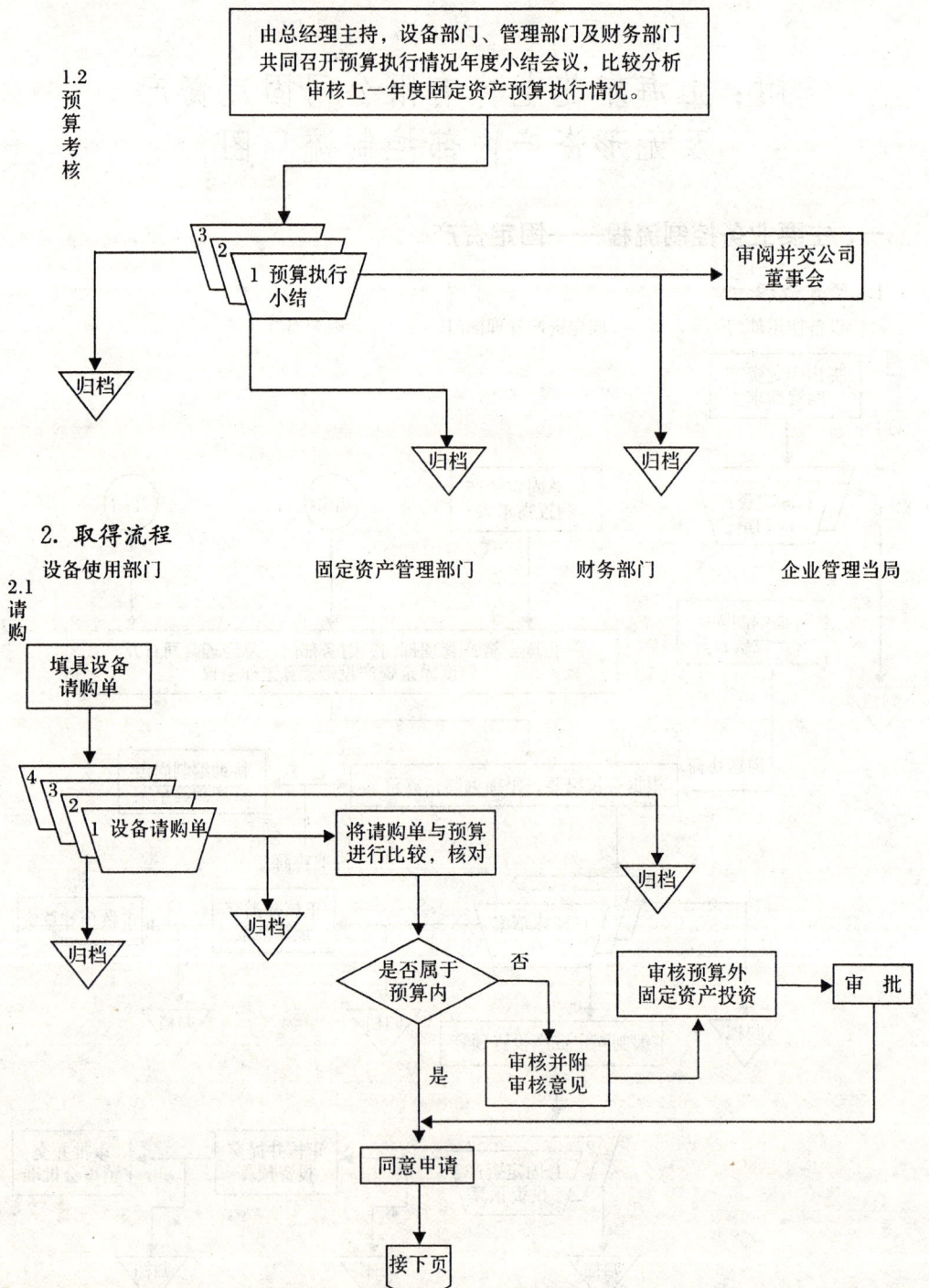

第九章 上海东芝电梯有限公司

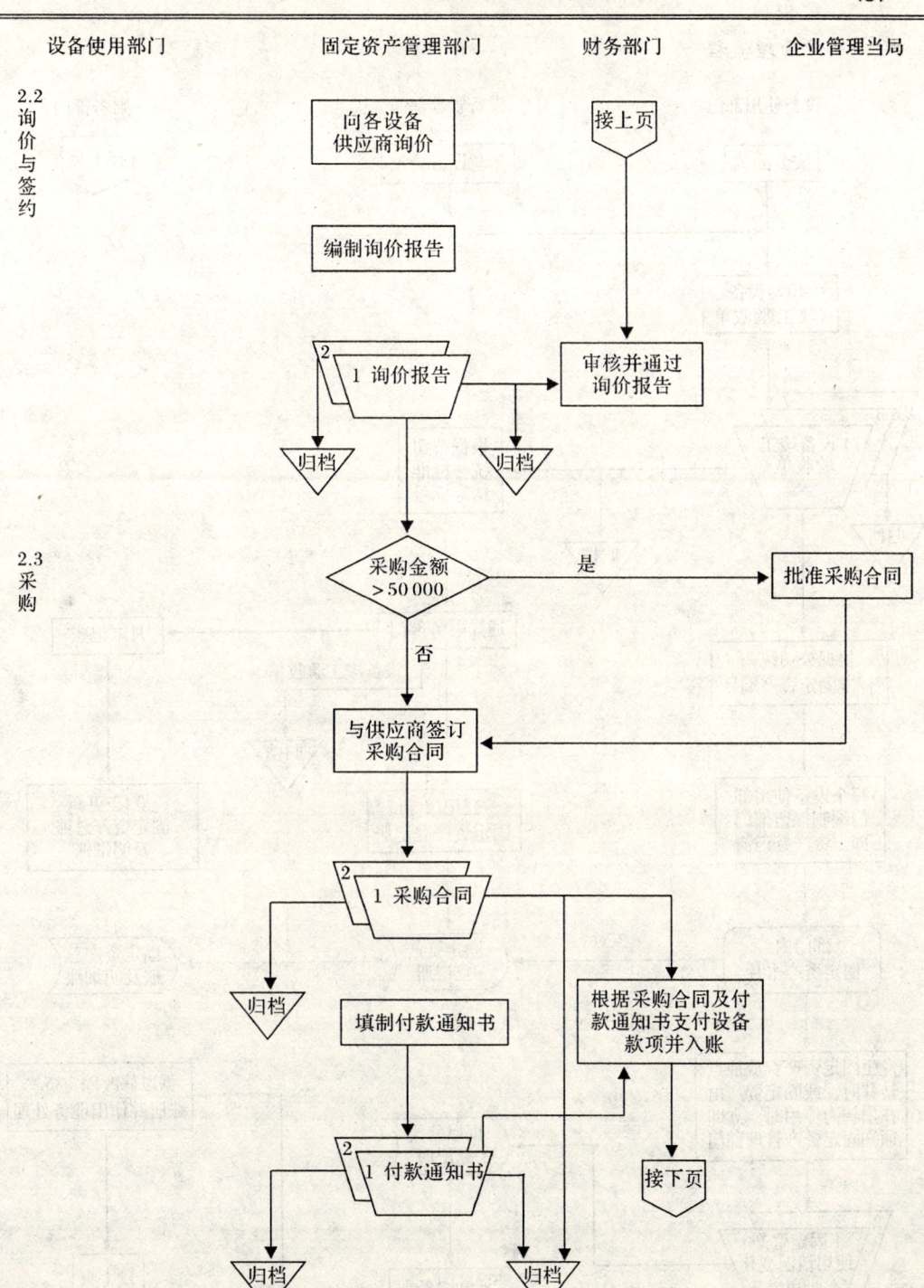

3. 日常管理流程

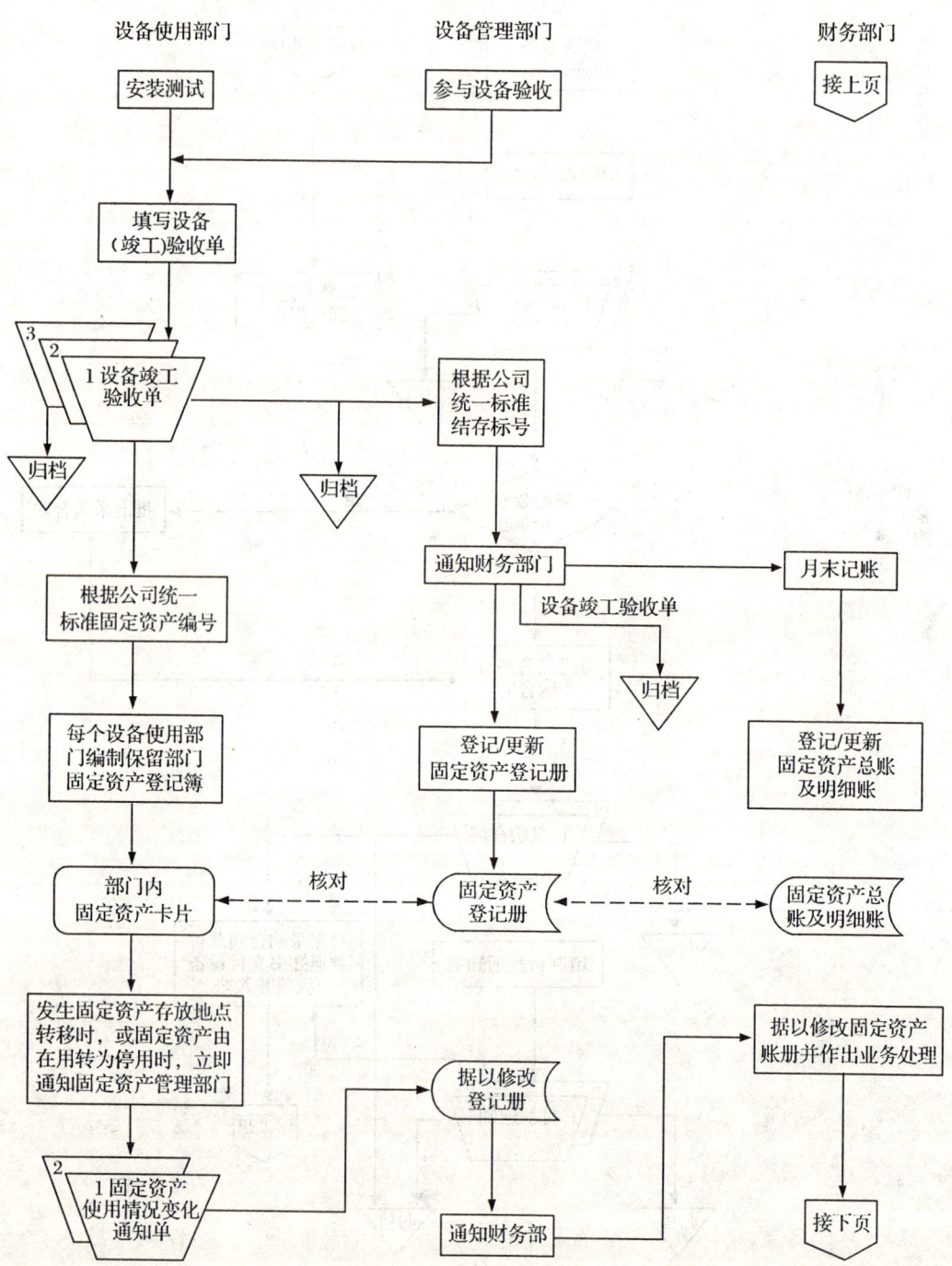

第九章 上海东芝电梯有限公司

4. 报废流程

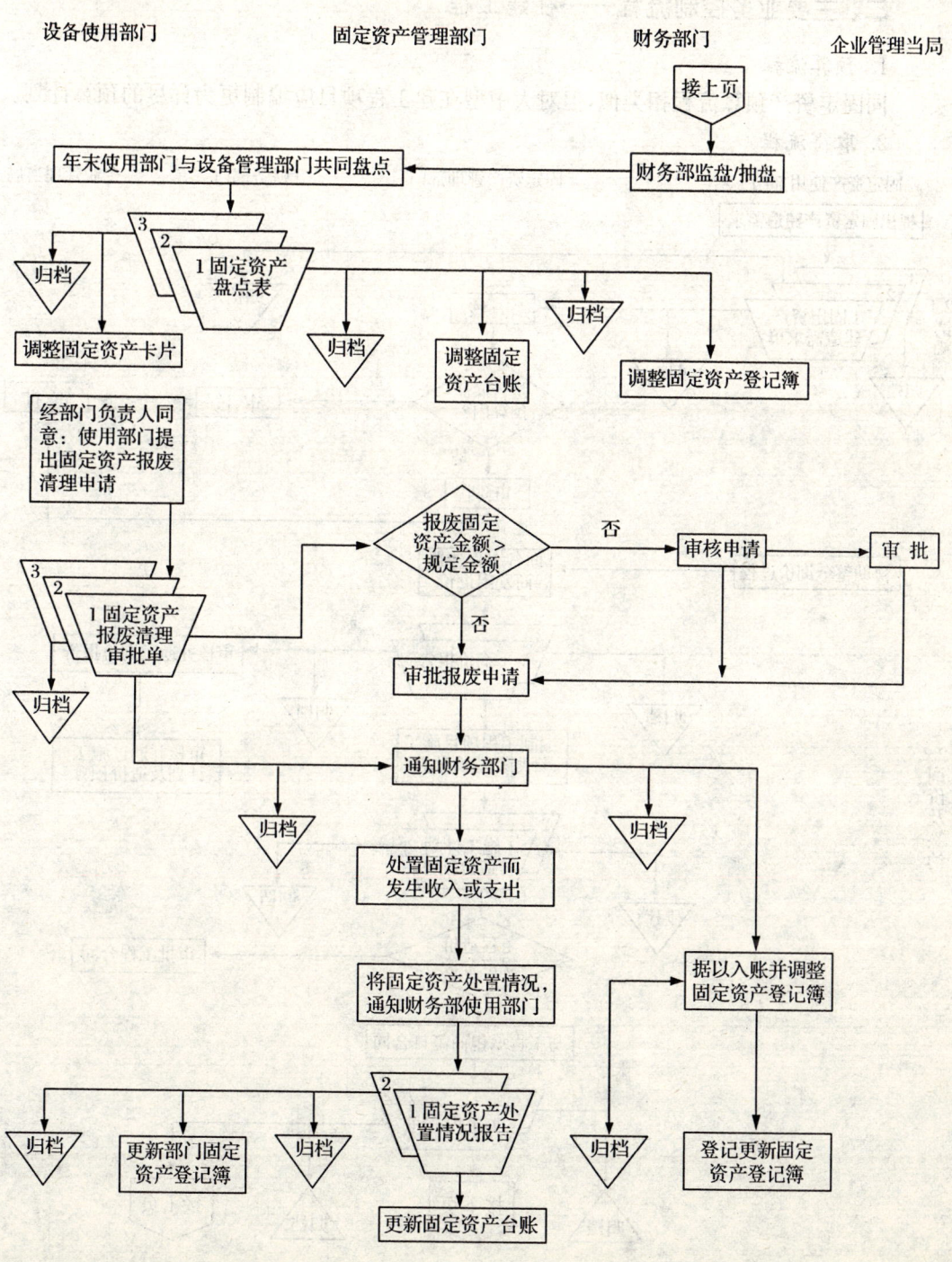

二、主要业务控制流程——在建工程

1. 预算流程

同固定资产预算流程相类似,但对大中型在建工程项目应编制更为详尽的预算计划。

2. 取得流程

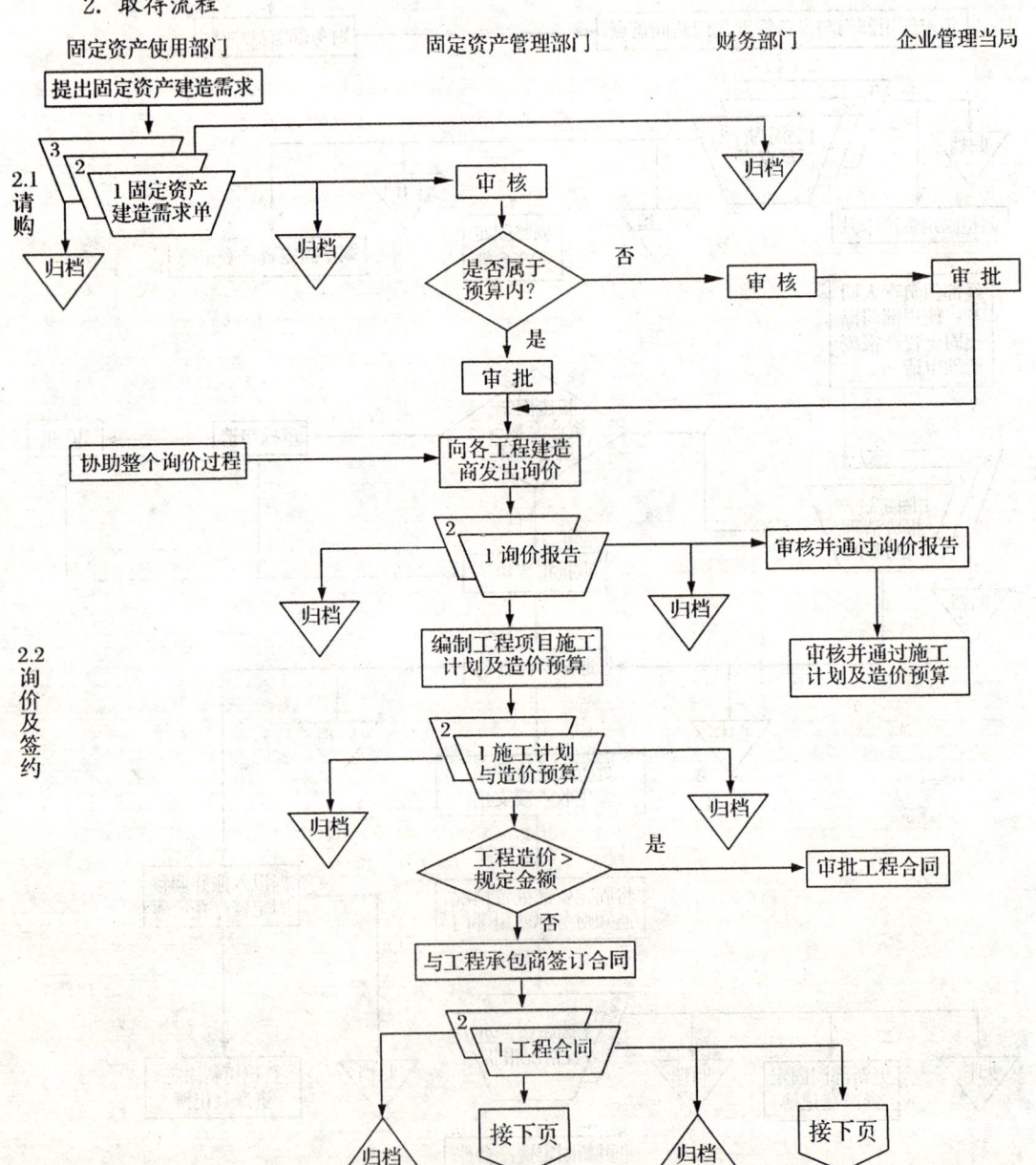

第九章 上海东芝电梯有限公司

2.3 建造及验收

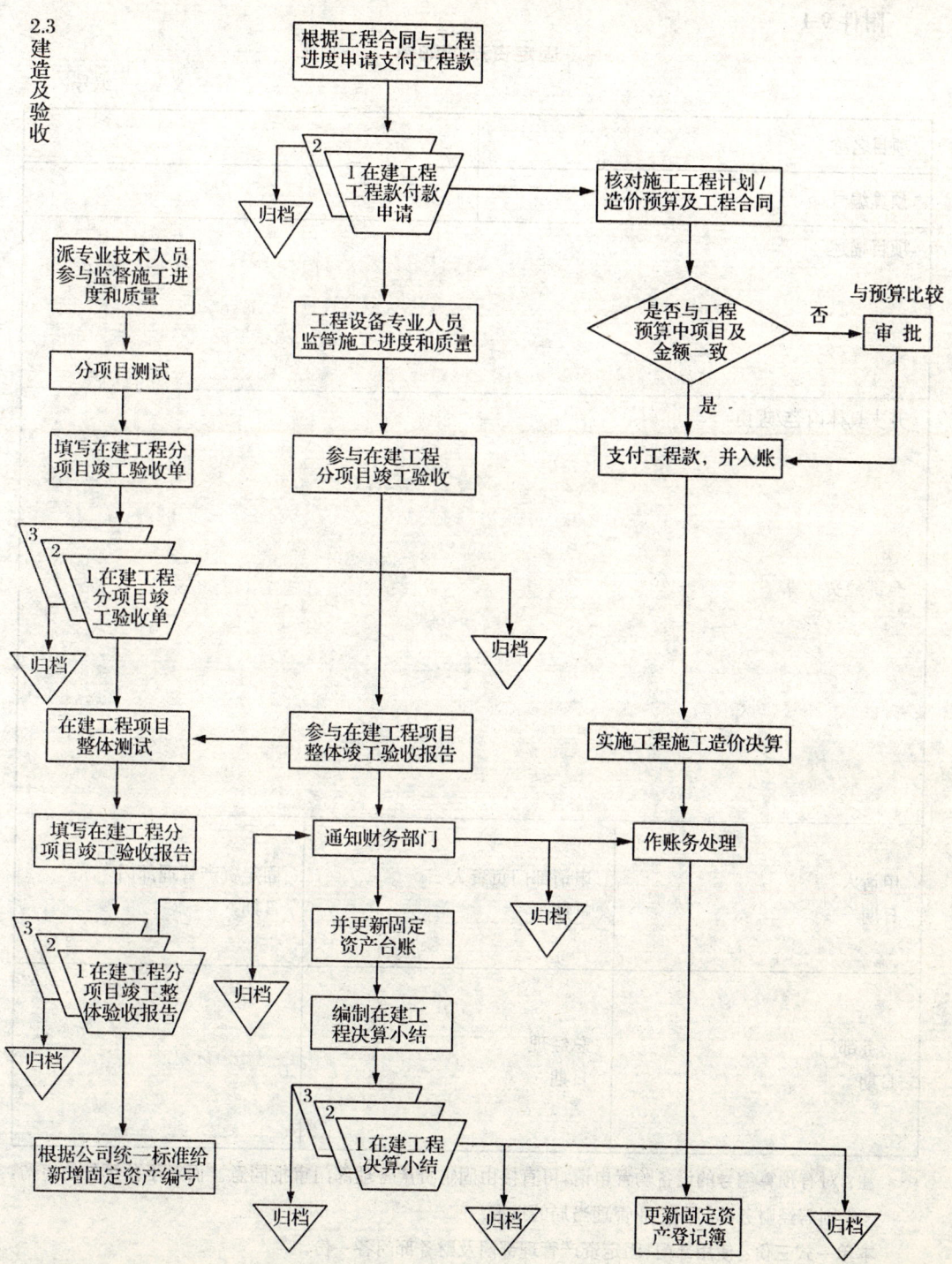

附件 9-1

固定资产请购单

编号：

项目名称	
预算编号	
项目描述	
开支具体内容/理由	
全部经费计算	

申请人 日期	申请部门负责人 日期	固定资产管理部门 日期
财务部门 日期	总经理 日期	

注：对有预算编号的设备购置申请，可直接由固定资产管理部门审批同意。而对于预算外的申请，则需经财务部门及企业管理当局的批准。

本单一式三份：使用部门、固定资产管理部门及财务部门各一份。

附件 9-2

付 款 通 知 书

编号：

请购单编号：	
采购合同书编号：	
采购内容：	
本次付款金额　　　　　　　　付款日期	
尚未支付金额　　　　　　　　预计付款日期	
合同总金额	
付款方式	
汇入公司开户银行：×××	
账号：×××	
固定资产管理部门人员　　　　财务经理　　　　总经理　　　日期　　　　　　　　　　　日期　　　　　　日期	

附件 9-3

设备竣工验收表

编号：

项目名称		项目性质	
请购单编号		设备名称	
设备编号		型号规格	

制造单位		制造年月	
供应商单位		购置日期	
采购合同编号		进厂年月	
验收日期			
使用部门		安装地点	

出厂原价		安装运输费		费用合计	

	测试项目	技术指标	实测数据	备注
1				
2				
3				
4				
5				

验收会签：

设备使用部门	固定资产管理部门	财务部门
日期	日期	日期

注：本单一式三份：使用部门、固定资产管理部门及财务部门各一份。

附件 9-4

固定资产卡片

编号：

所属类别	存放地点
编号	使用状态
名称	
规格	
单位	
资产原值	
耐用年限	
购入日期	
始用日期	
已用年数	

主体及附属设备

名　称	规　格	数　量	

附件 9-5

固定资产登记册

固定资产编号	设备名称
固定资产分类	存放地点

采购合同编号	进厂日期
竣工验收报告编号	竣工验收报告签发人
验收日期	

资产原值
残值
耐用年限
使用日期
已用年限
基本折旧率
基本折旧额
固定资产减值准备

主体及附属设备		
名称	规格	数量

固定资产使用状况
　　　　在用　　　　停用　　　　固定资产清理

附件 9-6

固定资产使用情况变化通知单

所属类别 编号 名称 规格 单位				
变动情况 存放地点 使用状态	原存放地点	现存放地点	变化日	变动原因
	原使用状态 在用 停用 固定资产清理 出租 ……	现使用状态	变化日	变动原因
其他变动				
固定资产管理部门人员 日期	原使用部门 日期		现使用部门 日期	
财务部门 日期			总经理 日期	

附件9-7

固定资产盘点表

年　　月　　日

名称	固定资产编号	存放地点	盘点数	使用状况	盘盈		盘亏		原因
					数量	金额	金额	数量	

制表人：　　　　　　参加盘点人：　　　　　　监盘或抽盘人：

注：参加盘点的人员应包括使用部门、固定资产管理部门及财务部门。财务部门监盘或抽盘。

附件 9-8
固定资产报废清理审批单

日期： 年 月 日	编号：

设备编号		设备名称	
规格型号		始用日期	
设备原值	预计残值	使用时间	
折旧年限	已提折旧	设备净值	

报废原因

审批意见：
使用部门
签字
固定资产管理部门
签字
财务部门
签字
总经理
签字

(本课题调查成员：杜 琼 刘 菲 刘蒙迪 戚霞雯 王 鹍 虞 晶 张晓妍 朱 琪)

第十章 飞利浦光磁电子
（上海）有限公司

一、公司简介

　　在爱迪生发明第一个使用白炽灯泡的 12 年后，一个名叫查拉德·飞利浦的年轻荷兰人与其父合伙在荷兰的爱因霍温建立了一家灯泡厂——飞利浦公司。经过飞利浦家族几代人坚持不懈的技术革新、市场开拓和严格管理，该公司现在不仅是荷兰最大的企业，也是世界上最大、最成功的跨国公司之一，它的子公司和分支机构遍布于全世界 59 个国家。在美国《幸福》杂志 1992 年世界大企业 500 家中排名第三十一位，在电子产品和电气设备行业中居第六位。

　　今天的飞利浦公司世界闻名，因为它首创了录像机和激光唱机等众多的电子产品，而且它是当今世界上最大的电视机和电灯泡的制造商。此外，它还生产半导体、微电脑和 PC 机等产品。它还拥有世界上最大的唱片公司——宝丽金公司的 80% 的股份。在飞利浦公司的发展过程中也有曲折，比如，面对入侵者对录像机和激光唱机市场的占领，没能完全享受到自己的发明成果。另外，在电脑和半导体方面所作的努力也不甚成功。近几年内，飞利浦公司对其全世界的生产网络进行战略调整，正如现任董事长简·蒂默所说：飞利浦现在"离我们所希望的目标尚有很长的路程"。

　　1891 年 5 月 15 日，年轻的工程师查拉德·飞利浦看到电气技术的巨大商业潜力，成立了飞利浦公司，其父弗雷德里克是一位富有的烟草商和银行家，他作为合伙人，提供资金，查拉德本人则提供技术。公司第二年刚一开始生产时就遇到了问题，工厂的灯泡产量和价格都没有达到预想的水平，原因在于飞利浦父子两人都低估了这个新行业中的国际经济力量，特别是忽略了早已进入市场的德国大厂商。使飞利浦公司得以生存下来的原因是 20 世纪 90 年代末电气行业出现的经济高涨和安东·飞利浦非凡的管理才能。安东是查拉德的弟弟，他毕业后曾在英国的一家经济行供职，造就了他的经商和管理才能。安东接受公司业务后，很快就赢得了国内外顾客，使公司的发展走上正轨。

　　20 世纪初，飞利浦公司大力着手技术革新和产品开发，以便能跟上电气行业飞速发展的步伐。1907 年碳丝灯泡过时，飞利浦首先开发出钨丝灯泡，后者提供的亮度比前者高 3 倍，而耗电量相同。随后飞利浦陆续生产出各种类型和规格的白炽灯泡。

第十章 飞利浦光磁电子(上海)有限公司

1912年，飞利浦改为有限公司，名称是"N. V. Philips Gloeil-ampfabrieken"，股票开始在阿姆斯特丹上市。随着公司的发展，飞利浦兄弟越发感到强有力的研究开发能力是保证公司生存的关键，因而在1914年让一名年轻的物理学家吉勒斯·霍尔斯特全权负责公司的研究工作，由他领导一个独立的研究机构，直接向兄弟两人报告工作。

荷兰在第一次世界大战中保持中立立场，使飞利浦公司的经营活动受益匪浅，而一战时因煤炭短缺造成的煤气配给，又刺激了电力的需求。1915年飞利浦生产的一种小型的氩气灯泡，立刻就引发了巨大的需求。为解决进口原料问题，兄弟两人在1915年决定建立自己的灯泡玻璃厂，随后又建成了皱纹包装纸厂，这些举措都构成了飞利浦以后生产过程垂直一体化战略的最初步骤。飞利浦公司在一战后开始大举扩展其海外促销活动，1914年以前，美国和法国就有了飞利浦的独立的销售公司，在1919年，欧洲13个国家和中国、巴西、澳大利亚都有了类似机构。霍尔斯特博士所领导的研究工作对当时的新产品开发起到关键作用，X光管和收音机电子管相继研制成功并投入生产。

1922年查拉德退休，48岁的安东接任公司董事长，公司开始生产完整的收音机，并与1927年9月推出第一台样机。从此以后，飞利浦就开始生产完整的电子产品，而不仅是零部件——这是一项重大的战略转变。整个20世纪20年代，公司都在持续不断地革新和扩展，更多的海外子公司在欧洲、亚洲和非洲出现。

20世纪30年代世界性的大萧条自然也影响到了飞利浦的发展，但它的研究工作基本上没有间断，煤气充气灯、X光设备、汽车收音机、通讯设备和电动剃须刀等为数众多的新产品都是这个时期的成果，新产品的问世，帮助公司解决了财务上的困难。在极端困难的情况下，公司还在南美开了几家新公司。由于此时很多国家实施国际贸易壁垒措施，使飞利浦的海外销售遇到了很大困难，于是在海外建立生产设施的问题就提到议事日程上来。

1939年安东退休，其女婿弗兰斯·奥顿任总经理。1940年德国纳粹入侵荷兰，公司的管理人随荷兰政府先到英国，后到美国。第二次世界大战期间，非德占领区的业务由美国飞利浦公司负责，而国内的飞利浦公司在战争中遭到严重破坏。战后的首要任务就是重建，到1946年底，大多数建筑得以修复，生产也恢复到战前水平。

第二次世界大战后是飞利浦公司的全球扩展时期，原先以爱因霍温为中心的组织结构逐步向全球性分权组织结构发展，各国的飞利浦公司要负责的有财务、法律和管理事务，但有关制造政策权仍是集中的，要由爱因霍温的各产品事业部负责整个公司的产品开发、生产和全球销售。一直作为独立实体的公司研究机构在战后发展成为一个国际性组织，在欧洲和美国拥有8个独立的试验室，它在电子、半导体和集成电路方面作出了巨大的技术贡献。欧洲共同市场的建立又为飞利浦带来了新的机会，因为有可能采用大批量生产为整个欧洲市场服务。

20世纪60年代是飞利浦公司历史上一个非常辉煌的时期，但是到了70年代，就遇到了亚洲人的挑战和竞争。日本人生产的廉价的电子产品洪水般地涌进欧洲市场，飞利浦虽以先进的技术进行顽强的抵抗，但由于生产设施分散，劳动成本不断上升，也只能坐视自己的市场份额逐渐缩小，自己旗下的小工厂不断关闭。1982年，威斯·德克尔出任董事长兼总经理，他提出雄心勃勃的重建计划，大刀阔斧地整顿组织机构，全力提高生产率。同时着手兼并与合资，目的是把公司的资源集中到最盈利的、增长最快的产品线上来。1986年，继任总经理科尼利斯·万德克鲁特也采取同样战略，努力改善公司的经济状况和竞争地位。这个时期公司对激光和微电子方面的研究和激光唱盘和光通讯系列产品的开发使公司重新获得了一部分被日本人夺走了的市场。飞利浦公司从1987年开始把它的消费电子产品推向国际市场，为对付日本人的竞争，它通过合资形式与美国电报电话、通用电气和惠而浦等大公司联合研制新产品，使飞利浦公司对未来充满信心，期望20世纪90年代能在消费电子、家用电器、专业系统和元器件等广泛的产品线上增加自己的市场份额。作为全世界最有成就的研究机构之一的飞利浦试验室也必然会不断地开发出新产品，使飞利浦公司永葆其电子行业的领先地位。

飞利浦电气公司的经营范围如下：

(1) 照明产品(在1991年销售额中占13%)：这是飞利浦公司最早的经营业务，其中包括各种类型的白炽灯泡、汽车等和各种居民、商业和工业用照明产品，还有大型舞台照明系统和其他户外照明器材(如建筑物和纪念碑使用的聚光灯等)。

(2) 消费产品(在1991年销售额中占47%)：这部分产品分为三类：最负盛名的是消费产品，包括电视机、录像机、音响设备(包括1992年推出的DCC系统)、个人电脑、传真机和CD-ROM唱机。另外，家用电器和小型家电产品有电动剃须刀、电动风、食品处理机、水果榨汁机、搅拌器、烤面包机、真空吸尘器、电熨斗和空气处理器。

(3) 专业产品和系统(在1991年销售额中占22%)：这部分产品是由一系列不同的业务所组成。信息系统领域包括办公室自动化系统、文件处理设备、自动呼叫器等；通信系统包括电话设备、移动电话网、传呼机、双向收音机设备和光导电缆等；医疗设备包括X光机、CT设备、磁振设备和超生诊断仪系统等。

(4) 元器件(在1991年销售额中占14%)：飞利浦近年来进行大量投资，以便能在竞争激烈的半导体行业占有一席之地，它是欧洲最大的集成电路生产商，但在世界上只排在第十位。这部分产品还包括电子元器件，如彩色显像管、液晶显示屏和高级陶瓷元件等。

(5) 综合产品(在1991年销售额中占4%)：这部分产品种类繁多，其中包括几家合资企业和持股公司。1991年，飞利浦增加了它在超级俱乐部影视连锁店的股份，占有了多数股权。这家连锁店在美国大约有500家商店，在比利时有100家。

飞利浦公司的主要子公司有：荷兰飞利浦伯德雷文公司，飞利浦国际公司，飞利浦出口公司，鲍克耐奇控股公司，北美飞利浦公司。

二、评估标准

关键的控制要求	风险评估	控制方式	负责人	监督检查	行动计划
1.0 <u>总则</u>		制度文件			
1.1 在中国的所有合资公司应遵守国际通行的业务控制管理标准("飞利浦公司的业务控制政策"中规定的内容)	低	按业务控制政策要求建立健全各部门规章制度	部门经理	总经理	
1.2 每个合资及独资公司的所有员工均要求遵守合资公司订立的行为规范和/或人事规章制度	低	参见人事部规章制度	人事经理	总经理	
1.3 有业务单位应制定、更新与其业务有关的所有方面的政策及规程的手册	中	参见个部门规章制度	部门经理	总经理	参见各部门行动计划
1.4 在公司所有的职能范围内,必须具有充分的职责分工和控制责任;在这种情况不具备时,必须设立替补性的控制管理措施,并用文件说明	低	参见个部门规章制度	部门经理	总经理	
1.5 任何人均不可直接或间接地篡改或致使篡改公司的任何账簿、记录或账目	低	参见财务部规章制度	财务总监	总经理	
1.6 所有业务单位必须建立并保持有效的内控制管理程序以保护财产,会计记录的完整统一性及公司的整体安全和有序(每位总经理和财务经理均要求每年在业务控制责任书上签名以确认这项要求已经达到)	低	参见财务部规章制度	财务总监	总经理	
1.7 保存公司记录必须与规定的存档政策相一致	低	遵守本地法规进行存档(10年)	部门经理	总经理	
1.8 员工不允许谈论公司的敏感/保密的信息或非经授权将该信息透露给公司外的个人或公司员工,有需要知道者除外	低	参见员工手册	人事经理 部门经理	总经理	
1.9 所有组织均必须对诈骗、贪污或其他非法或不道德行为建立向合资公司管理层进行直接汇报的程序。所有重大事件的汇报均须抄送董事长和副董事长、公司内部审计部及安全部门	低	财务部门进行经常性审计	财务总监	总经理	

三、销售环节

2.0 销售的各个环节
2.1 销售人员
2.2 订单处理
2.3 信贷控制
2.4 出运/发货
2.5 客户返还的货物
2.6 出具发票
2.7 项目
2.8 客户支持/售后服务
2.9 应收账款
2.10 收款
2.11 现金收款

	关键的控制要求	风险评估	控制方式	负责人	监督检查	行动计划
2.1	**销售人员**					
2.1.1	对销售人员适当的组织——监督、人员人数/素质、地区/产品责任的分配、培训等	低	销售会议	销售经理	总经理每季度一次	
			员工表现评估	销售经理	总经理每半年一次	
			周会	销售经理	总经理每周一次	
			在职培训	销售经理	总经理每月一次	
2.1.2	可靠的销售预测过程	中	根据客户实际生产能力、付款能力，评估、建立跟踪系统，比较客户预算和实际发货量	销售经理	总经理每月一次	行动计划——销售部门(12)
2.1.3	明确的订货目标/对销售人员的激励——与市场策略一致，重点在特定渠道、产品、客户等	低	销售会议 关键客户管理	销售经理	总经理每季度一次	
2.1.4	定期审核销售人员的奖金预提款项——财务部审批奖金/激励款项	低	年终根据销售人员的表现评估决定奖金	销售经理	总经理每年一次	

(续表)

关键的控制要求	风险评估	控制方式	负责人	监督检查	行动计划
2.1.5	与其他职能部门的有效交流/联络——预先提醒预算变动、库存短缺等	高	库存报告 B-Form	相关部门经理	总经理	每日库存报表,B-Form 及时修改参见行动计划——销售部门(6)
2.1.6	订货状况的定期汇报(包括创利额)	中	销售计划	销售经理	总经理每月一次	销售计划增加创利额,参见行动计划——销售部门(4)
2.1.7	收集客户/竞争对手的反馈信息,包括客户投诉/改善建议	高	每位销售人员负责自己客户的信息及投诉并追踪解决	销售员	销售经理	建立客户服务小组,设人负责,参见行动计划——销售部门(1)
2.1.8	竞争对手信息的反馈	高	没有	相关销售员	销售经理	建立竞争对手资料汇总系统,参见行动计划——销售部门(7)
2.2	订单处理					
2.2.1	合适的政策及程序,例如每个产品/客户的价格结构	低	销售会议	销售经理	总经理每季度一次	
2.2.2	财务部及法律部门审核标准的(及特殊的)销售合同条款	低	有正式的合同	销售经理	总经理	
2.2.3	订单处理与出运、出具发票、应收账款,库存记录及收取现金等相互独立	低	销售部处理订单、已付信用证,物流部安排生产、出运,仓库负责库存记录,财务部负责收取现金	操作人员	部门经理	
2.2.4	对每个产品/客户主要资料库的接触/变更进行控制	中	关键客户管理产品资料设专门档案	销售员	销售经理	制定产品更新通知程序,参见行动计划——销售部门(8)
2.2.5	对订货处进行适当的监督、人选、文件记录及培训	中	由销售人员负责接受订货单,并按客户分类归档	销售员	销售经理	行动计划——销售部门(13)

(续表)

关键的控制要求	风险评估	控制方式	负责人	监督检查	行动计划
2.2.6 将客户订货立即登记并准确地输入系统		不适用			
2.2.7 对标准/协定价格、折扣或结算条件进行变动的适当授权及汇报	中	公司每季度根据市场情况进行价格及价格策略调整,销售人员按此价格及价格策略报价	销售员	销售经理	制定正式报价程序,参见行动计划——销售部门(9),订单处理部(2)
2.2.8 在订单输入系统之前对客户应收账款的未清偿结余进行信贷限制的检查		不适用;目前所有销售款到发货或信用证交易			
2.2.9 "商务原因"超出信贷限额的部分需经理级书面授权		不适用			
2.2.10 "免费"订货的特准/汇报	低	免费订货由总经理批准	销售经理提议	总经理批准	
2.2.11 对库存不足的订单的处理程序	中	没有	销售经理	总经理	制定相应程序,参见行动计划——销售部门(10)
2.2.12 寄给客户的订货确认单	低	每月底发出下月的出货确认	订单操作人员	销售经理	
2.2.13 定期监督/跟踪未完成的订货单	高	没有	销售经理	总经理	行动计划——销售部门(11)
2.2.14 送货前审核推迟交货的文件/对订单进行确认	低	每次出运前一天内通知客户	订单操作人员	销售经理	
2.3 **信贷控制**					
2.3.1 适当的信贷政策及程序					
2.3.2 对新客户进行充分的资信调查					
2.3.3 对所有客户设立信贷限额					
2.3.4 明确统一的结算条件					
2.3.5 定期审核客户信贷限额的合理性					
2.3.6 立即清理与信贷有关的订单					
2.3.7 密切关注有风险的债务人的余额					

第十章 飞利浦光磁电子(上海)有限公司

(续表)

关键的控制要求		风险评估	控制方式	负责人	监督检查	行动计划
2.4	出运/发货					
2.4.1	基于批准的/由系统出具的发货通知对货物进行提取、包装及发货的适当程序	低	产品出发程序 VCW-PL-80-004	成品仓库主管	物流主管	
2.4.2	完整性控制管理以确保所有发货均有记录	低	用联号的出货指示控制	成品仓库主管	物流主管	
2.4.3	所有发货均准确记录于库存记录中	低	用联号的出货指示控制	成品仓库主管	物流主管	
2.4.4	对特殊的货物运输进行控制的程序,例如直接送货、出具三角关系的发票、寄销库存、项目/一篮子交易等	中	B-Form	销售员	销售经理	B-Form 修改程序:缩放更改所需的时间行动计划——销售部门(5)
2.4.5	对使用手写送货单据进行严格控制	低	所有送货单用流水号控制	产品仓库	物流主管	
2.4.6	对外部进行的次品返工货物的往来运输进行控制	低	根据质量部发的RMA报告收退货	产品仓库	物流主管	
2.4.7	定期监督及调查尚未完成的销售订货/已批准的出运货物	中	月检	订单处理部门	销售经理	行动计划——销售部门(14)
2.4.8	准时出具出口清关用的适当/准确的货运单据	低	订单处理部门出具相应单据	订单处理部门	物流主管	
2.4.9	通过数码/电脑控制货运单据	低	用流水号控制	订单处理物流主管	副总经理	
2.4.10	从承运人获得的货运证明	低	收货员出示外运装箱单	操作人员	物流经理	
2.4.11	经批准的每月销售截止程序/销售确认标准的政策	低	以飞利浦月最后一天为截止期限	销售员	销售经理	
2.4.12	空白货运单据/提单的控制	低	不使用空白货运单据或提单	成品仓库主管	物流主管	
2.5	客户返还的货物					
2.5.1	根据政策和规程确认所有客户的返还货物	低	RMA 标准 VCW-LP-97-007	品质部门	品质经理/每月	
2.5.2	立即处理所有返还货物准确输入系统	低	收货后一周内得出解决方案	品质部门	品质经理/全年	

(续表)

	关键的控制要求	风险评估	控制方式	负责人	监督检查	行动计划
2.5.3	特别注意仍留在客户场地/其他场地的待收的返还货物	中	去客户处检查不合格品	品质部门	品质经理	制定每季客户处待返货物清查程序,参见行动计划——质量部门(1)
2.5.4	对返还货物的验收/归为正品或次品(根据规定的修理或报废标准)	低	客户质量部安排检查并出具检验报道	品质部门	品质经理/全年	
2.5.5	向负责的产品部门经理分析及汇报返还货物(返还数量、原因等)——有效措施	低	客户质量部安排检验并出具检验报道	品质部门	品质经理/每月	
2.5.6	确定及汇报返还货物的成本总额——运输、处理、仓储、折价抛售处置等费用	中	由生产部门核算相关成本	品质部门	品质经理/生产经理/每月	行动计划——质量部门(2)
2.5.7	对返还次品处置的控制管理	中	RMA 程序控制 VCW-LP-97-007	品质部门	品质经理	改善运作程序,参见行动计划——质量部门(3)
2.5.8	对客户投诉/索赔进行调查并立即采取行动	高	待返的货物,按数量情况安排返还	品质部门	品质经理	成立客户服务小组,专职处理客户投诉,参见行动计划——销售部门(2)
2.5.9	替换货物发出前需经批准并作适当的记录	低	RMA 程序 VCW-LP-97-001	品质部门	品质经理	
2.6	出具发票					
2.6.1	财务部对处理销售发票/红字发票最终负责	低	每周/月检查制度	财务经理	财务总监	
2.6.2	出具发票部门与出运/应收账款部门的分开独立	低	分部门工作	物流经理 财务经理	财务总监	
2.6.3	出具发票/红字发票应依照经批准的/准确的货运单据及客户订货单据	低	B-Form 及有关文件	订单处理员	财务总监	
2.6.4	出具发票的完整性/所有发货均有发票	低	依照收货指示开发票	订单处理员	财务总监	

(续表)

关键的控制要求	风险评估	控制方式	负责人	监督检查	行动计划
2.6.5 根据批准的销售截止政策及程序及时出具发票(发票不应在出运货物之前出具,除非货物所有权已到客户手中)	低	依照当天出货单开发票	订单处理员	财务总监/每月	
2.6.6 特别注意直接送货、出具三角关系发票	低	有控制	订单处理员	财务总监	
2.6.7 根据合同条款及时就项目/合同出具发票——对项目过程中确定利润额有明确的会计政策(参见2.7)	低	依合同开出	财务经理	财务总监	
2.6.8 发票的准确性——即正确的客户地址,货物名称,单位数量、价格、折扣及结算条件等	中	价格未有控制	订单处理员	财务总监	行动计划——订单处理部(1)
2.6.9 发票必须注明真实的货物名称/货物价值	低	有说明	订单处理员	财务总监	
2.6.10 关于客户返还货物/索赔的红字发票进行定期的适当授权,处理	低	批准的 RMA 表格	销售经理	财务总监	
2.6.11 向客户直接寄送发票/红字发票	低	专人负责	订单处理员	财务总监	
2.6.12 发票/红字发票以数码和/由系统控制	低	分类保管	订单处理员	财务总监	
2.6.13 对空白发票/红字发票的控制管理	低	财务部保管	财务经理	财务总监	
2.6.14 对销售的数量/价值进行综合报道,包括创利额按产品、客、地区等分类(由自动化系统对数据提供充分依据)	低	周/月报表	财务会计	财务经理/每月	
2.8 客户支持/售后服务					
2.8.1 适当的文件政策及程序	低	操作指导书	市场销售支持	销售经理	
2.8.2 分析和汇报所涉及的质量总费用,包括客户退货费用等	中	由生产部门核算相关成本	销售员	销售经理/每月	行动计划——销售部门(15)

(续表)

关键的控制要求	风险评估	控制方式	负责人	监督检查	行动计划
2.8.3 有效的售后服务活动控制信息——售后服务中心,现场工程师,工场等(按适用情况定)	高	销售人员负责处理各自客户的售后服务	销售员	销售经理	成立客户小组,专职处理客户投诉,参见行动计划——销售部门(3)
2.8.4 备件的货物流程控制——采购、发货和替换程序		不适用			
2.8.5 定期将适当的质量数据汇报给产品经理,例如使用者抱怨比例、返还货物量、客户投诉等	低	每月汇报	品质部门	品质经理	
2.8.6 收集故障分析数据并与供应商联络——在合同条款允许的前提下应向供应商要求索赔		不适用			
2.8.7 对由外部特约维修中心进行保修和有偿维修的正确安排进行核实的控制程序		不适用			
2.8.8 合理保存维修合同的总记录——定期向客户出具保险费续期单/对收入作适当的会计处理		不适用			
2.8.9 对地区服务中心进行有效的行政控制		不适用			
2.8.10 售后服务经理定期审查特约维修中心的工作绩效/经营质量		不适用			
2.8.11 对备件库存(所有地点)进行定期的实物盘点		暂不适用			
2.8.12 适当估计备件存货价值——对预提的报废金额进行定期审查	低	按季预提	财务经理	总经理	
2.9 应收账款					
2.9.1 出具发票/收款的职责相互独立	低	发票与收款人由专人负责	会计师	财务总监/每年	
2.9.2 确保发票和红字发票都已完整准确地在应收账款中得到反映	低	专人负责登账	会计师	财务总监	
2.9.3 准确及时地将现金收入反映到应收账款中对无法认定的现金收入进行调查并放入客户账户	低	由出纳及会计员分别核算与协调	会计师	财务总监	

(续表)

关键的控制要求	风险评估	控制方式	负责人	监督检查	行动计划
2.9.4 所有对应收账款的调整/修正凭证均需正式批准	低	由会计员调整,会计师复核	会计师	财务总监	
2.9.5 对使用客户/价格总目录进行严格控制	N/A				
2.9.6 每月检查应收账款的余额清单是否与总账相一致	低	通过明细账与试算平衡表核对/每月	会计师	财务总监	
2.9.7 每月对未清的应收账款余额进行账龄分析和审查	低	打印账龄分析报告,作出说明/每月	会计师	财务总监	
2.9.8 将应收账款向管理层进行有效汇报,包括出现严重的未偿余额的原因及所采取的行动	低	每月账务分析报告作出说明	会计师	财务总监	
2.9.9 对应收账款余额清单中的贷方余额进行审查/调查	低	由会计师对账调整/每月	会计师	财务总监	
2.9.10 对客户明细记录定期进行(监督性的)审查,如有不相匹配的红字发票、未清的发票与现金收入不符、未清的索赔/其开的索赔发票等	低	随时清查任何具有异常情况的发票,及时调整	会计师	财务总监	
2.9.11 对客户索赔/其开的索赔发票进行管理	N/A				
2.9.12 坏账预提款的适当政策及定期(每季)审查	低	按当地及飞利浦原则决定坏账预提比率/每月	会计师	财务总监	
2.9.13 定期审查与价值有关的其他预提款项,例如折扣、回扣	低	遵守公司内交易价格政策	会计师	财务总监	
2.9.14 对公司间的往来账目余额进行定期的调整使其一致	低	按季进行余额对账调整/每季	会计师	财务总监	
2.9.15 应收账款的账龄分析应有一致且经批准的标准	低	公司内部销售按规定执行(30或60天期限),向第三方销售均以即期信用证或预付款结算	会计师	财务总监	
2.9.16 防止遗失/擅取应收账款记录	低	专人档案管理	会计师	财务总监	
2.9.17 定期审查其他应收账款,包括给员工的贷款/预付款等	低	每月结清核对	会计师	财务总监	

(续表)

关键的控制要求	风险评估	控制方式	负责人	监督检查	行动计划
2.10 收款					
2.10.1 有效的现金收款程序/对超期款项立即采取行动	低	参见 VCW-LP-70-001	会计师	财务总监	
2.10.2 对应收账款余额/未收到货款的原因进行定期审查(遇到未解决的具体问题应及时汇报经理)	低	每月检查,主动催款	会计师	财务总监	
2.10.3 立即对客户投诉进行了解/解决客户的要求	暂不适用				
2.10.4 冲减坏账需经批准和资料证明	中	订立坏账冲减程序	会计师	财务总监	更新授权标准,参见行动计划——财务部(1)
2.11 现金收入					
2.11.1 打开邮件的适当程序和监督	暂不适用				
2.11.2 对出纳工作应保证安全(有个安全的出纳办公室)	低	所有现金放入保险箱	会计师	财务总监	
2.11.3 接触现金的人员与应收账款及总账人员相互独立	低	完全独立,相互监督	会计师	财务总监/每月	
2.11.4 收到支票后立即进行背书	低	当日存入银行	会计助理	财务总监	
2.11.5 每天对收现款进行登记,记入现金账簿并送到银行	低	每天做到账实相符	会计助理	财务总监	
2.11.6 将记录与银行对账单/总账月汇总进行比较	低	每月核对	会计师	财务总监	
2.11.7 现金的月结账日的划分方法需明确	低	按飞利浦月结日	会计师	财务总监	
2.11.8 其他现金收入的处理程序	低	参见 VCW-LP-70-001	会计师	财务总监	

备注:目前公司除内部客户外,全部不赊账销售。

四、采购环节

3.0 采购的各个环节

3.1 采购

3.2 验收货物/货物的内容

3.3 应付账款

3.4 支付款

第十章 飞利浦光磁电子(上海)有限公司

关键的控制要求	风险评估	控制方式	负责人	监督检查	行动计划
3.1 采购					
3.1.1 采购与验收货物、付账款和支付款相互独立	低	各部门自己负责开采购申请单,经部门经理、总经理签字交采购部统一购买,由仓库出具收货证明书,再由采购部将两单交财务部审批付款	部门员工	管理层,不定期	
3.1.2 制定适当的采购政策/程序	中	购货程序详见附件一	部门员工	管理层,不定期	行动计划——采购部(1)
3.1.3 在批准的采购申请单/生产计划的基础上制定采购订单	低	采购部按生产计划制定采购订单,经上级审批实施	部门员工	管理层,生产例会,定期	
3.1.4 各部门间有效的沟通以确保对销售预测、生产计划、库存量/目标等的变更有及时的交流	低	按销售预测、生产计划库存量/目标,制定新的采购计划	采购部	管理层,定期	
3.1.5 对采购订单的适当的批准权限	低	各级经理均有特定权限详见附件二	总经理/采购部	管理层	
3.1.6 对特殊采购项目的政策/程序,例如资产项目长期供应承诺等	低	详见附件三	总经理/财务总监	管理层,不定期	
3.1.7 从其他供应商获得有竞争力的报价	中	起步阶段	采购部	总经理/全年	行动计划——采购部(3)
3.1.8 在得不到报价或决定不选择报价最低的供应商时需经特别批准	低	须经特别批准	采购部	财务总监部门经理	
3.1.9 在明确的选择标准基础上由采购部对可能的供应商进行审查/调查	低	由采购部对可能的供应商进行审查/调查	采购部	管理层,定期	
3.1.10 由财务部批准已选择的新的供应商	低	采购部选择新供应商,由部门经理、财务总监批准	采购部	财务总监部门经理/新供应商	

(续表)

关键的控制要求	风险评估	控制方式	负责人	监督检查	行动计划
3.1.11 更新合格供应商清册并定期检查	中	起步阶段	采购部	财务总监部门经理/半年	行动计划——采购部(2)
3.1.12 对供应商的工作绩效进行定期审查——质量、价格、交货及服务	低	定期审查	有关部门员工	总经理、部门经理/每月及每年	
3.1.13 与供应商协定适当的结算条件(避免使用信用证)	低	无信用证	采购部	财务总监部门经理	
3.1.14 在并不缺乏其他供应商的前提下,如只利用单一的供应来源则要用资料说明理由并经批准	暂不适用				
3.1.15 采购订单中应包括所有有关内容——数量、价格、条件和交货要求	低	详见附件四	采购部	财务总监部门经理	
3.1.16 用数码/电脑控制采购订单(包括空白表格的保管)	低	用电脑控制采购订单	采购部	管理层、不定期	
3.1.17 对未处理的采购订单定期审查	低	订单定期审查	采购部	管理层、不定期	
3.1.18 对已批准的采购订单事后进行修改则需正式批准	低	已批准的采购订单事后进行修改须重新审批	采购部	财务总监部门经理	
3.1.19 内部转让价格的适当政策	低	管理层决定	财务总监部门经理	管理层、定期	
3.1.20 价差的分析/作最近的发票价格清单	低	大部分的采购价格已由荷兰/新加坡决定	采购部	管理层	
3.1.21 按供应商及采购的种类等应准确的报告	暂不适用				
3.1.22 应当充分注意外汇动态/风险的影响	低	已注意外汇动态/风险的影响	采购部	财务总监部门经理/每月	
3.1.23 应当特别注意空运的费用——解释理由/报告给经理级	低	已注意空运的费用,但没有书面报告给经理级	采购部	财务总监部门经理/每次	
3.1.24 使用综合的集团公司的合同条款	低	已使用	采购部	财务总监部门经理	

(续表)

	关键的控制要求	风险评估	控制方式	负责人	监督检查	行动计划
3.1.25	对自制或他制的产品进行定期审查	暂不适用				
3.1.26	对非生产性采购的适当控制,例如广告和促销、售后服务	暂不适用				
	(对"不早不迟""Just in Time"的采购项目有特别的内部控制管理要求)	低	JIT项目有特别的内部控制管理要求	采购部	物流部	
3.2	验收货物/货物进仓					
3.2.1	适当指定的货物验收地点	低	所有货送到仓库验收地点	收料员	物流主管/全年	
3.2.2	执行货物验收的人员与下订单和处理发票的人员独立开来	低	已独立操作	采购部 物流部	管理层	
3.2.3	货物的/材料只能根据经批准的采购订单进行接受	低	所有接受的货物均有订单,且收货人有完整的订单清单	采购部 物流部	管理层	
3.2.4	收到货物后立即进行准确的记录——出具以数码为序/以电脑控制的收货单	低	跟G17入账(有流水号)	收料员	物流主管/全年	
3.2.5	在未收到货前没有充分证据证明货已送达时不能出具收货单	低	收货后才出收货单	收料员	物流主管/全年	
3.2.6	应当特别注意供应商将货物送到合同中规定的场地的情况,或直接送给客户的情况	低	外发加工收货要将供应商的送货单到外发加工物料控制	外发加工物流员	物流主管/全年	
3.2.7	将收货单副本立即送往采购部门并记入应付账款中	低	已执行	采购部 物流部	部门经理/全年	
3.2.8	对规格、数量和质量进行充分的(测试)检查——将不符内容记在收货单上/与供应商进行解决	低	已执行	采购部 物流部	部门经理/全年	
3.2.9	注意入库货物的实物安全,尤其是贵重或有害物品	低	有控制	物流主管	副总经理	
3.2.10	对收货单随时进行的修改/修正需经正式批准	低	不可修改	物流主管	副总经理	
3.2.11	拒收货物/材料应退还供应商并输入到库存记录中	低	有不良品记录	物流主管	副总经理	

(续表)

	关键的控制要求	风险评估	控制方式	负责人	监督检查	行动计划
3.3	应付账款					
3.3.1	应付账款与采购、支付款及总账人员独立开来	低	独立分工,相互监督	财务经理	财务总监/每年	
3.3.2	打开邮件后将供应商发票直接送给应付账款人员	低	应付款由会计员负责	会计师	财务总监	
3.3.3	在收到供应商发票/红字发票后进行控制(例如以数字顺序登记)	低	及时入账登记	会计师	财务总监	
3.3.4	发票与采购订单及收货单相匹配(遇有数量、价格等不符则立即解决)	低	立即复核,发现问题及时解决	会计师	财务总监	
3.3.5	特别注意承包商发票的批准	低	及时核对合同条款及其有关协议	会计师	财务总监	
3.3.6	根据会计科目表对发票正确编码	低	正确登账,按序编制会计凭证	会计师	财务总监	
3.3.7	在没有采购订单/收货单的情况下对发票处理的特别审批	低	补办申请单,取得批准	会计助理	财务总监	
3.3.8	将运输发票与货运单据进行核对	低	及时审核运输发票	会计助理	财务总监	
3.3.9	对外币发票进行正确的记录	低	制单及复核相结合	会计助理	财务总监	
3.3.10	在将发票处理到应收账款中之前应对其进行核实检查数值是否准确,是否存在折扣及其会计编码等	低	根据入库单、采购单确定是否准确	会计师	财务总监	
3.3.11	发票复印件应清楚地作标记,以免出现重复处理	低	两人复核按正本付款	会计师	财务总监	
3.3.12	对不相符的发票、收货单及采购订单进行定期的审查/调查	低	随时发现问题,随时调查及时调整	会计师	财务总监	
3.3.13	对应付账款明细账的余额和供应商的对账单进行审查/调查	低	每月末专人复核	会计师	财务总监	
3.3.14	应付账款明细账的余额和总账相一致	低	每月核对专人负责	会计师	财务总监	

(续表)

关键的控制要求	风险评估	控制方式	负责人	监督检查	行动计划
3.3.15 对应付账款明细账的借方余额进行定期审查/收回	低	每半月两人复核,避免出错	会计师	财务总监	
3.3.16 批准红字发票记入到应付账款明细账中	低	凭退库单入账	会计师	财务总监	
3.3.17 控制管理以确保对所有返还货物/索赔/交货短缺的情况均收到供应商的红字发票	低	专人负责催收	会计师	财务总监	
3.3.18 对应付账款明细账的所有调整/记账凭证均需批准	低	多人复核制度	会计师	财务总监	
3.3.19 定期审查国外及国内公司间的来往账户余额使其一致(至少每季一次)	低	每季复核	会计师	财务总监	
3.4 支付款					
3.4.1 出具支票(应付账款)与签署支票/邮汇的人员相互独立	低	专人分工,相互监督	会计师	财务总监/每年	
3.4.2 预先按序编制的支票应以数字顺序填写/定期盘点	低	有独立完整记录系统	会计师	财务总监/不定期	
3.4.3 付款申请单需附上经批准的发票、采购订单和收货单	低	所有付款均需批准	会计师	财务总监	
3.4.4 (根据政策)获取供应商折扣——对供应商/发票要求准时付款的应及时列明并处理	低	将会及时处理	会计师	财务总监	
3.4.5 在正确的会计时限内记录支付款(每月做银行调节表)	低	及时记录复核	会计师	财务总监	
3.4.6 不要开具以现金偿付的支票或支付给持票人的支票	低	签票人相互控制	会计师	财务总监	
3.4.7 空白支票的保管/适当处理	低	专人保管,定期复核	会计师	财务总监	
3.4.8 对支票授权签名名单进行维护更新/遵守权限范围	低	参见 VCW-LP-70-001	会计师	财务总监	
3.4.9 对于约定的权限范围之外的支票必须有两人签署	低	参见 VCW-LP-70-001	会计师	财务总监	

(续表)

关键的控制要求	风险评估	控制方式	负责人	监督检查	行动计划
3.4.10 对要求签署的支票需附上合适的支持文件	低	专人负责	会计师	财务总监	
3.4.11 发票/附件在支付完成之后立即注销	低	及时完成及时注销	会计师	财务总监	
3.4.12 签署后的支票直接送给供应商/不再退回到应付账款	低	专人负责	会计师	财务总监	
3.4.13 损坏/注销的支票应保留/作适当处理	低	存档保管	会计师	财务总监	
3.4.14 已付的支票/电汇单的副本应与注销的文件（发票/采购订单/收货单等）一起归档	低	单独归档	会计师	财务总监	

五、生产与开发

4.1 生产
4.2 固定资产
4.3 开发

关键的控制要求	风险评估	控制方式	负责人	监督检查	行动计划
4.1 生产					
4.1.1 适当的文件政策与程序	低	所有文件存在VCW-LP-25	生产副经理	副总经理/全年	
4.1.2 基于可靠的销售预测/供应计划制定有效的计划程序	低	按总部主生产计划编制相应的工厂生产计划	物流计划主管	副总经理/每月	
4.1.3 职能部门之间及时沟通以确保能及早知道生产计划中所需的变动	低	每周一次物流会议	部门经理	副总经理/每周	
4.1.4 只有在经批准的计划日程/工作指令的基础上进行生产	低	根据由副总经理签字的生产计划进行生产	生产副经理	副总经理/每月	
4.1.5 对生产过程进行明确定义/分析以识别疑难问题并进行解决	低	生产中不合格品控制程序 VCW-LP-90-002	生产副经理	副总经理/全年	

(续表)

关键的控制要求	风险评估	控制方式	负责人	监督检查	行动计划
4.1.6 完整准确地将材料转入在制品账目——（以最新的每件产品的材料单为准）	低	每日完成库存报告，并按周复核	仓库主管 管理会计	物流经理 财务经理	
4.1.7 确保材料单与实际使用的材料相比完整准确（设计变更时进行及时的更新）	低	每日完成库存报告，并按月复核	仓库主管 管理会计	物流经理 财务经理	
4.1.8 对废弃物品的记录及其处理和汇报的适当控制管理	低	按月完成并复核库存报告	仓库主管 管理会计	物流经理 财务经理	
4.1.9 对生产中使用的易耗品库存进行适当的控制管理	低	有进货出货数量	易耗品管理员	生产经理/每周	
4.1.10 对在制品进行定期的实物盘点	低	每月一次	物流经理 生产经理	副总经理/每月	
4.1.11 对在制品的估价标准应适当且一致	低	定期估价	管理会计	财务经理	
4.1.12 可能的话，坚持"不早不退"的原则，尽量减少库存和在制品数量	低	按生产计划生产	生产副经理	副总经理/全年	
4.1.13 库存记录应根据发往生产线的材料进行完整而准确的更新	低	每日完成库存报告	仓库主管	物流经理	
4.1.14 在生产全过程中对质量进行适当的检查——产成品/报废品情况应汇报给有关经理	低	每周 PMRR，每月有报废报告给副总经理	生产副经理	副总经理/每月	
4.1.15 返工的控制管理	低	返工指导书 VCW-LI-61-026/27/17	生产副经理	副总经理/全年	
4.1.16 针对计划每月汇报实际生产量并对主要的未达标项进行解释	低	每周一次物流会议，每月有汇总报告	生产副经理	副总经理/每周/每月	
4.1.17 定期汇报主要的经营业绩指标（处理时间、CLIP、合格率、报废量等）	低	每月汇报给副总经理	各部门经理	副总经理/每月	
4.1.18 对尚未完成的工作指令进行定期监督/清理	低	会议记录控制	各部门经理	副总经理/每周	
4.1.19 所有成品需登账/立即转到转货处或安全的仓储地	低	每月逐笔登账，并置于成品仓库	仓库主管	物流经理	

（续表）

关键的控制要求	风险评估	控制方式	负责人	监督检查	行动计划
4.1.20 制定月末结账划分方法并照此执行	低	按照公司月结表进行	仓库主管	物流经理 财务经理	
4.1.21 对产量进行正确的控制管理,即送入的材料是否与实际产量所需的材料(按定额计算)和登记的废弃物品相对应	低	每月完成库存报告,并按月复核	仓库主管 管理会计	物流经理 财务经理	
4.1.22 对产量、品种组合、成本多少和废弃物品数量的改变所造成的结果进行适当的估价/解释	低	进行月末成本综合分析	管理会计	财务经理	
4.1.23 应特别注意处罚因素——对有害物质的利用、污物的处理等	暂不适用				
4.1.24 应特别注意员工的安全,例如使用劳防制服/眼镜、定期进行消防大检查,即定期进行电线电缆的合格审查,进行消防演习,消防出口要加以明显标志,并保持一直通畅	中		生产副经理	副总经理/全年	行动计划——生产部门(1)
4.2	固定资产				
4.2.1 有关固定资产投资的文件政策和程序	低	参见《总公司固定资产投资管理程序》	会计师	财务总监/每年	
4.2.2 进行固定资产的投资需经适当的预算批准和控制管理	低	参见《固定资产投资预算及程序》	会计师	财务总监	
4.2.3 更新固定资产的登记册,名称和费用资料都应正确——经常与总账余额相核对使其一致	中	建立复核制度	会计师	财务总监	与财务部配合实施行动计划——财务部(2)
4.2.4 折旧政策根据中国的会计法规	低	遵守当地法规	会计师	财务总监	
4.2.5 小额资产应按既定程序记账/控制	低	入账登记	总务	人事经理	
4.2.6 对固定资产进行定期的实物盘点	低	定期配合设备部盘点	会计师	财务总监	
4.2.7 根据现行规定将多余的设备重新归类为闲置设备并妥善处理	暂不适用				

第十章 飞利浦光磁电子(上海)有限公司

(续表)

关键的控制要求	风险评估	控制方式	负责人	监督检查	行动计划
4.2.8 进行定期的/预防性的保养以尽可能减少设备出现意外的停机	低	每半月进行保养	工程师	工程部经理	
4.2.9 对固定资产进行适当的估值	低	如有需要,将会进行估值	会计师	财务总监	
4.2.10 对转入资产负债表中的资产的初始成本/模具夹具成本进行定期审查——在账里记充足的预提费用以备可能出现的投入回收不足	低	按耗用数量分摊	会计师	财务总监	
4.3 开发	暂不适用				
4.3.1 开发活动的文件政策和程序					
4.3.2 控制管理项目的有效程序——批准预算、针对预算/目标对项目进度进行定期监督汇报					
4.3.3 产品设计要求应有明确的总体规格——对价格、性能、时间表、减少零部件总数等均设有参数					
4.3.4 所有有关业务经理均提前参与设计过程/对之作出承诺,例如市场推广部、采购部、生产部、工程部及财务部					
4.3.5 设定目标以缩短开发投入市场的总体时间					
4.3.6 定期审查汇报开发项目的进程					
4.3.7 确立主要的指标并对其进行监督——如减少投入市场的时间、按时投入市场、成本/零部件的省减等					
4.3.8 尽早识别出不行的项目/采取行动					
4.3.9 收取费用及开发成本的回收应按一贯/明确的依据进行					
4.3.10 对主要的开发项目进行事后核算					

六、库存

5.1 验收货物/货物进仓
5.2 库存控制/仓储
5.3 货运/发货

关键的控制要求	风险评估	控制方式	负责人	监督检查	行动计划
5.1 验收货物/货物进仓					
5.1.1 所有收到的货物应立即准确登记到系统中——参照采购的各个环节第3.2节	低	收发料程序	收料员	收发料负责人	
5.2 库存控制/仓储	低				
5.2.1 库存控制/仓储应与销售、生产和会计独立开来	低	独立分开控制	各部门负责人	副总经理/总经理	
5.2.2 适当的文件政策程序	低	库存程序	物流主管	副总经理	
5.2.3 明确说明存储过程——发现并解决疑难问题/晚交情况	低	收发料程序	收料员	收料主管	
5.2.4 限制进出仓储区域的人员	低	设专门保安人，负责对外来人员进行登记	物流主管	副总经理	
5.2.5 合适的仓储条件——安全、整洁、环保	低	下班由保安负责锁门，行政部门派专门人员打扫仓库	物流主管	副总经理	
5.2.6 对贵重物品及有害物品的特别安全预防措施	NA				
5.2.7 按种类、地点和状态对库存进行分析/汇报	低	库存日报表每天提供给采购，每月做一份库存报告给生产经理	物流主管	副总经理/每月	
5.2.8 对各类存货进行定期实物盘点（以定期盘存或永续盘存为主）	低	定期按库存盘点程序进行物料盘点	物流主管	副总经理/平均每月	
5.2.9 实物盘点之后对库存记录进行调整则需正式批准/汇报	低	盘点报表汇报给副总经理，调整记录需经副总经理审批	物流主管	副总经理	

(续表)

关键的控制要求	风险评估	控制方式	负责人	监督检查	行动计划
5.2.10 遵守合适的实物盘点程序——监督、成文的规程留意期限的划分、在途货物等	低	库存盘点程序	物流主管	副总经理	
5.2.18 应特别注意包装的条件(产品的包装若有污点/损坏不应送给客户)	中	PQC有检查,但成品仓库主管不签字确认	物流主管		修改程序,参见行动计划
5.2.21 对货物流动对账——某一时期某一账目的净变量就等于这一时期期末与期初的库存差额	低	每日库存有记录	物流助理	物流主管	
5.2.22 对库存销账/报废应有正式的批准/汇报	低	有程序,且现在没有报废	仓库主管	副总经理	
5.2.23 定期对自动化库存记录的准确性/可靠性进行检查——例如可将之与卡式记录进行比较(如有的话)、查看"库存未找到"的报告、用户投诉等	低	原材料仓库主管每天抽查5个项目	收发料人	物流主管	

七、财会/报告

6.1 财会/总账
6.2 报告

关键的控制要求	风险评估	控制方式	负责人	监督检查	行动计划
6.1 财会/总账					
6.1.1 适当的文件政策程序	低	参见 VCW-LP-001	财务总监	总经理	
6.1.2 控制总账/试算平衡表每个账目的责任应分发给财务部人员	低	每月打印,分发给财务人员核对	会计师	财务总监	
6.1.3 总经理及财务经理应定期检查以确保主要的内部控制管理是否在所有业务领域均得到经常有效地落实	低	按文件 VCW-LP-70 定期报告	财务总监	总经理	
6.1.4 制定、更新适当的权限并根据最新的授权签署人清单批准费用/签署支票	低	参见 VCW-LP-70-001	财务总监	总经理	

(续表)

关键的控制要求	风险评估	控制方式	负责人	监督检查	行动计划
6.1.5 根据明细账（存货账、固定资产账、应收账和应付账）和/或主要账目余额细目表，每月核对总账余额使其统一	低	通过核对明细账试算平衡表	会计师	财务总监	
6.1.6 使用标准的记账凭证来记账期末业务	低	按财政部核准的标准记账凭证	会计师	财务总监	
6.1.7 手写的转账凭证在获批准之前应由主管人员审查/核对其内容，会计编码、解释是否正确	低	由会计复核手写转账凭证内容的正确性	会计师	财务总监	
6.1.8 尽少使用待处理/待清理科目——一旦使用则应经常清理	低	目前没有使用待处理/待清理科目	会计师	财务总监	
6.1.9 至少每个季度对（国内外）公司间账款进行核准使其统一，所有未结清的项目应在会计记录中反映出来	低	由助理会计每月对公司间账目进行核对，未结清的项目记录在应付款明细账	助理会计	财务总监	
6.1.10 数据的安全保障——限制使用财会记录和文件	低	利用电子表格登录会计账簿打印成册	会计人员	财务总监	
6.1.11 公司财务资料的保存符合会计准则	低	完全依照当前会计准则实施	助理会计	财务总监	
6.1.12 系统汇总及接口的控制的完整性/准确性： ——订单汇总/存货记录与总账及应收账款相符 ——客户付款记录与总账及应收账款相符 ——公司付款记录与总账及应收账款相符	中	由会计负责核对每笔收付款与应收、应付款账目的一致性，对公司每笔应付款，由财务总监复核批准	会计师	财务总监	尽快完成自动化记账系统，参见行动计划——财务部(3)
6.1.13 要经常审查预提费用，应计事项，及意外风险（项目、索赔、诉讼）	低	每月由会计按可能发生的情况，预提各项费用、应计事项及意外风险	会计师	财务总监	

(续表)

关键的控制要求	风险评估	控制方式	负责人	监督检查	行动计划
6.1.14 资产管理——对照目标进行审查并报告存货及应收账款的余额	低	存货盘点及复核应收明细账	助理会计	财务总监	
6.1.15 结账日的划分方法——应特别注意销售报告的完整性/遵守销售确认标准政策	低	按飞利浦集团制定的月历表划分结账日,严格遵守飞利浦有关结算规定	会计师	财务总监	
6.1.16 特别注意出口惯例(见10.1)	暂不适用				
6.1.17 根据预算/目标审查组织的成本费用情况——对重大的变动进行汇报和解释	低	由会计师每月审查组织的预算及实际成本费用,对重大变动及时汇报解释	会计师	财务总监	
6.1.18 根据预算审查部门的成本费用情况	中	不定期重点分析	会计师	财务总监	尽快完成自动化系统,参见行动计划——财务部(4)
6.1.19 经常对工程项目进行审查(参照销售的各个环节第2.7节)	暂不适用				
6.1.20 应特点注意广告、促销费用;根据批准的预算进行实际费用的控制	低	由财务经理根据预算,比较实际费用进行控制	会计师	财务总监	
6.1.21 用文件列明并遵守出差/招待的政策和程序,对出差申请进行适当的审批	低	参见 VCW-LP-70	会计师	财务总监	
6.2 报告					
6.2.1 报告的内容应与会计记录相符(总账,试算平衡表)	低	财务分析报告以会计记录为依据	会计师	财务总监	
6.2.2 按时间表递交报告	低	严格按时间表递交各类报告	财务经理	财务总监	
6.2.3 月末结算报告上交之前应充分验证/检查其准确性	低	会计复核后,最终由财务总监、总经理签字	财务总监	总经理	
6.2.4 审查实际结果与预算/目标不符的情况解释并定期汇报	低	由财务经理负责汇报分析实际与预算不符情况	财务总监	总经理	

八、财务/现金管理

7.1 银行账户
7.2 现金流量
7.3 融资
7.4 货币管理
7.5 信贷控制

关键的控制要求	风险评估	控制方式	负责人	监督检查	行动计划
7.1　银行账户					
7.1.1 出纳应与采购、销售和总账部门独立开来	低	专人分工,独立核算	会计师	财务总监	
7.1.2 适当的文件政策程序	低	参见VCW-LP-70	会计师	财务总监	
7.1.3 对设立/取消银行账户的正式批准	低	由总经理和财务总监签字批准	财务总监	总经理	
7.1.4 现金收款程序——参照销售的各个环节第2.11节	低	参见 VCW-LP-70-004 第4.0小节	会计助理	财务总监	
7.1.5 支付款/支票付款程序——参照采购的各个环节第3.4节	低	参见 VCW-LP-70-002 第4.0小节	会计助理	财务总监	
7.1.6 及时将客户支付的现金收款在应收账中反映出来	低	每天根据收款单据编制会计分录,及时记入应收账	会计助理	财务总监	
7.1.7 根据董事会决议及时更新支票授权签署人清单	低	严格按董事会决议执行	财务总监	总经理	
7.1.8 每月与银行对账——未结清的项目应及时在账目中反映出来	低	根据银行对账单对已结清项目及时记入支票记录簿	会计助理	财务总监	
7.1.9 银行对账单中的银行余额应与现金账簿和试算平衡表相符	低	参见 VCW-LP-70-004 第3.1.5小节	会计师	财务总监	
7.1.10 定期审查现金账簿及凭证档案等	低	每月抽样审查	会计师	财务总监	

(续表)

关键的控制要求	风险评估	控制方式	负责人	监督检查	行动计划
7.1.11 经常核实现金发放数量（最好使用定额备用制）	低	参见 VCW-LP-70-001 第4.11小节	会计助理	财务总监	
7.1.12 收款和付款的文件应根据现行的政策适当进行归档留存	低	收付款记账凭证、原始凭证按月装订成册归档	会计师	财务总监	
7.2 现金流量					
7.2.1 适当的文件政策程序	低	参见VCW-LP-70	财务经理	财务总监	
7.2.2 编制现金流量滚动预测/定期汇报	低	由财务经理每月编制现金流量滚动预测,定期汇报	财务经理	财务总监	
7.2.3 预测与实际流量进行核对/比较	低	由财务经理核对、比较预测与实际流量	财务经理	财务总监	
7.3 融资					
7.3.1 适当的文件政策程序					
7.3.2 所有银行贷款均需获董事会批准	低	由总经理和财务总监安排报董事会批准	财务总监	总经理	
7.3.3 所有的客户债务资金筹措协议与租赁合约均需法律部及财务部审核;重大的协议/租赁需董事会批准	低	参见 VCW-LP-70-001有关内容	财务经理	财务总监	
7.3.4 债务与权益交易需经批准/检查,并立即反映在会计记录中	低	遵从总公司财务章程进行	财务经理	财务总监	
7.3.5 经常审核/汇报债务风险（尤其是外币贷款的风险）	低	财务经理注意每日银行外汇汇率的变动	财务经理	财务总监	
7.3.6 短期融资的转/延期需经批准	低	短期融资的转/延期需经总经理、财务总监批准	财务总监	总经理	
7.4 货币管理					

(续表)

	关键的控制要求	风险评估	控制方式	负责人	监督检查	行动计划
7.4.1	适当的文件政策程序——尤其对从事期货交易须有一个明确的政策说明	暂不适用				
7.4.2	只有经过充分商讨/与香港飞利浦金融部门联络后方可签订期货合同	暂不适用				
7.4.3	定期汇报外汇损益/风险	低	注意汇率变动,采购部门提出建议	财务经理	财务总监	

九、人事/工资

8.1 人事
8.2 工资

	关键的控制要求	风险评估	控制方式	负责人	监督检查	行动计划
8.1	**人事**					
8.1.1	适当的文件政策程序	低	按飞利浦有关文件程序	人事主任	人事经理/每年	
8.1.2	对公司所有员工的私人资料进行保管更新	低	员工人事动态表	人事部经理	人事经理	
8.1.3	限制出入人事部门/限制使用员工总名录资料	低	非请莫入人事部门、总名录在人事部门和总经理处	人事主任	人事经理	
8.1.4	控制以确保所有重要资料的变更都在人事(工资)记录中得到完整、准确和及时的更新——新进人员、辞职人员、员工状况/工资等	低	员工人事动态表和个人资料变更都由人事部门保管更新,工资变动在人事动态表中亦能体现	人事经理	总经理/员工变动	
8.1.5	人事资料与员工工资资料相符合	低	同8.1.4	人事部助理	人事经理	
8.1.6	对可能成为正式新员工的人员进行充分的核实/确认	中	新员工进入公司之前,查验身份证、学历证书、体检证明。必要时查阅个人档案	人事主任	人事经理	行动计划——人事部(1)

(续表)

关键的控制要求		风险评估	控制方式	负责人	监督检查	行动计划
8.1.7	按所有员工的等级设立明确的/明文规定的工资结构	低	公司职级、工资体系	人事经理	总经理	
8.1.8	明确/适当的奖金和激励的操作方案(由财务部审核并经人事部审批)	低	生产工人月度奖金评估;管理人员月度奖金评估	人事经理	总经理	
8.1.9	由财务经理对奖金计算方法进行充分的检查	低	人事部门提出奖金分配方案,财务经理审核,总经理批准	人事经理	财务总监	
8.1.10	明确制定终止雇用以及计算终止合同赔偿金的政策	低	劳动合同,出国人员服务期	人事经理	总经理	
8.1.11	对主要员工的有效职业管理政策	低	员工发展计划	人事经理	总经理	
8.1.12	对员工进行适当级别的培训	低	新员工有培训计划,除此以外,每一员工也有相应技术培训	培训主任	总经理	
8.2	工资					
8.2.1	依照正式批准的级别/工资对照表和月薪资料根据人事总名录制定薪资表	低	同 8.1.4	人事部经理	总经理	
8.2.2	根据实际工作小时数和经批准的工时记录发放工资(即没有固定薪金的员工)	低	每月 10 日由部门主管上交工时记录,人事部核发	人事部助理	人事经理	
8.2.3	加班需经正式批准和汇报	低	加班申请单,需部门经理审批后交人事部	人事部助理	人事经理	
8.2.4	工资的扣减额应记录在统计账目并在规定时限上交有关部门	低	每月 18 日人事部根据工时目录扣减工资	人事部助理	人事经理	
8.2.5	每个月根据上个月的情况核对工资/员工数量的调整变动/工资总额	低	工资总额汇总,每月人数变动	人事部经理	财务总监及总经理	
8.2.6	在提出支付要求/签署支票之前需由负责经理对工资进行审核/批准	低	工资总额单由人事经理、财务经理审核,总经理批准	人事部经理	财务总监及总经理	

十、自动化

9.1 组织和管理
9.2 实物安全和环境控制
9.3 资料保安
9.4 系统开发方法
9.5 系统更改控制
9.6 电脑操作
9.7 灾难/意外事故应急计划
9.8 输入控制
9.9 处理控制
9.10 输出控制
9.11 用开发系统和个人电脑

	关键的控制要求	风险评估	控制方式	负责人	监督检查	行动计划
9.1	<u>组织和管理</u>					
9.1.1	委派每项应用系统的拥有者	低	设定管理员为每项应用系统的拥有者	管理员	总经理/每年	
9.1.2	更新系统拥有者清单	低	有变化时,更新拥有者清单	管理员	总经理/全年	
9.1.3	委派资料处理设施的监管人	低	监管人为用户自己,集中的监管人为管理员	管理员	总经理/全年	
9.1.4	由监管人提供充足的资源和安全的实物环境	中	实物环境为机房	管理员	总经理/全年	行动计划——电脑部门(1)
9.1.5	可靠健全的资料处理政策、标准和程序	低	用户在自己的访问权限内选择可靠健全的方式	管理员	用户	
9.1.6	在资料处理环境内分配工作责任	低	由用户自己分配	用户	用户	
9.1.7	按实际使用的资源及确定的收费程序收取固定和浮动费用	暂不适用				
9.1.8	使用恰当方法对资料处理资源使用效率及效益进行评估	暂不适用				
9.2	<u>实物安全和环境控制</u>					

(续表)

关键的控制要求	风险评估	控制方式	负责人	监督检查	行动计划
9.2.1 核准及限制使用电脑硬件、软件资料及文件	低	凭用户名和密码核准及限制使用电脑硬件、软件资料及文件	管理员	用户总经理	
9.2.2 进入电脑中心须有适当的身份证明	低	电脑室加上锁,只有管理员有钥匙	管理员	总经理/全年	
9.2.3 使用锁匙、卡片及证章以限制进入电脑机房	低	只有管理员可以进入	管理员	总经理/全年	
9.2.4 对于电脑设施参观者须登记并由授权人员陪同	低	管理员陪同	管理员	总经理/全年	
9.2.5 移走电脑设施、取消载有重要信息的资料文件须经登记及审核	低	不可移走	管理员	总经理	
9.2.6 根据保密分类情况取消资料档案	低	有密码控制	管理员	总经理/全年	
9.2.7 安排电脑中心的环境要符合器材供应商的要求	高		管理员	总经理	行动计划——电脑部门(2)
9.2.8 定期盘点电脑设施	低	定期盘点电脑设施	管理员	总经理/全年	
9.2.9 将电脑硬件及重要的媒介安放在安全的区域	高		管理员	总经理/全年	行动计划——电脑部门(3)
9.2.10 设立适当的火灾感应、预防及扑灭系统,并对之作定期检测	中	装修	管理员	总经理/全年	行动计划——电脑部门(4)
9.2.11 保护电脑硬件以免电击、水淹、其他灾难	高	装修	管理员	总经理/全年	行动计划——电脑部门(5)
9.2.12 电脑中心应远离易燃物品、危险区域	低		管理员	管理员	
9.3 <u>资料保安</u>					
9.3.1 安装资料保安软件(可以是操作系统的一部分)	低	操作系统的一部分	管理员	管理员	
9.3.2 防止资料及程序受到非法使用	低	管理员设定	管理员	用户	
9.3.3 清楚界定维护密码的责任	低	用户自己控制	用户	管理员	
9.3.4 给每个合法用户分配一特定密码	低	管理员设定	管理员	用户	

(续表)

关键的控制要求	风险评估	控制方式	负责人	监督检查	行动计划
9.3.5 终端屏幕打印输出永不显示密码	低	操作系统的一部分	管理员	用户	
9.3.6 密码必须不易被猜出	低	用户自己控制	用户	用户	
9.3.7 对于过度尝试的无效登录应自动取消密码	低	管理员设定	管理员	用户	
9.3.8 对已登录但在特定时间内未被使用的终端自动取消密码	低	管理员设定	管理员	用户	
9.3.9 在特定时期内未被使用,未登录的密码将自动被取消	低	管理员设定	管理员	用户	
9.3.10 自动并定期改变密码	低	管理员设定	用户	管理员/45天	
9.3.11 对任何不寻常的活动提供审查线索以便检查调查	低	操作系统的一部分管理员设定	管理员	用户 管理员	
9.3.12 指派资料保安管理员	暂不适用				
9.3.13 制定并执行资料保安管理程序	低	定期备份,计算机房上锁	管理员	管理员	
9.3.14 至少每年两次确认用户继续使用电脑的需要	低	管理员设定	管理员	管理员	
9.3.15 在电脑使用权的分配须符合职责的划分	低	管理员设定	管理员	用户/每年	
9.3.16 在飞利浦和每三方之间实施电子资料转换须经批准	低	总经理批准	总经理	总经理	
9.3.17 应用开发人员不能永久拥有使用生产软件及资料的权力	暂不适用				
9.3.18 进行记录和检查电脑人员对生产软件及资料的写入更改	低	操作系统的一部分	管理员	总经理	
9.3.19 与供应商及合同程序员签署保密协议	暂不适用				
9.3.20 系统管理员设立保安政策及程序以确保数据转送的完整性	中	网络内部可以,外部通讯有困难	管理员	总经理	行动计划——电脑部门(7)
9.3.21 所有用户(包括电话使用者)要被所使用的系统确认	低	管理员设定	管理员	用户	

(续表)

关键的控制要求		风险评估	控制方式	负责人	监督检查	行动计划
9.3.22	由监管人提供资料保密设施以保护敏感信息的数据传送	暂不适用				
9.3.23	限制能直接修改生产数据和程序的敏感系统设施的使用	低	管理员设定	管理员	总经理	
9.4	系统开发方法	暂不适用				
9.4.1	使用划一标准方法开发和维护应用系统					
9.4.2	陈述和评估企业目标及新提出的系统的要求					
9.4.3	成立由主要用户领导的正式项目筹备委员会					
9.4.4	列出合适的软件组,试用后再选择软件组					
9.4.5	将项目分成可衡量的几个部分或阶段					
9.4.6	准备项目计划					
9.4.7	每个主要开发阶段完成后须经主要用户核准					
9.4.8	有关逻辑和实物系统设计的详细说明——灵活性与易维护性					
9.4.9	设计规划出完整的系统与系统功能和状态的合格测试					
9.4.10	详细说明如何转换到目标系统					
9.4.11	在实施之前作出成文的用户程序,系统操作及改错程序					
9.4.12	提供充分的用户培训以使用户能独立操作和控制系统的运转					
9.4.13	提供充分的准备以备供应商中止支援时使用					
9.5	系统更改控制	暂不适用				

(续表)

	关键的控制要求	风险评估	控制方式	负责人	监督检查	行动计划
9.5.1	所有系统改变的要求须包括企业目标					
9.5.2	系统改变要求须经系统拥有人批准					
9.5.3	影响总账记录的改变须经财务管理部门批准					
9.5.4	实施改变前作充分测试					
9.5.5	将生产数据和软件与其用作测试的版本分离					
9.5.6	生产源程序的可靠而合法的版本					
9.5.7	即时更新有关系统文件					
9.5.8	实施系统改变须经系统拥有人及自动化管理部门批准					
9.5.9	程序由测试阶段转化为生产阶段时须经批准并用文件记录					
9.5.10	适当授权操作人员进行实际程序转变					
9.5.11	完整记录和检查对生产数据及程序直接进行的紧急修改					
9.6	电脑操作					
9.6.1	使用标准政策及程序控制电脑操作	低	管理员控制系统使用时间及何台电脑	管理员	总经理/全年	
9.6.2	电脑操作与编程工作划分	暂不适用				
9.6.3	设立有关轮流调配工作,休假及解雇员工的适当程序					
9.6.4	对所有工作班次设立转班领导或监管人	暂不适用				
9.6.5	控制每一班次的工作安排表	暂不适用				

（续表）

关键的控制要求	风险评估	控制方式	负责人	监督检查	行动计划
9.6.6 设立非编定或临时工作要求的核准程序	暂不适用				
9.6.7 比较工作进度编排表与实际工作进度。例如从控制记录直接打印输出	暂不适用				
9.6.8 建立事件报告程序以确保适当的记录，监察及修正行为	低	操作系统的一部分	管理员	总经理	
9.6.9 定期提交电脑使用概要	低	管理员控制	管理员	总经理/每年	
9.6.10 定期作充分的资料后备以便恢复之用	低	每天有Data back-up	管理员	总经理	
9.6.11 定期测试、修复程序	中	确定模拟修复程序	管理员	总经理	行动计划——电脑部门(13)
9.6.12 选择安全地点对硬件设备、资料、程序、文档作离点后备	中	管理员控制	管理员	总经理	行动计划——电脑部门(8)
9.6.13 对所有媒质使用一致的标题目录及命名标准以利于后备和恢复	低	管理员控制	管理员	总经理	
9.6.14 对后备文件和其他离点的媒质作适当文件记录	低	管理员控制 操作系统的一部分	管理员	总经理	
9.6.15 保留充足的资料以满足用户需要及法定要求	低	管理员控制	管理员	管理员	
9.6.16 对硬件和系统软件设立适当的防范维护措施	中	管理员控制	管理员	管理员	行动计划——电脑部门(6)
9.7 灾难/意外事故应急计划					
9.7.1 安排足够的替换后补设备设施以恢复重要的应用系统	暂不适用				
9.7.2 对应用系统恢复的优先等级作分类——风险评估，影响分析等	中	有备份数据，MFG-Pro运行后，有风险评估及分析	管理员	总经理	行动计划——电脑部门(9)
9.7.3 准备详细的意外(应急)计划及定期更新记录	中		管理员	总经理	行动计划——电脑部门(10)

(续表)

	关键的控制要求	风险评估	控制方式	负责人	监督检查	行动计划
9.7.4	与用户管理部门协议计划	暂不适用				
9.7.5	储存重要的替换表格于离点仓库,以卖主的仓库为佳	暂不适用				
9.7.6	定期测试应急计划以确保实际可行性	低	管理员控制	管理员	总经理	
9.8	输入控制					
9.8.1	适当分离数据(资料)准备、核准、输入和检查的工作职责	低	用户控制	用户	部门经理	
9.8.2	保留输入准备、核准、数据输入、核对及对账的文字证明	低	用户控制	用户	部门经理	
9.8.3	源文件按顺序预告编号并由用户控制	低	用户控制	用户	部门经理	
9.8.4	保持文件使用的记录	低	用户控制	用户	部门经理	
9.8.5	空白源文件由指定人员保管并安全保存	低	用户控制	用户	部门经理	
9.8.6	适当记录说明遗失文件	暂不适用				
9.8.7	数据输入后对源文件作标记取消以免重复输入	中	用户控制	用户	部门经理	行动计划——电脑部门(15)
9.8.8	正确标明日期	低	用户控制	用户	部门经理	
9.8.9	期末对未清退数作适当的会计截账调整	暂不适用				
9.8.10	提供事项产出及改变的审计线索以备人工核对输入文件	低	用户控制	用户	部门经理	
9.8.11	输入文件与输入审计线索报告之间有充分的相互对照	暂不适用				
9.8.12	在人工计算输入控制总数与电脑累计总数之间对账	暂不适用				
9.8.13	保留充足的源文件和审计线索以备恢复和法定需要	低	用户控制,管理员控制	用户	部门经理	
9.8.14	输入时,屏幕上应有适当的缺省值,只是授权人员才能更改。	低	管理员控制	管理员	部门经理	

第十章 飞利浦光磁电子(上海)有限公司

(续表)

	关键的控制要求	风险评估	控制方式	负责人	监督检查	行动计划
9.8.15	设立详细的验证程序,包括合理存在性、完整性和平衡性测试	暂不适用				
9.8.16	人工计算成批列的总数,以便对账	低	用户控制	用户	部门经理	
9.8.17	定期详细列出不被接受的记录项清单以备用户检查	暂不适用				
9.8.18	提供包含足够细节的错误信息以便修改	低	管理员控制	管理员	部门经理	
9.8.19	即时跟踪错误、解决并再次提交	低	管理员控制	管理理	部门经理	
9.8.20	定期报告和检查未修正事项的状况	低	管理员控制	管理员	部门经理	
9.9	处理控制					
9.9.1	设立程序以确保所有系统接受之事项被适当处理	低	操作系统的一部分	管理员	管理员	
9.9.2	设立程序以确保所有系统内部产生之事项被适当处理	低	操作系统的一部分	管理员	管理员	
9.9.3	在会计周期之间作适当的会计结账事项	低	财务部控制	财务总监	总经理	
9.9.4	提供并自动核对中间性资料/信息文件的总记录与详细记录	低	操作系统的一部分	管理员	管理员	
9.9.5	将源系统产生的中间性事项与其他接受系统对照	低	操作系统的一部分	管理员	管理员	
9.9.6	将所发出及接收到的电子数据交换信息进行对照	暂不适用				
9.9.7	自动检查和报告连续结存控制(前周期末与现周期初结存,开始与终结结存,或逐步处理控制)	暂不适用				
9.9.8	"起始控制"即:某一时期某一交易文件的净变动,应等于这一时期期末与初期的差额	低	操作系统的一部分	管理员	管理员	
9.9.9	自动审查程序并累积有关个别记录的总数以便在每次更新后与资料控制记录核对	暂不适用				

(续表)

关键的控制要求	风险评估	控制方式	负责人	监督检查	行动计划
9.9.10 定期打印所有主文件记录,以便与控制记录总数核对	暂不适用				
9.9.11 程式对账:使用现行项和/或主文件数据更新历史纪录	暂不适用				
9.9.12 设立短暂性失灵情况下的重新启动处理程序	低	管理员控制	管理员	总经理	
9.10 输出控制					
9.10.1 保证电脑报告的建立、存储和传送至实地及远地打印机处	低	管理员控制	管理员	用户	
9.10.2 设立程序以确保报告能迅速从数据处理设施远地打印机被收取	中	管理员控制	管理员	用户	行动计划——电脑部门(11)
9.10.3 准备完整且最新的分发给用户的成批报告清单	暂不适用				
9.10.4 定期分别产生的所有输入项、主资料改变及内部产生的项目的审订线索报告	中	用户控制	用户	管理员	行动计划——电脑部门(14)
9.10.5 对例外报告编号并归档以确保所有重要性事项有所行动及记录	中	用户控制	用户	管理员	行动计划——电脑部门(12)
9.10.6 就源文件和电脑输出结果进行归档和相互对照	低	用户控制	用户	管理员	
9.10.7 适当销毁超过使用期的资料文件,资料存储媒质及电脑报告	低	管理员控制	用户	管理员	
9.11 用开发系统和个人电脑					
9.11.1 依照划一标准进行应用系统开发,资料保密,资料保存和后备/恢复	低	管理员控制	管理员	总经理	
9.11.2 防止非法接触和使用固定硬盘,局域网服务器或磁性介质	低	管理员控制	用户	管理员	
9.11.3 咨询技术人员为目标系统选择最适合的硬件和软件	低	管理员控制	管理员	总经理	

(续表)

关键的控制要求	风险评估	控制方式	负责人	监督检查	行动计划
9.11.4 实施系统之前要全面测试所有业务和系统功能	低	管理员控制	管理员	总经理	
9.11.5 维持足够的文件记录以确保连续操作及维修	低	管理员控制	用户	管理员	
9.11.6 不可擅自非法复制供应商飞利浦版权所有的软件	低	管理员控制	用户	管理员	
9.11.7 对电脑文件进行定期病毒扫描	低	管理员控制	用户	管理员	

十一、出口控制

关键的控制要求	风险评估	控制方式	负责人	监督检查	行动计划
10.1 出口控制	暂不适用				
10.1.1 认命负责人为出口控制经理					
10.1.2 适当的文件的政策和程序					
10.1.3 保留完整且最新的受管制商品及摈弃订单(受拒绝的顾客)的清单					
10.1.4 设立有效程序以便对照受管制商品及摈弃清单来审查近来的订单					
10.1.5 设立有效程序以确保有关受管制商品的销售发票包含足够的警告信息					
10.1.6 向有关员工提供足够的培训(使用最新的培训教材)					
10.1.7 定期监察检查管理单位实施的出口控制程序					

附：飞利浦光磁电子（上海）有限公司
Philips Optical Storage(Shanghai) Co., Ltd.
内部控制行动计划
SBC Action Plan

SBC 行动计划（财务部）

	SBC清单项	需改进项目	风险评估	改进行动	负责人	完成时间
1	2.10.4	冲减坏账需经批准和资料证明	中	更新授权标准文件	财务总监	1998年12月底
2	4.2.3	更新固定资产的登记册、名称和费用资料都应正确——经常与总账余额相核对使其一致	中	与设备部门共同建立一个统一设备固定资产清单并每月核对	财务总监	1998年3月底
3	6.1.12	系统汇总及接口的控制的完整性/准确性： ——订单汇总/存货记录与总账及应收账款相符 ——客户付款记录与总账及应收账款相符 ——公司付款记录与总账及应收账款相符	中	建立财务自动化系统（见附件）	财务总监	1997年11月底
4	6.1.18	根据预算审查部门的成本费用情况	中	建立财务自动化系统（见附件）	财务总监	1997年11月底

SBC 行动计划（生产部）

	SBC清单项	需改进项目	风险评估	改进行动	负责人	完成时间
1	4.1.24	应特别注意员工的安全,例如使用劳防制服/眼镜、定期进行消防大检查,即定期进行电线电缆的合格审查,进行消防演习,消防出口要加以明显标志,并保持一直畅通	中	进行定期消防检查,进行全厂消防演习	生产部副经理	12月底

SBC 行动计划(仓库部)

	SBC 清单项	需改进项目	风险评估	改进行动	负责人	完成时间
1	5.2.18	应特别注意包装的条件(产品的包装若有污点/损坏不应送给客户)	中	PQC 检查后加签确认	仓库主管	即时执行

SBC 行动计划(采购部门)

	SBC 清单项	需改进项目	风险评估	改进行动	负责人	完成时间
1	3.1.2	制定适当的采购政策/程序	中	采购部定立采购程序	采购主任	1997 年 12 月底
2	3.1.11	更新合格供应商清册并定期检查	中	随时更新供应商清册	采购主任	1997 年 12 月底
3	3.1.7	从其他供应商获得有竞争力的报价	中	原则上每一种产品均要求有 3 个供应商的报价进行比较	采购主任	1997 年 12 月底

SBC 行动计划(人事部门)

	SBC 清单项	需改进项目	风险评估	改进行动	负责人	完成时间
1	8.1.6	对可能成为正式新员工的人员进行充分的核实/确认	中	完成新进员工的咨询调查并进行确认	人事部经理	1997 年 11 月

SBC 行动计划(电脑部门)

	SBC 清单项	需改进项目	风险评估	改进行动	负责人	完成时间
1	9.1.4	由监管人提供充足的资源和安全的实物环境	中	增加电脑室的灭火筒	电脑管理员	1998年11月底
2	9.2.7	安排电脑中心的环境要符合器材供应商的要求	高	机房装修改善环境	电脑管理员	1998年3月
3	9.2.9	电脑硬件及重要的媒介安放在安全的区域	高	同9.2.7	同9.2.7	同9.2.7
4	9.2.10	设立适当的火灾感应、预付及扑灭系统,并对之作定期检查	中	同9.2.7	同9.2.7	同9.2.7
5	9.2.11	保护电脑硬件以免电击、水淹等其他灾难	高	同9.2.7	同9.2.7	同9.2.7
6	9.6.16	对硬件和系统软件设立适当的防范措施	中	同9.2.7	同9.2.7	同9.2.7
7	9.3.20	系统管理员设立保安政策及程序以确保数据转送的完整性	中	建立中国网络工程外部通信系统	电脑管理员	1998年6月
8	9.6.12	选择安全地点对硬件设备、资料、程序、文档作离点后备	中	作为备份的数据应与主机分开	电脑管理员	11月底
9	9.7.2	对应用系统恢复的优先等级作分类——风险评估、影响分析等	中	MFG-Pro运行后,再以风险评估分析应用系统之优先等	电脑管理员	11月底
10	9.7.3	准备详细的意外(应急)计划及定期更新记录	中	定立一个意外(应急)计划	电脑管理员	12月底
11	9.10.2	设立程序以确保报告能迅速从数据处理设施或远地打印机被收取	中	MFG-Pro运行后,控制资料改变及例外报告	电脑管理员	12月底
12	9.10.5	对例外报告编号并归档以确保所有重要性事项有所行动及记录	中	同9.10.2	同9.10.2	同9.10.2
13	9.6.11	定期测试恢复程序	中	定模拟修复程序	电脑管理员	12月底
14	9.10.4	定期分别产生的所有输入项目、主资料改变及内部产生的项目的审定线索报告	中	一个月一次,从主机电脑中打印出审定报告	电脑管理员	1998年1月
15	9.8.7	数据输入后对源文件作标记取消以免重复输入	中	MFG/PRO运行过程中	电脑管理员	1998年3月

SBC 行动计划（销售部门）

	SBC 清单项	需改进项目	风险评估	改进行动	负责人	完成时间
1	2.1.7	客户/竞争对手信息的反馈，包括客户投诉/改善建议	高	成立客户服务小组，处理各类客户投诉信息收集等售后服务工作	内部销售支持	1998年3月30日
2	2.5.8	对客户投诉/索赔进行调查并立即采取行动	高	同2.1.7	同2.1.7	同2.1.7
3	2.8.3	有效的客户售后服务活动控制信息——售后服务中心、现场工程师、工场等	高	同2.1.7	同2.1.7	同2.1.7
4	2.1.6	订货状况的定期汇报（包括创汇额）	中	销售计划中增加预计销售额	销售经理	1997年11月30日
5	2.4.4	对特殊的货物运输进行控制的程序，例如直接送货、出具三角关系的发票、寄销库存、项目/一篮子交易等	中	修改B-Form更改程序，使B-Form的更改不影响到出运计划	销售经理	1997年12月31日
6	2.1.5	与其他职能部门的有效交流/联络——预先提醒预算变动、库存短缺等	高	同上2.4.4	同上2.4.4	同上2.4.4
7	2.1.8	竞争对手信息的反馈	高	建立竞争对手资料汇总系统	销售经理	1997年2月28日
8	2.2.4	对每个产品/客户主要资料库的接触/变动进行控制	中	产品更新要求生产通知	销售经理	1997年12月31日
9	2.2.7	对标准/协定价格、折扣或结算条件进行变动的适当授权及汇报	中	制定正式报价程序	销售经理	1997年12月31日
10	2.2.11	对库存不足的订单处理	中	制定订单不足处理程序	销售经理	1997年12月31日
11	2.2.13	定期监督/跟踪未完成的订货单	高	同上2.2.11	同上2.2.11	同上2.2.11
12	2.1.2	可靠的销售预测过程	中	建立系统跟踪、比较客户预测和实际发货量	销售经理	1998年6月30日
13	2.2.5	对订货处进行适当的监督、人选、文件记录及培训	中	建立订货程序	销售经理	1997年12月31日
14	2.4.7	定期监督及调查尚未完成的销售订货/已批准的出运货物	中	建立订货完成计划跟踪制度	内部销售支持	1998年2月20日
15	2.8.2	分析和汇报所涉的质量总费用，包括客户退货费用等	中	质量部从1998年2月开始把质量费用项目向财务部月报，财务部负责汇总所有费用	财务经理质量部经理	1998年2月20日

SBC 行动计划——质量部门

	SBC 清单项	需 改 进 项 目	风险评估	改进行动	负责人	完成时间
1	2.5.3	特别注意仍留在客户场地/其他场地的待收的返还货物	中	对留在客户场地或其他场地待返货物,销售部门及时进行月报给质量部	销售部经理 质量部经理	1998年1月
2	2.5.6	确定及汇报返还货物的成本总额——运输、处理、仓储、折价抛售处理等费用	中	(1) 质量部及时返还情况以 RMA 形式通知财务部;(2) 质量部月报给财务部项目,财务部负责费用的月汇总报告	财务部经理 质量部经理	(1) 现已执行 (2) 1998年1月
3	2.5.7	对返还次品处置的控制管理	中	使用 RMA 程序	质量部经理	已执行

SBC 行动计划(订单处理部)

	SBC 清单项	需 改 进 项 目	风险评估	改进行动	负责人	完成时间
1	2.6.8	发票的准确性——即正确的客户地址货物名称、单位数量、价格、折扣及结算条件等	中	所有发票及 B-Form 应送到财务部审对并加签,才送到总经理/副经理加签	财务总监	11月底
2	2.2.7	对标准/协定价格、折扣或结算条件进行变动的适当授权及汇报	中	同上	同上	同上

附录

一、《商业银行内部控制指引》

（中国人民银行总行,2002年9月18日）

第一章 总 则

第一条 为促进商业银行建立和健全内部控制,防范金融风险,保障银行体系安全稳健运行,依据《中华人民共和国中国人民银行法》、《中华人民共和国商业银行法》等法律规定和银行审慎监管要求,制定本指引。

第二条 内部控制是商业银行为实现经营目标,通过制定和实施一系列制度、程序和方法,对风险进行事前防范、事中控制、事后监督和纠正的动态过程和机制。

第三条 商业银行内部控制的目标：

（一）确保国家法律规定和商业银行内部规章制度的贯彻执行；

（二）确保商业银行发展战略和经营目标的全面实施和充分实现；

（三）确保风险管理体系的有效性；

（四）确保业务记录、财务信息和其他管理信息的及时、真实和完整。

第四条 商业银行内部控制应当贯彻全面、审慎、有效、独立的原则,包括：

（一）内部控制应当渗透到商业银行的各项业务过程和各个操作环节,覆盖所有的部门和岗位,并由全体人员参与,任何决策或操作均应当有案可查；

（二）内部控制应当以防范风险、审慎经营为出发点,商业银行的经营管理,尤其是设立新的机构或开办新的业务,均应当体现"内控优先"的要求；

（三）内部控制应当具有高度的权威性,任何人不得拥有不受内部控制约束的权力,内部控制存在的问题应当能够得到及时反馈和纠正；

（四）内部控制的监督、评价部门应当独立于内部控制的建设、执行部门,并有直接向董事会、监事会和高级管理层报告的渠道。

第五条 内部控制应当与商业银行的经营规模、业务范围和风险特点相适应,以合理的成本实现内部控制的目标。

第二章 内部控制的基本要求

第六条 内部控制应当包括以下要素：

（一）内部控制环境；
（二）风险识别与评估；
（三）内部控制措施；
（四）信息交流与反馈；
（五）监督评价与纠正。

第七条 商业银行应当建立良好的公司治理以及分工合理、职责明确、报告关系清晰的组织结构，为内部控制的有效性提供必要的前提条件。

第八条 商业银行董事会、监事会和高级管理层应当充分认识自身对内部控制所承担的责任。

董事会负责审批商业银行的总体经营战略和重大政策，确定商业银行可以接受的风险水平，批准各项业务的政策、制度和程序，任命高级管理层，对内部控制的有效性进行监督；董事会应当就内部控制的有效性定期与管理层进行讨论，及时审查管理层、审计机构和监管部门提供的内部控制评估报告，督促管理层落实整改措施。

高级管理层负责执行董事会批准的各项战略、政策、制度和程序，负责建立授权和责任明确、报告关系清晰的组织结构，建立识别、计量和管理风险的程序，并建立和实施健全、有效的内部控制，采取措施纠正内部控制存在的问题。

监事会在实施财务监督的同时，负责对商业银行遵守法律规定的情况以及董事会、管理层履行职责的情况进行监督，要求董事会、管理层纠正损害银行利益的行为。

第九条 商业银行应当建立科学、有效的激励约束机制，培育良好的企业精神和内部控制文化，从而创造全体员工均充分了解且能履行职责的环境。

第十条 商业银行应当设立履行风险管理职能的专门部门，制定并实施识别、计量、监测和管理风险的制度、程序和方法，以确保风险管理和经营目标的实现。

第十一条 商业银行应当建立涵盖各项业务、全行范围的风险管理系统，开发和运用风险量化评估的方法和模型，对信用风险、市场风险、流动性风险、操作风险等各类风险进行持续的监控。

第十二条 商业银行应当对各项业务制定全面、系统、成文的政策、制度和程序，并在全行范围内保持统一的业务标准和操作要求，避免因管理层的变更而影响其连续性和稳定性。

第十三条 商业银行设立新的机构或开办新的业务，应当事先制定有关的政策、制度和程序，对潜在的风险进行计量和评估，并提出风险防范措施。

第十四条 商业银行应当建立内部控制的评价制度，对内部控制的制度建设、执行情况定期进行回顾和检讨，并根据国家法律规定、银行组织结构、经营状况、市场环境的变化进行修订和完善。

第十五条 商业银行应当明确划分相关部门之间、岗位之间、上下级机构之间的职责,建立职责分离、横向与纵向相互监督制约的机制。

　　涉及资产、负债、财务和人员等重要事项变动均不得由一个人独自决定。

　　第十六条　商业银行应当根据不同的工作岗位及其性质,赋予其相应的职责和权限,各个岗位应当有正式、成文的岗位职责说明和清晰的报告关系。

　　关键岗位应当实行定期或不定期的人员轮换和强制休假制度。

　　第十七条　商业银行应当根据各分支机构和业务部门的经营管理水平、风险管理能力、地区经济环境和业务发展需要,建立相应的授权体系,实行统一法人管理和法人授权。

　　授权应适当、明确,并采取书面形式。

　　第十八条　商业银行应当利用计算机程序监控等现代化手段,锁定分支机构的业务权限,对分支机构实施有效的管理和控制。

　　下级机构应当严格执行上级机构的决策,在自身职责和权限范围内开展工作。

　　第十九条　商业银行应当建立有效的核对、监控制度,对各种账证、报表定期进行核对,对现金、有价证券等有形资产及时进行盘点,对柜台办理的业务实行复核或事后监督把关,对重要业务实行双签有效的制度,对授权、授信的执行情况进行监控。

　　第二十条　商业银行应当按照规定进行会计核算和业务记录,建立完整的会计、统计和业务档案,妥善保管,确保原始记录、合同契约和各种报表资料的真实、完整。

　　第二十一条　商业银行应当建立有效的应急制度,在各个重要部位、营业网点等发生供电中断、火灾、抢劫等紧急情况时,应急措施应当及时、有效,确保各类数据信息的安全和完整。

　　第二十二条　商业银行应当设立独立的法律事务部门或岗位,统一管理各类授权、授信的法律事务,制定和审查法律文本,对新业务的推出进行法律论证,确保每笔业务的合法和有效,维护银行的合法权益。

　　第二十三条　商业银行应当实现业务操作和管理的电子化,促进各项业务的电子数据处理系统的整合,做到业务数据的集中处理。

　　第二十四条　商业银行应当实现经营管理的信息化,建立贯穿各级机构、覆盖各个业务领域的数据库和管理信息系统,做到及时、准确提供经营管理所需要的各种数据,并及时、真实、准确地向中国人民银行报送监管报表资料和对外披露信息。

　　第二十五条　商业银行应当建立有效的信息交流和反馈机制,确保董事会、监事会、高级管理层及时了解本行的经营和风险状况,确保每一项信息均能够传递给相关的员工,各个部门和员工的有关信息均能够顺畅反馈。

　　第二十六条　商业银行的业务部门应当对各项业务的经营状况和例外情况进行经常性检查,及时发现内部控制存在的问题,并迅速予以纠正。

　　第二十七条　商业银行的内部审计部门应当有权获得商业银行的所有经营信息和管理信息,并对各个部门、岗位和各项业务实施全面的监控和评价。

第二十八条 商业银行的内部审计应当具有充分的独立性,实行全行系统的垂直管理。

下级机构内部审计负责人的聘任和解聘应当经上级机构内部审计部门同意,总行内部审计负责人的聘任和解聘应当经董事会或监事会同意。

第二十九条 商业银行应当配备充足的、业务素质高、工作能力强的内部审计人员,并建立专业培训制度,每人每年确保一定的离岗或脱产培训时间。

内部审计力量不足的,应当将审计任务委托社会中介机构进行。

第三十条 商业银行应当建立有效的内部控制报告和纠正机制,业务部门、内部审计部门和其他人员发现的内部控制的问题,均应当有畅通的报告渠道和有效的纠正措施。

第三章 授信的内部控制

第三十一条 商业银行授信内部控制的重点是:实行统一授信管理,健全客户信用风险识别与监测体系,完善授信决策与审批机制,防止对单一客户、关联企业客户和集团客户风险的高度集中,防止违反信贷原则发放关系人贷款和人情贷款,防止信贷资金违规投向高风险领域和用于违法活动。

第三十二条 商业银行应当设立独立的授信风险管理部门,对不同币种、不同客户对象、不同种类的授信进行统一管理,避免信用失控。

第三十三条 商业银行授信岗位设置应当做到分工合理、职责明确,岗位之间应当相互配合、相互制约,做到审贷分离、业务经办与会计账务处理分离。

第三十四条 商业银行应当建立有效的授信决策机制,包括设立审贷委员会,负责审批权限内的授信。

行长不得担任审贷委员会的成员。

审贷委员会审议表决应当遵循集体审议、明确发表意见、多数同意通过的原则,全部意见应当记录存档。

被审贷委员会两次否决的贷款申请半年内不得提交审贷委员会审议。

第三十五条 商业银行应当建立严格的授信风险垂直管理体制,下级机构应当服从上级机构风险管理部门的管理,严格执行各项授信风险管理政策和制度。

第三十六条 商业银行应当对授信实行统一的法人授权制度,上级机构应当根据下级机构的风险管理水平、资产质量、所处地区经济环境等因素,合理确定授信审批权限。

第三十七条 商业银行应当根据风险大小,对不同种类、期限、担保条件的授信确定不同的审批权限,审批权限应当逐步采用量化风险指标。

第三十八条 商业银行各级机构应当明确规定授信审查人、审批人之间的权限和工作程序,严格按照权限和程序审查、审批业务,不得故意绕开审查、审批人。

第三十九条 商业银行应当防止授信风险的过度集中,通过实行授信组合管理,制定在不同期限、不同行业、不同地区的授信分散化目标,及时监测和控制授信组合风险,确保总体授信风险控制在合理的范围内。

第四十条 商业银行应当对同一客户的贷款、贸易融资、票据承兑和贴现、透支、保理、担保、贷款承诺、开立信用证等各类表内外授信实行一揽子管理,确定总体授信额度。

第四十一条 商业银行应当以风险量化评估的方法和模型为基础,开发和运用统一的客户信用评级体系,作为授信客户选择和项目审批的依据,并为客户信用风险识别、监测以及制定差别化的授信政策提供基础。

第四十二条 商业银行应当对集团客户实行统一授信管理,将同一集团内各个企业的授信纳入统一的授信额度内,核定集团总的授信额度,防止借款人通过多头开户、多头贷款、多头互保套取银行资金,防止对关联企业授信的失控。

第四十三条 商业银行应当建立统一的授信操作规范,规定贷前调查、贷时审查、贷后检查各个环节的工作标准和操作要求:

(一)贷前调查应当做到实地查看,如实报告授信调查掌握的情况,不回避风险点,不因任何人的主观意志而改变调查结论;

(二)贷时审查应当做到独立审贷,客观公正,充分、准确地揭示业务风险,提出降低风险的对策;

(三)贷后检查应当做到实地查看,如实记录,及时将检查中发现的问题报告有关人员,不得隐瞒或掩饰问题。

第四十四条 商业银行应当制定统一的各类授信品种的管理办法,明确规定各项业务的办理条件,包括选项标准、期限、利率、收费、担保、审批权限、申报资料、贷后管理、内部处理程序等具体内容。

第四十五条 商业银行在批准各类授信时,应当逐笔载明办理业务的各项条件,经办部门只能在符合条件的前提下办理业务。

第四十六条 商业银行应当对借款人实施独立的尽职调查,严格执行授信审批程序,防止逆程序操作和放宽授信标准,防止发放任何形式的外部行政干预贷款和人情贷款。

第四十七条 商业银行应当严格按照信贷原则审查对关系人的授信,确保对关系人的授信条件不得优于其他借款人同类授信的条件。

在对关系人的授信调查和审批过程中,商业银行内部相关人员应当回避。

第四十八条 商业银行应当严格审查和监控借款用途,防止借款人通过贷款、贴现、办理银行承兑汇票等方式套取信贷资金,改变借款用途。

第四十九条 商业银行应当严格审查借款人资格合法性、融资背景以及申请材料的真实性和借款合同的完备性,防止借款人通过编造虚假理由、使用虚假经济合同或虚假证明文件等方式,从事金融诈骗活动。

第五十条 商业银行应当建立资产质量监测报告体系,严密监测资产质量的变化,分析不良资产形成的原因,及时制定防范和化解风险的对策。

第五十一条 商业银行应当建立贷款风险分类制度,规范贷款质量的认定标准和程序,严禁掩盖不良贷款的真实状况,确保贷款质量的真实性。

第五十二条 商业银行应当建立授信风险责任制,明确规定各个部门、岗位的风险责任:

(一)调查人员应当承担调查失误和评估失准的责任;

(二)审查和审批人员应当承担审查、审批失误的责任,并对本人签署的意见负责;

(三)贷后管理人员应当承担检查失误、清收不力的责任;

(四)放款操作人员应当对操作性风险负责;

(五)高级管理层应当对重大贷款损失承担相应的责任。

第五十三条 商业银行应当对违法、违规造成的授信风险和损失逐笔进行责任认定,并按规定对有关责任人进行处理。

第五十四条 商业银行应当建立完善的授信管理信息系统,对授信全过程进行持续监控,并确保提供真实的授信经营状况和资产质量状况信息,对授信风险与收益情况进行综合评价。

第五十五条 商业银行应当建立完善的客户管理信息系统,全面和集中掌握客户的资信水平、经营财务状况、偿债能力等信息,对客户进行分类管理,对已列入"黑名单"、有逃废债等行为的资信不良的借款人实施授信禁入。

第四章 资金业务的内部控制

第五十六条 商业银行资金业务内部控制的重点是:对资金业务对象和产品实行统一授信,实行严格的前后台职责分离,建立中台风险监控和管理制度,防止资金交易员从事越权交易,防止欺诈行为,防止因违规操作和风险识别不足导致的重大损失。

第五十七条 商业银行资金业务的组织结构应当体现权限等级和职责分离的原则,做到前台交易与后台结算分离、自营业务与代客业务分离、业务操作与风险监控分离,建立岗位之间的监督制约机制。

第五十八条 商业银行应当根据分支机构的经营管理水平,核定各个分支机构的资金业务经营权限。

对分支机构的资金业务应当定期进行检查,对异常资金交易和资金变动应当建立有效的预警和处理机制。

未经上级机构批准,下级机构不得开展任何未设权限的资金交易。

第五十九条 商业银行应当完善资金营运的内部控制,资金的调出、调入应当有真实的业务背景,严格按照授权进行操作,并及时划拨资金,登记台账。

第六十条 商业银行应当根据授信原则和资金交易对手的财务状况,确定交易对手、投资对象的授信额度和期限,并根据交易产品的特点对授信额度进行动态监控,确保所有交易控制在授信额度范围之内。

第六十一条 商业银行应当充分了解所从事资金业务的性质、风险、相关的法规和惯例,明确规定允许交易的业务品种,确定资金业务单笔、累计最大交易限额以及相应承担的单笔、累计最大交易损失限额和交易止损点。

高级管理层应当充分认识金融衍生产品的性质和风险,根据本行的风险承受水平,合理确定金融衍生产品的风险限额和相关交易参数。

第六十二条 商业银行应当建立完备的资金交易风险评估和控制系统,制定符合本行特点的风险控制政策、措施和定量指标,开发和运用量化的风险管理模型,对资金交易的收益与风险进行适时、审慎评价,确保资金业务各项风险指标控制在规定的范围内。

第六十三条 商业银行应当根据资金交易的风险程度和管理能力,就交易品种、交易金额和止损点等对资金交易员进行授权。

资金交易员上岗前应当取得相应资格。

第六十四条 商业银行应当按照市场价格计算交易头寸的市值和浮动盈亏情况,对资金交易产品的市场风险、头寸市值变动进行实时监控。

第六十五条 商业银行应当建立资金交易风险和市值的内部报告制度。

资金交易员应当向高级管理层如实汇报金融衍生产品中的或有资产、隐含风险和对冲策略等交易细节。

第六十六条 商业银行应当充分考虑到极端的市场价格变动、市场流动性降低以及主要交易对手倒闭等问题,确定市场出现大幅异常波动和可能出现最坏情况时的应对措施。

第六十七条 商业银行应当建立对资金交易员的适当的约束机制,对资金交易员实施有效管理。

资金交易员应当严格遵守交易员行为准则,在职责权限、授信额度、各项交易限额和止损点内以真实的市场价格进行交易,并严守交易信息秘密。

第六十八条 商业银行应当建立资金交易中台和后台部门对前台交易的反映和监督机制。

中台监控部门应当核对前台交易的授权交易限额、交易对手的授信额度和交易价格等,对超出授权范围内的交易应当及时向有关部门报告。

后台结算部门应当独立地进行交易结算和付款,并根据资金交易员的交易记录,在规定的时间内向交易对手逐笔确认交易事实。

第六十九条 商业银行在办理代客资金业务时,应当了解客户从事资金交易的权限和能力，向客户充分揭示有关风险，获取必要的履约保证，明确在市场变化情况下客户违约的处理办法和措施。

第七十条 商业银行资金业务新产品的开发和经营应当经过高级管理层授权批准，在风险控制制度和操作规程完备、人员合格和设备齐全的情况下，交易部门才能全面开展新产品的交易。

第七十一条 商业银行应当建立资金业务的风险责任制，明确规定各个部门、岗位的风险责任：

（一）前台资金交易员应当承担越权交易和虚假交易的责任，并对未执行止损规定形成的损失负责；

（二）中台监控人员应当承担对资金交易员越权交易报告的责任，并对风险报告失准和监控不力负责；

（三）后台结算人员应当对结算的操作性风险负责；

（四）高级管理层应当对资金交易出现的重大损失承担相应的责任。

第五章 存款及柜台业务的内部控制

第七十二条 商业银行存款及柜台业务内部控制的重点是：对基层营业网点、要害部位和重点岗位实施有效监控，严格执行账户管理、会计核算制度和各项操作规程，防止内部操作风险和违规经营行为，防止内部挪用、贪污以及洗钱、金融诈骗、逃汇、骗汇等非法活动，确保商业银行和客户资金的安全。

第七十三条 商业银行应当严格执行账户管理的有关规定，认真审核存款人身份和账户资料的真实性、完整性和合法性，对账户开立、变更和撤销的情况定期进行检查，防止存款人出租、出借账户或利用其存款账户从事违法活动。

第七十四条 商业银行应当严格管理预留签章和存款支付凭据，提高对签章、票据真伪的甄别能力，并利用计算机技术，加大预留签章管理的科技含量，防止诈骗活动。

第七十五条 商业银行应当对存款账户实施有效管理，与除储蓄存款以外的其他存款的所有人定期进行对账，并确保对账的适时有效。

第七十六条 商业银行应当对内部特种转账业务、账户异常变动等进行持续监控，发现异常情况应当进行跟踪和分析。

对异常现金存取和异常转账情况，应当采取设置标识等监控措施，必要时向有关部门报告。

第七十七条 商业银行应当对大额存单签发、大额存款支取实行分级授权和双签制度，按规定对大额款项收付进行登记和报备，确保存款等交易信息的真实、完整。

第七十八条 商业银行应当对每日营业终了的账务实施有效管理，当天的票据当天入账，对发现的错账和未提出的票据或退票，应当履行内部审批、登记手续。

第七十九条 商业银行应当严格执行"印、押、证"三分管制度，使用和保管重要业务印章的人员不得同时保管相关的业务单证，使用和管理密押、压数机的人员不得同时使用或保管相关的印章和单证。

使用和保管密押的人员应当保持相对稳定，人员变动应当经主管领导批准，并办好交接和登记手续。

人员离岗，"印、押、证"应当落锁入柜，妥善保管。

第八十条 商业银行应当对现金收付、资金划转、账户资料变更、密码更改、挂失、解挂等柜台业务，建立复核制度，确保交易的记录完整和可追溯。

柜台人员的名章、操作密码、身份识别卡等应当实行个人负责制，妥善保管，按章使用。

第八十一条 商业银行应当对现金、贵金属、重要空白凭证和有价单证实行严格的核算和管理，严格执行入库、登记、领用的手续，定期盘点查库，正确、及时处理损益。

第八十二条 商业银行应当建立会计、储蓄事后监督制度，配置专人负责事后监督，实现业务与监督在空间与人员上的分离。

第八十三条 商业银行应当认真遵循"了解你的客户"的原则，注意审查客户资金来源的真实性和合法性，提高对可疑交易的鉴别能力，如发现可疑交易，应当逐级上报，防止犯罪分子进行洗钱活动。

第八十四条 商业银行应当严格执行营业机构重要岗位的请假、轮岗制度，逐步推行离岗审计制度。

对要害部门和重点岗位应当实施有效管理，对非营业时间进入营业场所、电脑延长开机时间等应当办理审批、登记手续。

第六章 中间业务的内部控制

第八十五条 商业银行中间业务内部控制的重点是：开展中间业务应当取得有关主管部门核准的机构资质、人员从业资格和内部的业务授权，建立并落实相关的规章制度和操作规程，按委托人指令办理业务，防范或有负债风险。

第八十六条 商业银行办理支付结算业务，应当根据有关法律规定的要求，对持票人提交的票据或结算凭证进行审查，并确认委托人收、付款指令的正确性和有效性，按指定的方式、时间和账户办理资金划转手续。

第八十七条 商业银行办理结汇、售汇和付汇业务，应当对业务的审批、操作和会计记录实行恰当的职责分离，并严格执行内部管理和检查制度，确保结汇、售汇和收付汇业务的合规性。

第八十八条 商业银行办理代理业务,应当设立专户核算代理资金,完善代理资金的拨付、回收、核对等手续,防止代理资金被挤占挪用,确保专款专用。

第八十九条 商业银行应当对代理资金支付进行审查和管理,按照代理协议的约定办理资金划转手续,遵循银行不垫款的原则,不介入委托人与其他人的交易纠纷。

第九十条 商业银行应当严格按照会计制度正确核算和确认各项代理业务收入,坚持收支两条线,防止代理收入被截留或挪用。

第九十一条 商业银行发行借记卡,应当按照实名制规定开立账户。

对借记卡的取款、转账、消费等支付业务,应当制定并严格执行相关的管理制度和操作规程。

第九十二条 商业银行发行贷记卡,应当在全行统一的授信管理原则下,建立客户信用评价标准和方法,对申请人相关资料的合法性、真实性和有效性进行严格审查,确定客户的信用额度,并严格按照授权进行审批。

第九十三条 商业银行应当对贷记卡持卡人的透支行为建立有效的监控机制,业务处理系统应当具有实时监督、超额控制和异常交易止付等功能。

商业银行应当定期与贷记卡持卡人对账,严格管理透支款项,切实防范恶意透支等风险。

第九十四条 商业银行受理银行卡存取款或转账业务,应当对银行卡资金交易设置必要的监控措施,防止持卡人利用银行卡进行违法活动。

第九十五条 商业银行发卡机构应当建立和健全内部管理机制,完善重要凭证、银行卡卡片、客户密码、止付名单、技术档案等重要资料的传递与存放管理,确保交接手续的严密。

第九十六条 商业银行应当对银行卡特约商户实施有效管理,规范相关的操作规程和处理手续,对特约商户的经营风险或操作过失应当制定相应的应急和防范措施。

第九十七条 商业银行从事基金托管业务,应当在人事、行政和财务上独立于基金管理人,双方的管理人员不得相互兼职。

第九十八条 商业银行应当以诚实信用、勤勉尽责的原则保管基金资产,严格履行基金托管人的职责,确保基金资产的安全,并承担为客户保密的责任。

第九十九条 商业银行应当确保基金托管业务与基金代销业务相分离,基金托管的系统、业务资料应当与基金代销的系统、业务资料有效分离。

第一百条 商业银行应当确保托管基金资产与自营资产相分离,对不同基金独立设账、分户管理,独立核算,确保不同基金资产的相互独立。

第一百零一条 商业银行应当严格按照会计制度办理基金账务核算,正确反映资金往来活动,并定期与基金管理人等有关当事人就基金投资证券的种类、数量等进行核对。

第一百零二条 商业银行开展咨询顾问业务,应当坚持诚实信用原则,确保客户对象、业务内容的合法性和合规性,对提供给客户的信息的真实性、准确性负责,并承担为客户保密的责任。

第一百零三条 商业银行开办保管箱业务,应当在场地、设备和处理软件等方面符合国家安全标准,对用户身份进行核验确认。

对进入保管场地和开启保管箱,应当制定相应的操作规范,明确要求租用人不得在保管箱内存放违禁或危险物品,防止利用商业银行场地保管非法物品。

第七章 会计的内部控制

第一百零四条 商业银行会计内部控制的重点是:实行会计工作的统一管理,严格执行会计制度和会计操作规程,运用计算机技术实施会计内部控制,确保会计信息的真实、完整和合法,严禁设置账外账,严禁乱用会计科目,严禁编制和报送虚假会计信息。

第一百零五条 商业银行应当依据企业会计准则和国家统一的会计制度,制订并实施本行的会计规范和管理制度。

下级机构应当严格执行上级机构制定的会计规范和管理制度,确保统一的会计规范和管理制度在本行得到实施。

第一百零六条 商业银行应当确保会计工作的独立性,确保会计部门、会计人员能够依据国家统一的会计制度和本行的会计规范独立地办理会计业务,任何人不得授意、暗示、指示、强令会计部门、会计人员违法或违规办理会计业务。

对违法或违规的会计业务,会计部门、会计人员有权拒绝办理,并向上级机构报告,或者按照职权予以纠正。

第一百零七条 商业银行会计岗位设置应当实行责任分离、相互制约的原则,严禁一人兼任非相容的岗位或独自完成会计全过程的业务操作。

第一百零八条 商业银行应当明确会计部门、会计人员的权限,各级会计部门、会计人员应当在各自的权限内行事,凡超越权限的,须经授权后,方可办理。

第一百零九条 商业银行应当对会计账务处理的全过程实行监督,会计账务应当做到账账、账据、账款、账实、账表和内外账的六相符。

凡账务核对不一致的,应当按照权限进行纠正或报上级机构处理。

第一百一十条 商业银行应当对会计主管、会计负责人实行从业资格管理,建立会计人员档案。

会计主管、会计负责人和会计人员应当具有与其岗位、职位相适应的专业资格或技能。

第一百一十一条 商业银行下级机构会计主管的变动应当经上级机构会计部门同意。

会计人员调动工作或离职,应当与接管人员办清交接手续,严格执行交接程序。

第一百一十二条 商业银行应当对会计人员实行强制休假制度,联行、同城票据交换、出纳等重要会计岗位人员和会计主管还应当定期轮换,逐步推行离岗(任)审计制度。

第一百一十三条 商业银行应当实行会计差错责任人追究制度,发生重大会计差错、舞弊或案件,除对直接责任人员追究责任外,机构负责人和分管会计的负责人也应当承担相应的责任。

第一百一十四条 商业银行应当做到会计记录、账务处理的合法、真实、完整和准确,严禁伪造、变造会计凭证、会计账簿和其他会计资料,严禁提供虚假财务会计报告。

第一百一十五条 商业银行应当建立规范的信息披露制度,按照规定及时、真实、完整地披露会计、财务信息,满足股东、监管当局和社会公众对其信息的需求。

第一百一十六条 商业银行应当完善会计档案管理,严格执行会计档案查阅手续,防止会计档案被替换、更改、毁损、散失和泄密。

第八章 计算机信息系统的内部控制

第一百一十七条 商业银行计算机信息系统内部控制的重点是:严格划分计算机信息系统开发部门、管理部门与应用部门的职责,建立和健全计算机信息系统风险防范的制度,确保计算机信息系统设备、数据、系统运行和系统环境的安全。

第一百一十八条 商业银行应当明确计算机信息系统开发人员、管理人员与操作人员的岗位职责,做到岗位之间的相互制约,各岗位之间不得相互兼任。

各级机构应当配备计算机安全管理人员,明确计算机安全管理人员的职责。

第一百一十九条 商业银行应当对计算机信息系统的项目立项、开发、验收、运行和维护整个过程实施有效管理,开发环境应当与生产环境严格分离。

技术部门与业务部门之间应当进行沟通协调,确保系统的整体安全。

第一百二十条 商业银行购买计算机软、硬件设备,应当对供应商的资格条件进行严格审查,在使用前进行试用性安全测试,明确产品供应商对产品在使用期间应当承担的责任,确保产品的正常使用和有效维护。

第一百二十一条 商业银行计算机机房建设应当符合国家的有关标准,出入计算机机房应当有严格的审批程序和出入记录,确保计算机硬件、各种存储介质的物理安全。

计算机机房和营业网点应当有完备的计算机监控系统,确保计算机终端的正常使用。

第一百二十二条 商业银行应当建立和健全网络管理系统,有效地管理网络的安全、故障、性能、配置等,并对接入国际互联网实施有效的安全管理。

第一百二十三条 商业银行应当对计算机信息系统实施有效的用户管理和密码(口令)管理,对用户的创建、变更、删除、用户口令的长度、时效等均应当有严格的控制。

员工之间严禁转让计算机信息系统的用户名或权限卡,员工离岗后应当及时更换密码和密码信息。

第一百二十四条 商业银行应当对计算机信息系统的接入建立适当的授权程序,并对接入后的操作进行安全控制。

输入计算机信息系统的数据应当核对无误,数据的修改应当经过批准并建立日志。

第一百二十五条 商业银行应当及时更新系统安全设置、病毒代码库、攻击特征码、软件补丁程序等,通过认证、加密、内容过滤、入侵监测等技术手段,不断完善安全控制措施,确保计算机信息系统的安全。

第一百二十六条 商业银行的网络设备、操作系统、数据库系统、应用程序等均应当设置必要的日志。

日志应当能够满足各类内部和外部审计的需要。

第一百二十七条 商业银行应当严格管理各类数据信息,数据的操作、数据备份介质的存放、转移和销毁等均应当有严格的管理制度。

第一百二十八条 商业银行运用计算机处理业务,应当具有可复核性和可追溯性,并为有关的审计或检查留有接口。

第一百二十九条 商业银行的电子银行服务应当具备客户身份识别、安全认证等功能,防止发生泄密事件,确保交易安全。

第一百三十条 商业银行应当尽可能利用计算机信息系统的系统设定,防范各种操作风险和违法犯罪行为。

第一百三十一条 商业银行应当建立计算机安全应急系统,制定详细的应急方案,并定期进行修订和演练。

数据备份应当做到异地存放,条件允许时,应当建立异地计算机灾难备份中心。

第九章 内部控制的监督与纠正

第一百三十二条 商业银行应当指定不同的机构或部门分别负责内部控制的建设、执行和内部控制的监督、评价。

内部控制的建设、执行部门负责设计内部控制体系,组织、督促各业务部门、分支机构建立和健全内部控制。内部控制的监督、评价部门负责组织检查、评价内部控制的健全性和有效性,督促管理层纠正内部控制存在的问题。

第一百三十三条 商业银行应当建立内部控制的报告和信息反馈制度,业务部门、内部审计部门和其他控制人员发现内部控制的隐患和缺陷,应当及时向管理层或相关部门报告。

第一百三十四条 商业银行内部控制的监督、评价部门应当对内部控制的制度建设和执行情况定期进行检查评价,提出改进建议,对违反规定的机构和人员提出处理意见。

第一百三十五条 商业银行上级机构应当根据自身掌握的内部控制信息,对下级机构的内部控制状况定期作出评价,并将评价结果作为经营绩效考核的重要依据。

第一百三十六条 商业银行应当建立内部控制问题和缺陷的处理纠正机制,管理层应当根据内部控制的检查情况和评价结果,提出整改意见和纠正措施,并督促业务部门和分支机构落实。

第一百三十七条 商业银行应当建立内部控制的风险责任制:

(一)董事会、高级管理层应当对内部控制的有效性负责,并对内部控制失效造成的重大损失承担责任;

(二)内部审计部门应当对检查发现问题隐瞒不报、上报虚假情况或检查监督不力,承担相应的责任;

(三)业务部门和分支机构应当及时纠正内部控制存在的问题,并对出现的风险和损失承担相应的责任;

(四)高级管理层应当对违反内部控制的人员,依据法律规定、内部管理制度追究责任和予以处分,并承担处理不力的责任。

第十章 附 则

第一百三十八条 本指引适用于在中华人民共和国境内依法设立的中资、外资商业银行。

政策性银行、金融资产管理公司、邮政储蓄机构、城乡信用社、信托投资公司、企业集团财务公司、金融租赁公司等其他金融机构参照执行。

第一百三十九条 中国人民银行依据本指引对商业银行作出的内部控制评价结果是商业银行风险评估的重要内容,也是中国人民银行进行市场准入管理的重要依据。

第一百四十条 本指引由中国人民银行负责解释。

第一百四十一条 本指引自公布之日起施行。中国人民银行发布的《加强金融机构内部控制的指导原则》同时废止。

二、巴林银行的倒闭

1763年,弗朗西斯·巴林爵士在伦敦创建了巴林银行,它是世界首家"商业银行",既为客户提供资金和有关建议,自己也做买卖。当然它也得像其他商人一样承担买卖股票、土地或咖啡的风险,由于经营灵活多变、富于创新,巴林银行很快就在国际金融领域获得了巨大的成功。其业务范围也相当广泛,无论是到刚果提炼铜矿,从澳大利亚贩运羊毛,还是开掘巴拿马运河,巴林银行都可以为之提供贷款,但巴林银行有别于普通的商业银行,它不开发普通客户存款业务,故其资金来源比较有限,只能靠自身的力量来谋求生存和发展。

在1803年,刚刚诞生的美国从法国手中购买南部的路易斯安纳州时,所有资金就出自巴林银行。尽管当时巴林银行有一个强劲的竞争对手——一家犹太人开办的罗斯切尔特银行,但巴林银行还是各国政府、各大公司和许多客户的首选银行。1886年,巴林银行发行"吉尼士"证券,购买者手持申请表如潮水一样涌进银行,后来不得不动用警力来维持,很多人排上几个小时后,买下少量股票,然后伺机抛出。等到第二天抛出时,股票价格已涨了1倍。

20世纪初,巴林银行荣幸地获得了一个特殊客户:英国皇室。由于巴林银行的卓越贡献,巴林家族先后获得了5个世袭的爵位。这可算得上一个世界记录,从而奠定巴林银行显赫地位的基础。

李森于1989年7月10日正式到巴林银行工作。这之前,他是摩根·斯坦利银行清算部的一名职员,进入巴林银行后,他很快争取到了到印尼分部工作的机会。由于他具有耐心和毅力,善于逻辑推理,能很快地解决以前未能解决的许多问题,使工作有了起色,因此,他被视为期货与期权结算方面的专家。伦敦总部对李森在印尼的工作相当满意,并允许可以在海外给他安排一个合适的职务。1992年,巴林总部决定派他到新加坡分行成立期货与期权交易部门,并出任总经理。

无论做什么交易,错误都在所难免。但关键是看你怎样处理这些错误。在期货交易中更是如此。有人会将"买进"手势误为"卖出"手势;有人会在错误的价位购进合同;有人可能不够谨慎;有人可能本该购买6月份期货却买进了3月份期货,等等。一旦失误,就会给银行造成损失,在出现这些错误之后,银行必须迅速妥善处理;如果错误无法挽回,唯一可行的办法,就是将该项错误转入电脑中一个被称为"错误账户"的账户中,然后向银行总部报告。

李森于1992年在新加坡任期货交易员时,巴林银行原本有一人账号为"99905"的"错误账号",是在专门处理交易过程中因疏忽所造成的错误。这原是一个金融体系运作过程中正常的错误账户。1992年夏天,伦敦总部全面负责清算工作的哥顿·鲍塞给李森打了一个电话,要求李森另设立一个"错误账户",记录较小的错误,并自行在新加坡处理,以免麻烦伦敦的工作。于是,李森马上找来了负责办公室清算的利塞尔,向她咨询是否可以另立一个档案,很快,利塞尔就在电脑里键入了一些命令,问他需要什么账号,在中国文化里"8"是一个非常吉利的数字,因此,李森以此作为他的吉祥数字,由于账号必须是五位数,这样账号为"88888"的"错误账户"便诞生了。

几周之后,伦敦总部又打来电话,总部配置了新的电脑,要求新加坡分行是按老规矩行事,所有的错误记录仍由"99905"账户直接向伦敦报告。"88888"错误账户刚刚建立就被搁置不用了,但它却成为一个真正的"错误账户"存于电脑之中。而且总部这时已经注意到新加坡分行出现的错误很多,但李森都巧妙地搪塞而过。"88888"这个被人忽略的账户,提供了李森日后制造假账的机会,如果当时取消这一账户,则巴林的历史可能会重写了。

1992年7月17日,李森手下一名加入巴林仅一星期的交易员金·王犯了一个错误:当客户(富士银行)要求买进20口日经指数期货合约时,此交易员误为卖出20口,这个错误在李森当天晚上进行清算工作时被发现。欲纠正此项错误,须买回40口合约,表示至当日的收盘价计算,其损失为2万英镑,并应报告伦敦总公司。但在种种考虑下,李森决定利用错误账户"88888",承接了40口日经指数期货空头合约,以掩盖这个失误。然而,如此一来,李森所进行的交易便成了"业主交易",使巴林银行在这个账户下,暴露在风险部位。数天之后,更由于日经指数上升200点,此空头部位的损失便由2万英镑增为6万英镑了(注:李森当时年薪还不到5万英镑)。此时,李森更不敢将此失误向上呈报。

另一个与此如出一辙的错误是李森的好友及委托执行人乔治犯的。乔治与妻子离婚了,整日沉浸在痛苦之中,并开始自暴自弃,李森喜欢他,因为乔治是他最好的朋友,也是最棒的交易员之一。但很快乔治开始出错了。李森示意他卖出的100份9月的期货全被他买进,价值高达800英镑,而且好几份交易的凭证根本没有填写。

如果乔治的错误泄露出去,李森不得不告别他已很如意的生活,将乔治出现的几次错误记入"88888"账户,对李森来说是举手之劳。但至少有三个问题困扰着他:一是如何弥补这些错误;二是将错误记入"88888"账户后如何躲过伦敦总部月底的内部审计;三是SIMEX每天都要他们追加保证金,他们会计算出新加坡分行每天赔进多少。"88888"账户也可以被显示在SIMEX大屏幕上。为了弥补手下员工的失误,李森将自己赚的佣金转入账户,但其前提当然是这些失误不能太大,所引起的损失金额也不是太大,但乔治造成的错误确实太大了。

为了赚回足够的钱来补偿所有损失,李森承担愈来愈大的风险,他当时从事大量跨式部位交易,因为当时日经指数稳定,李森从此交易中赚取期权权利金。若运气不好,日经指数变动剧烈,此交易将使巴林遭到极大损失。李森在一段时日内做得还极顺手。到1993年7月,他已将"88888"账户亏损的600万英镑转为略有盈余,当时他的年薪为5万英镑,年终奖金则将近10万英镑。如果李森就此打住,那么,巴林的历史也会改变。

除了为交易员遮掩错误,另一个严重的失误是为了争取日经市场上最大的客户波尼弗伊。在1993年下旬,接连几天,每天市场价格破纪录地飞涨1 000多点,用于清算记录的电脑屏幕故障频繁,无数笔的交易入账工作都积压起来。因为系统无法正常工作,交易记录都靠人力,等到发现各种错误时,李森在一天之内的损失便已高达将近170万美元。在无路可走的情况下,李森决定继续隐藏这些失误。

1994年,李森对损失的金额已经麻木了,"88888"账户的损失,由2 000万英镑、3 000万英镑,到7月已达5 000万英镑。事实上,李森当时所作的许多交易,是在被市场走势牵着鼻子走,并非出于他对市场的预期如何。他已成为被其风险部位操作的傀儡。他当时能想的,是哪一种方向的市场变动会使他反败为胜,能补足"88888"账户的亏损,便试着影响市场往那个方向变动。

李森自传中描述:"我为自己变成这样一个骗子感到羞愧——开始是比较小的错误,但现已整个包围着我,像是癌症一样……我的母亲绝对不是要把我抚养成这个样子的。"

从制度上看,巴林最根本的问题在于交易与清算角色的混淆。李森在1992年去新加坡后,任职巴林新加坡期货交易部兼清算部经理。作为一名交易员,李森本来应有工作是代巴林客户买卖衍生性商品,并替巴林从事套利这两种工作,基本上是没有太大的风险。因为代客操作,风险由客户自己承担,交易员只是赚取佣金,而套利行为亦只赚取市场间的差价。例如,里林利用新加坡及大孤市场极短时间内的不同价格,替巴林赚取利润。一般银行给予其交易员持有一定额度的风险部位的许可。但为防止交易员在其所属银行暴露在过多的风险中,这种许可额度通常定得相当有限。而通过清算部门每天结算工作,银行对其交易员和风险部位的情况也可予以有效了解并掌握。但不幸的是,李森却一人身兼交易与清算两职。

事实上,在李森抵达新加坡前的一个星期,巴林内部曾有一个内部通讯,对此问题可能引起的大灾难提出关切。但此关切却被忽略,以至于李森到职后,同时兼任交易与清算部门的工作。如果李森只负责清算部门,如同例子本来被赋予的职责一样,那么他便没有必要、也没有机会为其他交易员的失误行为瞒天过海,也就不会造成最后不可收拾的局面。

在损失达到5 000万英镑时,巴林银行曾派人调查李森的账目。事实上,每天都有一张资产负债表,每天都有明显的记录,可看出李森的问题,即使是月底,李森为掩盖问题所制造的假账,也极易被发现——如果巴林真有严格的审查制度。李森假造花旗银行有

5 000万英镑存款,但这5 000万英镑已被挪用来补偿"88888"账户中的损失了。查了1个月的账,却没有人去查花旗银行的账目,以致没有人发现花旗银行账户中并没有5 000万英镑的存款。

关于资产负债表,巴林银行董事长彼得·巴林还曾经在1994年3月有过一段评语,认为资产负债表没有什么用,因为它的组成,在短期间内就可能发生重大的变化。因此,彼得·巴林说:"若以为揭露更多资产负债表的数据,就能增加对一个集团的了解,那真是幼稚无知。"对资产负债表不重视的巴林董事长付出的代价之高,也实在没有人想像得到吧!

另外,在1995年1月11日,新加坡期货交易所的审计与税务部发函巴林,提出他们对维持"88888"账户所需资金问题的一些疑虑。而且此时李森已需每天要求伦敦汇入1 000万英镑,以支付其追加保证金。事实上,从1993~1994年,巴林银行在SIMEX及日本市场投入的资金已超过11 000万英镑,超出了英格兰银行规定英国银行的海外总资金不应超过25%的限制。为此,巴林银行曾与英格兰银行进行多次会谈。在1994年5月,得到英格兰银行主管商业银行监察的高级官员之"默许",但此默许并未留下任何证明文件,因为没有请示英格兰银行有关部门的最高负责人,违反了英格兰银行的内部规定。

最令人难以置信的,便是巴林在1994年底发现资产负债表上显示5 000万英镑的差额后,仍然没有警惕到其内部控管的松散及疏忽。在发现问题至其后巴林倒闭的2个月时间里,有很多巴林的高级及资深人员曾对此问题十分关切,更有巴林总部的审计部门进行对其正式调查。但是这些调查都被李森以极轻易的方式蒙骗过去。李森对这段时期的描述为:"对于没有人来制止我的这件事,我觉得不可思议。伦敦的人应该知道我的数字都是假造的,这些人都应该知道我每天向伦敦总部要求的现金是不对的,但他们仍旧支付这些钱。"

从金融伦理角度而言,如果对以上所有参与"巴林事件"的金融从业人员评分,都应给不及格的分数。尤其是巴林的许多高层管理者,完全不去深究可能的问题,而一味相信李森,并期待他为巴林套利赚钱。尤其具有讽刺意味的是,在巴林破产的2个月前,即1994年12月,于纽约举行的一个巴林金融成果会议上,250名在世界各地的巴林银行工作者,还将李森当成巴林的英雄,对其报以长时间热烈的掌声。

1995年1月18日,日本神户大地震,其后数日东京日经指数大幅度下跌,李森一方面遭受更大的损失;另一方面购买更庞大数量的日经指数期货合约,希望日经指数会上涨到理想的价格范围。1月30日,李森以每天1 000万英镑的速度从伦敦获得资金,已买进了3万口日经指数期货,并卖空日本政府债券。2月10日,李森以新加坡期货交易所交易史上创纪录的数量,已握有55 000口日经指数期货及2万口日本政府债券合约。交易数量愈大,损失愈大。

所有这些交易,均进入"88888"账户。账户上的交易,以其兼任清查之职权予以隐瞒,但追加保证金所需的资金却是无法隐藏的。李森以各种借口继续转账。这种松散的程度,实在令人难以置信。2月中旬,巴林银行全部的股份资金只有47 000万英镑。

1995年2月23日,在巴林期货的最后一日,李森对影响市场走向的努力彻底失败。日经股价收盘降到17 885点,而李森的日经指数期货多头风险部位已达6万余口合约;其日本政府债券在价格一路上扬之际,其空头风险部位亦已达26 000口合约。李森为巴林所带来的损失,在巴林的高级主管仍做着次日分红的美梦时,终于达到了86 000万英镑的高点,造成了世界上最老牌的巴林银行终结的命运。

新加坡在1995年10月17日公布的有关巴林银行破产的报告及李森自传中的一个感慨,也是最能表达我们对巴林事件的遗憾。报告结论中的一段:"巴林集团如果在1995年2月之前能够及时采取行动,那么他们还有可能避免崩溃。截至1995年1月底,即使已发生重大损失,这些损失毕竟也只是最终损失的1/4。如果说巴林的管理阶层直到破产之前仍然对"88888"账户的事一无所知,我们只能说他们一直在逃避事实。"

李森说:"有一群人本来可以揭穿并阻止我的把戏,但他们没有这么做。我不知道他们的疏忽与罪犯级的疏忽之间界限何在,也不清楚他们是否对我负有什么责任。但如果是在任何其他一家银行,我是不会有机会开始这项犯罪的。"

讨论

1. 案例最后,李森说的一番话有何意义?从中能吸取什么教训?
2. 你认为导致巴林银行倒闭的最根本原因是什么?
3. 一个如此荣耀悠久的金融集团,是如何被一点一点蚕食的?银行的管理制度是否让李森钻了空子?为什么巴林银行对李森的行为一无所觉?

立信版部分书目

书名	作者	价格
金融工具会计研究	李荣林	14.00元
会计新论	王文莲	13.00元
大会计学概论	于玉林	27.20元
高级会计通论	杨荣彦	23.80元
会计审计理论探索(精装)	娄尔行	28.00元
现代会计理论	陈今池	28.00元
综合收益会计	王 辉	15.50元
现代会计方法学	于玉林	25.00元
商誉会计论	邓小洋	11.60元
会计准则经济论纲	林钟高	15.60元
会计基本理论比较	李孝林	25.00元
现代会计科学理论研究	许家林	27.00元
国际会计准则与财务报告准则——研究与应用(16开)	汪祥耀	45.00元
物价变动会计理论与实务	孙 铮	8.50元
净权益会计论	陈信元	10.00元
产权与会计	伍中信	14.00元
中国注册会计师职业发展战略	谢 荣	12.50元
会计监管	张俊民	18.40元
英国会计准则研究与比较	汪祥耀	35.00元
会计国际化——全球范围内的考察与中国的经验	郭永清	20.80元
新企业会计制度实务	张国良	35.00元
企业会计制度设计	董惠良	21.40元
会计制度设计案例	张文贤	**32.00元**
内部控制会计制度设计·理论·实务·案例(16开)	张文贤	**24.00元**
人力资源会计制度设计	张文贤	**19.80元**
会计最新制度、准则——深度阐释与案例分析(16开)	毛洪涛	27.90元
企业会计准则与实务操作(第三版)	殷惠芬	25.00元
企业会计准则与实务操作习题集与解答	殷惠芬	10.50元